Today's Knit

유월의 솔의 투데이즈 니트

Today's Knit

유월의 솔 지음

유월의 솔의 투데이즈 니트

다양한 실루엣과 구조의 대바늘 뜨개 옷과 소품

hansmedia

Prologue

처음 출판 제의가 왔을 때 저보다 뜨개를 더 오래한 분들이 많은데 제가 책을 쓰는 게 맞는 걸까 하는 생각에 부담이 컸습니다. "작가님은 하실 수 있어요!"라는 편집자님의 말 한마디에 용기를 얻어 무턱대고 시작했던 여정이 일여 년이 지나 드디어 끝을 맺었습니다. 뜨개를 시작할 무렵, 먼 훗날 저도 언젠가 제 작품을 담은 책을 낼 수 있을까 하는 꿈을 꾸곤 했는데 그 꿈이 현실이 되었네요.

이 책에는 최대한 다양한 디자인과 뜨개 기법을 담았습니다. 아래부터 떠 올라가는 방식의 작품이 주를 이루지만 위에서 아래로 뜨는 작품도 실려 있어요. 평면뜨기로 떠서 바느질로 잇는 스타일, 원형뜨기로 떠 바느질이 필요 없는 스타일, 앞판과 뒤판을 이어서 뜨는 스타일, 가로로 뜨는 스타일 등 다채로운 구조도 경험할 수 있도록 구성했어요. 셋 인 슬리브, 돌먼 슬리브, 요크, 드롭 숄더, 래글런 슬리브 등 여러 디자인의 작품들을 실었고 기본 메리야스뜨기 말고도 꽈배기가 가득한 아란무늬, 바늘 비우기와 모아뜨기로 만드는 우아한 레이스 무늬도 만나볼 수 있습니다. 책 속에 마음에 드는 디자인이 하나밖에 없거나 새로운 기법이 하나밖에 없으면 속상하잖아요. 뜨고 싶은 작품이 가득한 책을 만들고 싶은 제 마음이 전해지면 좋겠습니다. 여러분께 오랜 시간 곁에 두며 꺼내 보는 책이 되길 바랍니다.

서툴러도 괜찮아요.
마감이 깔끔하지 않아도 괜찮아요.
조금 느려도 괜찮아요.
오로지 '나'에게 집중하는 뜨개 시간을 즐기시길 바랍니다.

Contents

프롤로그	5
실	10
도구	12
코 만드는 방법	14
뜨개 기호와 뜨는 방법	21
고무뜨기의 코 마무리	34
되돌아뜨기(경사뜨기)	38
편물 연결하기	43
게이지 알기	46
실 고르기	48
뜨개 도안 도식화	49
기호도 보는 방법	50
에필로그	210
인덱스	212

Vest
베스트

① 컴포티 트위드 베스트 — 54
② 하이넥 베스트 — 66

Pullover
풀오버

③ 프릴 풀오버	78
④ 폴로 칼라 풀오버	90
⑤ 캔디샵 풀오버	104
⑥ 베리 요크 풀오버	114
⑦ 돌먼 슬리브 풀오버	122
⑧ 레이스 래글런 풀오버	142

Cardigan
카디건

⑨ 하트 케이블 크롭 카디건	158
⑩ 레이스 래글런 카디건	174

Small Things
소품

⑪ 레이스 넥칼라	192
⑫ 클라우드 핸드워머	196
⑬ 케이블 비니	202
⑭ 케이블 파우치	206

Knitting Yarns

실

1. **카마로즈 스노우플레이크**
   CaMaRose SNEFNUG(SnowFlake)

   베이비 알파카 55%
   코튼 35%
   울 10%

   (50g / 110m)

2. **카마로즈 라마 트위드**
   CaMaRose LAMA TWEED

   울 40%
   라마 40%
   비스코스 20%

   (50g / 100m)

3. **카마로즈 야쿠**
   CaMaRose YAKU

   울 100%

   (50g / 200m)

4. **카마로즈 미드넷솔**
   CaMaRose MIDNATSSOL

   베이비 알파카 54%
   텐셀 36%
   메리노 울 10%

   (25g / 200m)

5. **카마로즈 틴 라마울**
   CaMaRose TYND LAMAULD

   라마 울 50%
   버진 울 50%

   (50g / 220m)

6. **로완 펠티드 트위드 DK**
   ROWAN FELTED TWEED DK

   울 50%
   알파카 25%
   비스코스 25%

   (50g / 175m)

7. **로완 키드 클래식**
   ROWAN KID CLASSIC

   울 70%
   모헤어 22%
   폴리아미드 8%

   (50g / 140m)

8. **로완 알파카 소프트 DK**
   ROWAN ALPACA SOFT DK

   버진 울 70%
   알파카 30%

   (50g / 125m)

9. **포포하비 스튜디오 스트레치 DK**
   POPOHOBBY STUDIO STRETCH DK

   수퍼워시 메리노 울 100%

   (115g / 230m)

10. **니팅포올리브 소프트 실크 모헤어**
    KNITTING FOR OLIVE SOFT SILK MOHAIR

    모헤어 70%
    실크 30%

    (25g / 225m)

Knitting Tools

도구

1. **대바늘**
   대바늘에는 막힘 바늘, 장갑바늘, 줄바늘 등이 있습니다. 대바늘 중에서도 다양하고 편리하게 사용할 수 있는 줄바늘을 추천합니다. 뜨고자 하는 작품의 크기나 형태에 따라 바늘의 길이와 줄의 길이를 선택해서 사용합니다. 줄바늘 중에서도 케이블과 바늘이 분리가 되는 조립형 바늘을 사용하면 바늘 호수를 바꿀 때 케이블은 두고 바늘만 간편하게 교체할 수 있습니다. 바늘의 굵기는 나라마다 표기법이 조금 다른데, 일본은 0호, 1호, 2호와 같이 호수로 표시하며 숫자가 커질수록 0.3mm씩 커집니다. 그 외 미터법으로 표기하는 경우, 0.25mm 또는 0.5mm 단위를 사용합니다.

2. **코바늘**
   끝이 갈고리 모양으로 구부러진 바늘입니다. 별도 사슬을 뜨거나 편물을 이을 때, 빠진 코를 주울 때 사용합니다.

3. **돗바늘**
   털실용 바늘로 끝이 뾰족하지 않고 바늘귀가 큽니다. 편물끼리 잇거나 꿰맬 때, 별실에 코들을 옮길 때, 실 끝을 정리하거나 편물을 마감할 때 사용합니다.

4. **꽈배기바늘**
   꽈배기 무늬를 만들 때 교차할 코를 잠시 옮겨 두는 용도로 사용합니다.

5. **어깨핀**
   어깨를 이어주기 전에 어깨 부분의 코들을 보관하는 용으로 사용합니다. 옷핀같이 한쪽만 열리는 형태와 양쪽을 모두 열 수 있는 형태가 있습니다.

6. **가위**
   실을 자를 때 사용합니다. 수예용으로 나온 가위가 끝이 좁고 날렵해서 사용하기 편리합니다.

7. **줄자**
   편물의 완성 사이즈를 재거나 신체 사이즈를 측정할 때 사용합니다.

8. **마커**
   대바늘에 끼워서 코와 코 사이를 구분하는 링 형태의 콧수링, 편물의 코에 걸어서 단수를 체크할 수 있는 단수링이 있습니다.

9. **게이지 자**
   편물의 게이지를 확인할 때 유용합니다.

Casting On 코 만드는 방법

기초코 만들기

일반 코잡기   가장 기본적인 코잡기 방법입니다. 신축성이 있어 다양한 편물에 사용합니다.

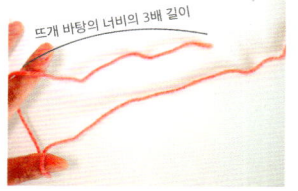

1. 실을 'ㄷ'자 모양으로 둔다. 실의 끝은 위쪽으로, 타래에 연결된 실은 아래쪽으로 두고 손가락을 사진과 같이 넣는다. 실을 건 채로 손바닥이 보이도록 뒤집는다.

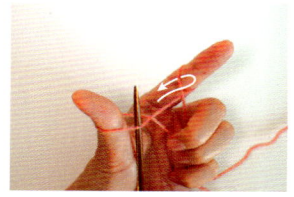

2. 엄지 앞 공간에 아래에서 위로 바늘을 넣는다. 이어서 검지 앞 공간에 위에서 아래로 바늘을 넣는다.

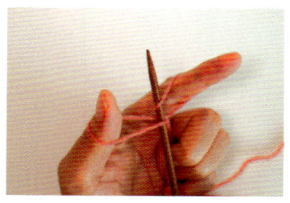

3. 검지에 걸린 실을 바늘로 끌어온다.

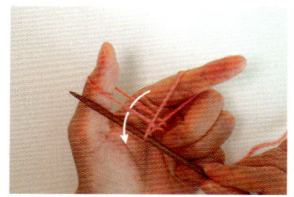

4. 실을 건 채로 엄지 앞 공간에 위에서 아래로 바늘을 통과시킨다.

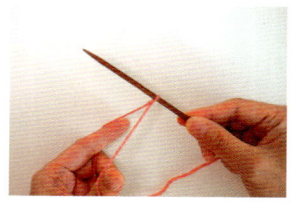

5. 엄지와 검지를 벌려 바늘에 실을 조인다. 첫 코 완성.

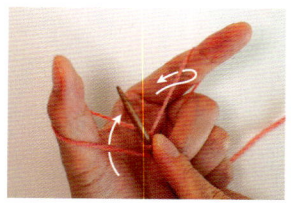

6. 엄지와 검지를 2처럼 다시 벌리고 손을 뒤집는다. 2를 반복한다.

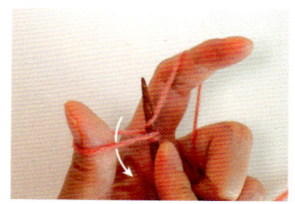

7. 4와 같이 엄지 앞 공간에 위에서 아래로 바늘을 통과시킨 후, 엄지와 검지를 벌려 실을 조인다. 코 하나가 추가된다.

8. 6~7을 반복해 원하는 만큼 코를 만든다.

별도 사슬로 만드는 기초코

스웨터의 밑단이나 소매단을 뜰 때처럼 편물을 다 뜬 후에 코를 주워 반대 방향으로도 떠야 할 때 사용합니다. 별도의 실은 사슬을 만들고 나중에 풀어내야 하므로 헤어감이 많지 않은 매끄러운 실을 사용하는 것이 좋습니다. 사슬을 조금 느슨하게 떠야 코를 주울 때 오그라들지 않습니다.

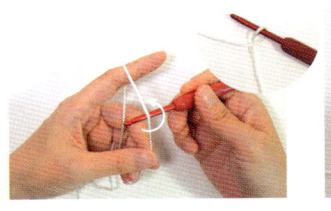
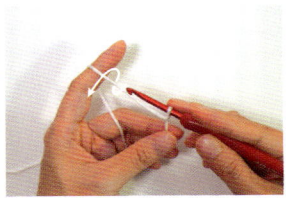
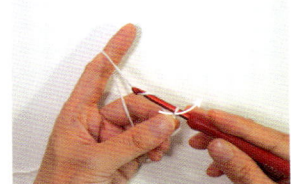
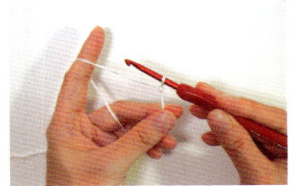

1. 코바늘을 실 아래에 대고 화살표 방향으로 바늘을 돌려서 실을 감는다.

2. 왼손의 엄지와 중지로 고리가 풀리지 않게 잡고 코바늘을 화살표 방향으로 움직여 실을 건다.

3. 실이 걸린 채로 코바늘을 고리에 통과시킨다.

4. 실 끝을 당겨 고리를 조인다.

5. 2~3을 반복해서 사슬을 만든다. 이때 고리를 꽉 당기지 않는다. 사슬의 크기가 일정하도록 힘 조절을 한다. 사슬의 개수는 필요한 콧수보다 조금 더 만든다. 실을 자르고 마지막 고리는 그대로 코바늘을 당겨 올려서 뺀다.

6. 별도 사슬의 끝 쪽 콧등에 대바늘을 넣고 뜨고자 하는 실을 반시계 방향으로 감아 뺀다. 이를 코를 줍는다고 한다.

7. 필요한 콧수만큼 6을 반복해 코를 주운 모습. 코를 주운 단을 1단으로 한다.

8. 메리야스뜨기 6단을 뜬 모습.

별도 사슬을 풀어서 코 줍는 방법

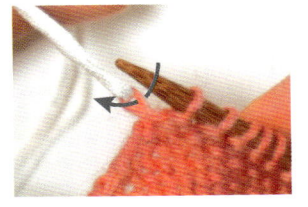

1. 편물의 안면에서 별도 사슬의 실을 당겨서 풀며 편물 끝쪽 사슬부터 1코씩 오른쪽 대바늘로 옮긴다.

2. 이때 오른쪽 바늘을 코의 뒤에서 앞으로 넣은 상태에서 사슬을 푼다. 코의 방향이 꼬이지 않도록 유의한다.

3. 마지막 코는 실을 꼬아 화살표 방향으로 바늘을 넣는다.

4. 코를 모두 주운 모습.

별도 사슬로 만드는 1코 고무뜨기 기초코

신축성이 있는 고무단을 만들 때 사용합니다. 고무뜨기의 가장자리가 기성복처럼 깔끔하게 마무리됩니다.
고무뜨기의 양쪽 끝 콧수에 따라 뜨는 법이 약간 달라지지만 기본적인 방법은 동일합니다.

> **TIP**
> 1단(메리야스뜨기 3단)은 고무뜨기를 할 바늘보다 0.5mm 굵거나 2호 더 큰 바늘을 사용하세요. 2단에서 콧수가 배로 늘어나기 때문에 이렇게 해야 편물이 울지 않습니다. 별도 사슬을 만드는 코바늘도 1단의 대바늘과 비슷한 크기로 맞춰 사용합니다. 사슬은 주워야 하는 콧수보다 5코 정도 더 만들어 여분을 마련합니다.

오른쪽 끝이 겉뜨기 2코, 왼쪽 끝이 겉뜨기 1코일 때

고무뜨기 1단

1. 고무뜨기를 뜰 바늘보다 굵은 바늘로 별도 사슬에서 주워야 하는 콧수만큼 코를 줍는다. 코를 주운 단을 메리야스뜨기 1단으로 친다.
   (사슬에서 주워야 하는 콧수 = 필요 콧수(짝수) ÷ 2 + 1)

2. 편물을 뒤집어서 실에 마커를 걸고 안뜨기를 1단 뜬다.

3. 안뜨기를 1단 뜬 모습.

4. 편물을 뒤집어서 겉뜨기를 1단 뜬다. 메리야스뜨기 3단을 뜬 모습. 이 3단은 고무뜨기의 1단이 된다.

고무뜨기 2단

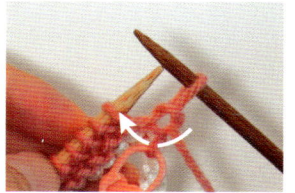

1. 편물을 뒤집고 오른쪽 바늘을 고무뜨기를 뜰 바늘로 바꾼다. 첫 코에 오른쪽 바늘을 안뜨기 방향으로 넣어 뜨지 않고 옮긴다. 이어서 마커가 걸린 곳에 화살표 방향으로 오른쪽 바늘을 넣는다.

2. 오른쪽 바늘에 걸린 두 코에 왼쪽 바늘을 한 번에 넣는다. 이때 코의 뒤쪽으로 바늘을 넣는다.

3. 두 코를 한 번에 안뜨기한다.

4. 1단의 싱커 루프에 오른쪽 바늘을 화살표 방향으로 넣는다.

5. 싱커 루프를 끌어올려 왼쪽 바늘로 옮긴다.

6. 왼쪽 바늘로 옮긴 싱커 루프를 겉뜨기한다.

7. 왼쪽 바늘에 걸린 코를 안뜨기한다.

8. 4~7을 반복한다. 싱커 루프는 끌어 올려서 겉뜨기, 왼쪽 바늘에 걸린 코는 안뜨기로 번갈아 가며 뜬다.

9. 마지막 싱커 루프를 뜨기 전에 왼쪽 바늘에 남은 마지막 코를 오른쪽 바늘에 옮긴다.

10. 마지막 싱커 루프를 왼쪽 바늘로 끌어올린다.

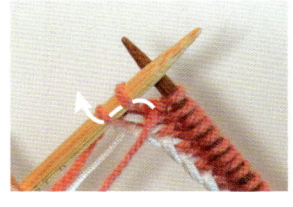

11. 오른쪽 바늘에 옮겼던 마지막 코를 다시 왼쪽 바늘로 옮기고 두 코를 한 번에 안뜨기한다.

12. 기초코가 완성되었다. 여기까지가 고무뜨기 2단. 마커를 제거하고 편물을 뒤집어서 고무뜨기 3단을 시작한다. 고무단 끝이 둥글기 때문에 사슬을 풀어내면 1단이 어디인지 헷갈릴 수 있다. 겉면에서 단수링으로 1단을 표시한다.

13. 이어서 고무뜨기단이 5~6단이 되면 별도 사슬을 푼다.

양 끝 모두 겉뜨기 1코일 때

고무뜨기 1단

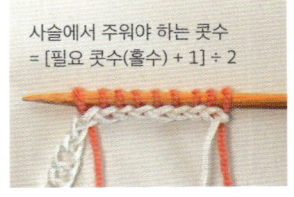

1. 고무뜨기를 뜰 바늘보다 굵은 바늘로 별도 사슬에서 주워야 하는 콧수만큼 코를 줍는다. 코를 주운 단을 메리야스뜨기 1단으로 친다.

사슬에서 주워야 하는 콧수
= [필요 콧수(홀수) + 1] ÷ 2

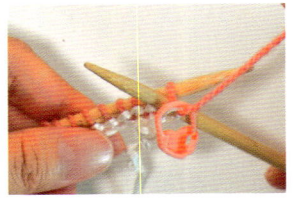

2. 편물을 뒤집어서 실에 마커를 걸고 안뜨기를 1단 뜬다.

3. 안뜨기를 1단 뜬 모습.

4. 편물을 뒤집어서 겉뜨기를 1단 뜬다. 메리야스뜨기 3단을 뜬 모습. 이 3단이 고무뜨기의 1단이 된다.

고무뜨기 2단

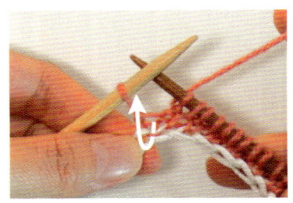

1. '오른쪽 끝이 겉뜨기 2코, 왼쪽 끝이 겉뜨기 1코일 때'의 고무뜨기 2단 1~9와 동일하게 진행한다.
마지막 싱커 루프를 오른쪽 바늘로 끌어올린다.

2. 싱커 루프를 왼쪽 바늘로 옮기고 겉뜨기한다.

3. 마지막 코는 안뜨기한다.

4. 기초코가 완성되었다. 여기까지가 고무뜨기 2단. 마커를 제거하고 편물을 뒤집어서 고무뜨기 3단을 시작한다.

양 끝 모두 겉뜨기 2코일 때

고무뜨기 1단

사슬에서 주워야 하는 콧수
= [필요 콧수(홀수) + 1] ÷ 2

1. 고무뜨기를 뜰 바늘보다 굵은 바늘로 별도 사슬에서 주워야 하는 콧수만큼 코를 줍는다. 코를 주운 단을 메리야스뜨기 1단으로 친다.

2. 편물을 뒤집어서 실에 마커를 걸고 안뜨기를 1단 뜬다.

3. 안뜨기를 1단 뜬 모습.

4. 편물을 뒤집어서 겉뜨기를 1단 뜬다. 메리야스뜨기 3단을 뜬 모습. 이 3단이 고무뜨기의 1단이 된다.

고무뜨기 2단

1. 편물을 뒤집고 오른쪽 바늘을 고무뜨기를 뜰 바늘로 바꾼다. 마커가 걸린 곳에 화살표 방향으로 오른쪽 바늘을 넣는다.

2. 끌어올린 코를 왼쪽 바늘로 옮기고 안뜨기한다.

3. 다음 코도 안뜨기한다.

4. 싱커 루프를 오른쪽 바늘로 끌어올려서 왼쪽 바늘에 옮기고 겉뜨기한다.

5. 왼쪽 바늘에 걸린 코를 안뜨기한다. 4~5를 반복한다. 싱커 루프는 끌어올려서 겉뜨기, 왼쪽 바늘에 걸린 코는 안뜨기로 번갈아 가며 뜬다.

6. 마지막 싱커 루프를 뜨기 전에 왼쪽 바늘에 남은 마지막 코를 오른쪽 바늘에 옮긴다.

7. 마지막 싱커 루프를 왼쪽 바늘로 끌어올린다.

8. 오른쪽 바늘에 옮겼던 마지막 코를 다시 왼쪽 바늘로 옮기고 두 코를 한 번에 안뜨기한다.

9. 기초코가 완성되었다. 여기까지가 고무뜨기 2단. 마커를 제거하고 편물을 뒤집어서 고무뜨기 3단을 시작한다.

원통뜨기일 때

원통뜨기 기초코 만들기

고무뜨기 1단

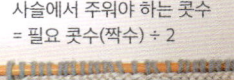

사슬에서 주워야 하는 콧수
= 필요 콧수(짝수) ÷ 2

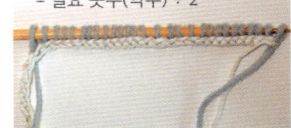 

1. 고무뜨기를 뜰 바늘보다 굵은 바늘로 별도 사슬에서 주워야 하는 콧수만큼 코를 줍는다. 코를 주운 단을 메리야스뜨기 1단으로 친다.

2. 원통뜨기로 메리야스뜨기 2단을 더 떠서 메리야스뜨기 총 3단을 뜬 모습. 이 세 단이 고무뜨기의 1단이 된다.

고무뜨기 2단

 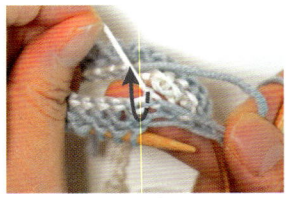  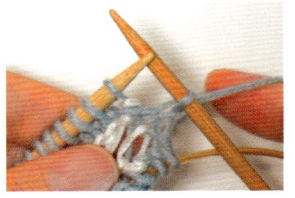

1. 첫 코를 겉뜨기한다.

2. 편물의 안면에서 첫 번째 싱커 루프에 화살표 방향으로 오른쪽 바늘을 넣는다.

3. 싱커 루프에 오른쪽 바늘을 넣은 모습.

4. 싱커 루프를 오른쪽 바늘로 끌어올려 왼쪽 바늘에 옮기고 겉뜨기한다.

 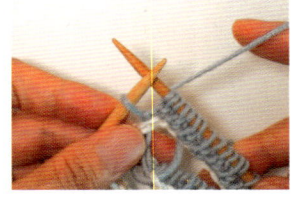 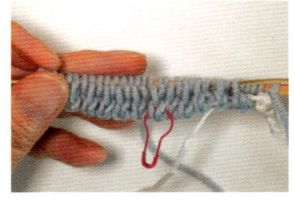 

5. 왼쪽 바늘에 걸린 코를 안뜨기한다. 4~5를 반복한다. 싱커 루프는 끌어올려서 안뜨기, 왼쪽 바늘에 걸린 코는 겉뜨기로 번갈아 가며 뜬다.

6. 마지막 코를 겉뜨기하고 안뜨기의 마지막 싱커 루프는 안뜨기한다.

7. 기초코가 완성되었다. 여기까지가 고무뜨기 2단. 이어서 고무뜨기 3단을 시작한다.

8. 고무뜨기단이 5~6단이 되면 별도 사슬을 푼다. 고무단 끝이 둥글기 때문에 사슬을 풀어내면 1단이 어디인지 헷갈릴 수 있다. 단수링으로 1단을 표시한다.

Knitting Chart Symbols & Method

뜨개 기호와 뜨는 방법

│ 겉뜨기

1. 실을 바늘 뒤에 둔다. 코의 앞에서 뒤로 오른쪽 바늘을 찔러 넣고 실을 반시계 방향으로 감는다.

2. 오른쪽 바늘에 걸린 실을 당겨 코 밖으로 꺼낸다.

3. 왼쪽 바늘에서 방금 뜬 코를 뺀다. 겉뜨기 완성.

― 안뜨기

1. 실을 바늘 앞에 둔다. 코의 뒤에서 앞으로 오른쪽 바늘을 찔러 넣는다.

2. 오른쪽 바늘에 실을 반시계 방향으로 감는다.

3. 왼쪽 바늘에서 방금 뜬 코를 뺀다.

4. 안뜨기 완성.

오른코 겹쳐 2코 모아뜨기(오른코 겹치기)

   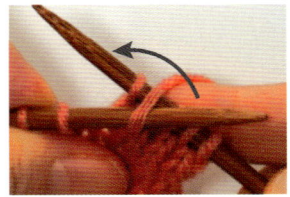

1. 실을 바늘 뒤에 둔다. 1번 코의 앞에서 뒤로 오늘쪽 바늘을 찔러 넣는다.
2. 뜨지 않고 그대로 오른쪽 바늘로 옮긴다.
3. 2번 코를 겉뜨기한다.
4. 뜨지 않고 옮긴 1번 코에 왼쪽 바늘을 넣어 2번 코에 덮어 씌우고 바늘을 뺀다.

5. 오른쪽 코가 위로 겹쳐진 모습.

왼코 겹쳐 2코 모아뜨기(왼코 겹치기)

1. 실을 바늘 뒤에 둔다. 두 코에 앞에서 뒤로 오른쪽 바늘을 한 번에 찔러 넣는다.
2. 오른쪽 바늘에 실을 반시계 방향으로 감는다.
3. 오른쪽 바늘에 걸린 실을 당겨 두 코 밖으로 한 번에 꺼낸다.
4. 왼쪽 코가 위로 겹쳐진 모습.

오른코 겹쳐 2코 모아 안뜨기

1. 실을 바늘 앞에 둔다. 코의 앞에서 뒤로 오른쪽 바늘을 넣어서 두 코를 한 코씩 오른쪽 바늘로 옮긴다.

2. 뜨지 않고 옮긴 두 코에 화살표 방향으로 왼쪽 바늘을 한 번에 찔러 넣는다.

3. 왼쪽 바늘을 넣은 상태에서 오른쪽 바늘을 뺀다. 두 코가 왼쪽 바늘로 옮겨진다.

4. 첫 코와 두 번째 코의 순서가 바뀐 모습.

5. 두 코를 한 번에 안뜨기한다.

6. 오른쪽 코가 위로 겹쳐진 모습.

왼코 겹쳐 2코 모아 안뜨기

1. 실을 바늘 앞에 둔다. 두 코에 화살표 방향으로 오른쪽 바늘을 한 번에 찔러 넣는다.

2. 오른쪽 바늘에 실을 반시계 방향으로 감아서 두 코 밖으로 한 번에 꺼낸다.

3. 왼쪽 코가 위로 겹쳐진 모습.

오른코 겹쳐 3코 모아뜨기(오른코 중심 3코 모아뜨기)

   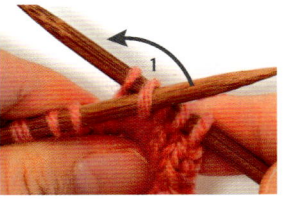

1. 실을 바늘 뒤에 둔다. 1번 코에 앞에서 뒤로 오른쪽 바늘을 찔러 넣는다.

2. 1번 코는 뜨지 않고 그대로 오른쪽 바늘로 옮긴다. 2번 코와 3번 코에 화살표 방향으로 오른쪽 바늘을 한 번에 찔러 넣는다.

3. 2번과 3번 코는 한 번에 겉뜨기한다.

4. 뜨지 않고 옮겼던 1번 코에 왼쪽 바늘을 넣어 덮어씌우고 바늘을 뺀다.

5. 오른쪽 코가 위로 겹쳐진 모습.

왼코 겹쳐 3코 모아뜨기(왼코 중심 3코 모아뜨기)

1. 실을 바늘 뒤에 둔다. 세 코에 앞에서 뒤로 오른쪽 바늘을 한 번에 찔러 넣는다.

2. 오른쪽 바늘에 실을 반시계 방향으로 감아서 세 코를 한 번에 겉뜨기한다.

3. 왼쪽 코가 위로 겹쳐진 모습.

중심 3코 모아뜨기

   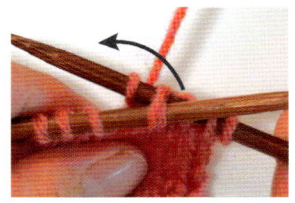

1. 실을 바늘 뒤에 둔다. 1번 코와 2번 코에 화살표 방향으로 오른쪽 바늘을 한 번에 찔러 넣는다.
2. 두 코를 뜨지 않고 그대로 오른쪽 바늘로 옮긴다.
3. 3번 코를 겉뜨기한다.
4. 뜨지 않고 옮겼던 두 코에 왼쪽 바늘을 넣어 3번 코를 덮어 씌우고 바늘을 뺀다.

5. 가운데 코가 위로 겹쳐진 모습.

돌려뜨기(꼬아뜨기)

 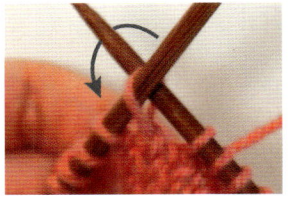 

1. 실을 바늘 뒤에 둔다. 코의 뒤쪽으로 오늘쪽 바늘을 넣는다.
2. 오른쪽 바늘에 반시계 방향으로 실을 감아서 겉뜨기한다.
3. 코가 꼬인 모습.

돌려뜨기로 코 늘리기(M1L)

1. 코와 코 사이 가로로 걸쳐진 싱커 루프 아래에 앞에서 뒤로 왼쪽 바늘을 넣는다.
2. 끌어올린 싱커 루프가 꼬이도록 싱커 루프의 뒤쪽에 오른쪽 바늘을 넣는다.
3. 오른쪽 바늘에 반시계 방향으로 실을 감아서 겉뜨기한다.
4. 코와 코 사이에 1코가 늘어난 모습.

돌려뜨기로 코 늘리기(M1R)

1. 코와 코 사이 가로로 걸쳐진 싱커 루프 아래에 뒤에서 앞으로 왼쪽 바늘을 넣는다.
2. 끌어올린 싱커 루프가 꼬이도록 싱커 루프의 앞쪽에 오른쪽 바늘을 넣고 겉뜨기한다.
3. 코와 코 사이에 1코가 늘어난 모습

돌려 안뜨기로 코 늘리기(M1Lp)

1. 코와 코 사이 가로로 걸쳐진 싱커 루프 아래에 앞에서 뒤로 왼쪽 바늘을 넣는다.
2. 끌어올린 싱커 루프가 꼬이도록 싱커 루프의 뒤쪽에 오른쪽 바늘을 넣는다.
3. 오른쪽 바늘에 반시계 방향으로 실을 감아서 안뜨기한다.
4. 코와 코 사이에 1코가 늘어난 모습.

돌려 안뜨기로 코 늘리기(M1Rp)

  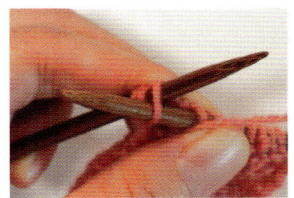 

1. 코와 코 사이 가로로 걸쳐진 싱커 루프 아래에 뒤에서 앞으로 왼쪽 바늘을 넣는다.
2. 끌어올린 싱커 루프가 꼬이도록 화살표 방향으로 오른쪽 바늘을 넣는다.
3. 오른쪽 바늘에 반시계 방향으로 실을 감아서 안뜨기한다.
4. 코와 코 사이에 1코가 늘어난 모습.

바늘 비우기(걸기코)

1. 실을 오른쪽 바늘 위로 걸친다. 걸친 실이 걸기코가 된다.
2. 다음 코를 겉뜨기하면 걸기코가 자리를 잡는다.

감아코

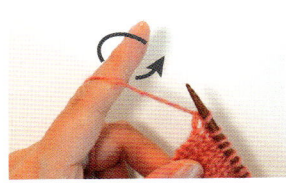 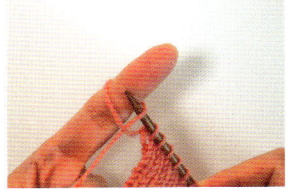  

1. 왼손 검지 손가락을 실 아래로 넣고 반시계 방향으로 감는다.
2. 사진과 같이 감은 실에 오른쪽 바늘을 넣고 손가락을 뺀다.
3. 실을 당겨서 바늘에 조인다.
4. 감아코를 여러 코 만든 모습.

케이블 캐스트 온(Cable cast-on)

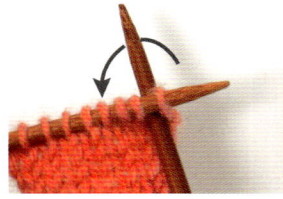 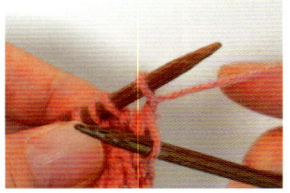  

1. 첫 번째 코와 두 번째 코 사이에 오른쪽 바늘을 넣고 반시계 방향으로 실을 감는다.
2. 오른쪽 바늘에 걸린 실을 당겨 밖으로 꺼낸다.
3. 왼쪽 바늘에 방금 만든 코를 걸고 실을 조인다.
4. 여러 코를 만든 모습.

⋁ 걸러뜨기

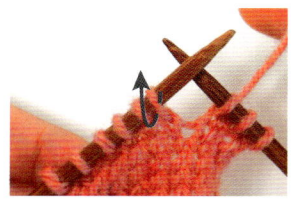  

1. 코의 뒤에서 앞으로 안뜨기하듯 오른쪽 바늘을 넣는다.
2. 코에 바늘을 넣은 모습.
3. 뜨지 않고 그대로 오른쪽 바늘로 옮긴다.

오른코 교차뜨기

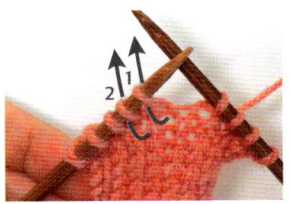   

1. 실을 바늘 앞에 둔다. 코의 앞에서 뒤로 오른쪽 바늘을 넣어서 두 코를 한 코씩 오른쪽 바늘로 옮긴다.

2. 뜨지 않고 옮긴 두 코에 화살표 방향으로 왼쪽 바늘을 한 번에 찔러 넣는다.

3. 왼쪽 바늘을 넣은 상태에서 오른쪽 바늘을 뺀다. 두 코가 왼쪽 바늘로 옮겨진다

4. 1번 코와 2번 코의 순서가 바뀐 모습.

5. 두 코를 차례대로 겉뜨기한다. 오른쪽 코가 위로 올라오는 오른코 교차뜨기 완성.

왼코 교차뜨기

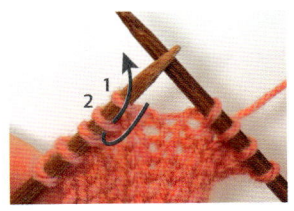   

1. 1번 코를 건너뛰고, 2번 코에 앞에서 뒤로 오른쪽 바늘을 넣는다.

2. 2번 코를 겉뜨기하되 왼쪽 바늘 밖으로 빼지 않는다.

3. 1번 코를 겉뜨기하고 겉뜨기한 2번 코도 왼쪽 바늘 밖으로 뺀다.

4. 왼코가 위로 올라오는 왼코 교차뜨기 완성.

오른코 위 2코 교차뜨기

 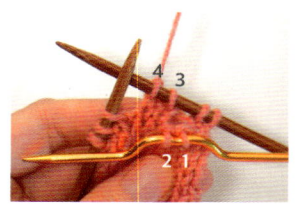  

1. 1번, 2번 코를 꽈배기바늘에 옮기고 편물 앞쪽에 둔다.
2. 3번, 4번 코를 차례대로 겉뜨기한다.
3. 꽈배기바늘에 옮긴 1번, 2번 코를 차례대로 겉뜨기한다.
4. 오른코 위 2코 교차뜨기 완성.

왼코 위 2코 교차뜨기

 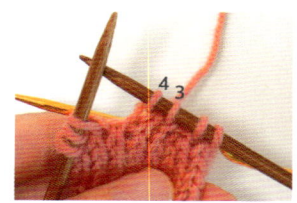  

1. 1번, 2번 코를 꽈배기바늘에 옮기고 편물 뒤쪽에 둔다.
2. 3번, 4번 코를 차례대로 겉뜨기한다.
3. 꽈배기바늘에 옮긴 1번, 2번 코를 차례대로 겉뜨기한다.
4. 오른코 위 2코 교차뜨기 완성.

TIP

교차뜨기 응용

교차뜨기 기호도는 기호선의 방향과 위치를 보면 뜨는 방법을 알 수 있다. 교차하는 콧수와 방향, 안뜨기 기호의 유무에 따라 그 조합은 무궁무진하지만 기호도 보는 법만 익히면 다양한 교차뜨기를 할 수 있다.

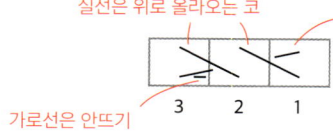

실선은 위로 올라오는 코
끊어진 선은 아래로 겹쳐지는 코
가로선은 안뜨기

(예 1)
1번, 2번 코를 꽈배기바늘에 옮기고 편물 앞쪽에 둔다. 3번 코를 안뜨기한다. 꽈배기바늘에 옮긴 코들을 차례대로 겉뜨기한다.

(예 2)
1번, 2번 코를 꽈배기바늘에 옮기고 편물 뒤쪽에 둔다. 3번 코를 겉뜨기한다. 꽈배기바늘에 옮긴 코들을 차례대로 겉뜨기한다.

⑤ 5코 만들기

1. 한 코를 겉뜨기하되 왼쪽 바늘 밖으로 빼지 않는다.
2. 실을 오른쪽 바늘 위로 걸쳐 걸기코를 만든다.
3. 같은 코에 다시 겉뜨기하되 또 왼쪽 바늘 밖으로 빼지 않는다.
4. 걸기코를 만든다.

5. 다시 겉뜨기를 하면 5코가 만들어진다.

⋏ 중심 5코 모아뜨기

1. 실을 바늘 뒤에 둔다. 1번, 2번, 3번 코에 화살표 방향으로 오른쪽 바늘을 한 번에 찔러 넣는다.
2. 세 코를 뜨지 않고 그대로 오른쪽 바늘로 옮긴다.
3. 4번, 5번 코를 한 번에 겉뜨기한다.
4. 4번, 5번 코를 한 번에 겉뜨기한 모습.

5. 뜨지 않고 옮긴 세 코를 왼쪽 바늘에 한 번에 넣어 코를 덮어씌운다.
6. 가운데 코가 위로 겹쳐진 모습.(사진은 5코로 5단을 진행한 모습)

'5코 만들기'로 만들어진 다섯 코는 메리야스뜨기로 뜬다

뜨는 방법

1단(겉면) : 5코 만들기

2단(안면) : 안뜨기

3단 : 겉뜨기

4단 : 안뜨기

5단 : 중심 5코 모아뜨기

● ● ● ● ● ● 덮어씌워 코막음(겉면을 보며 뜨는 단)

 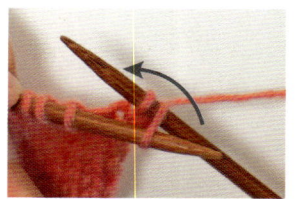  

1. 두 코를 차례대로 겉뜨기한다.

2. 첫 코에 사진처럼 왼쪽 바늘을 넣어서 두 번째 코를 덮어씌운다.

3. 오른쪽 바늘에 한 코만 남았다. 코막음을 더 진행하려면 1~2를 반복한다.

4. 다섯 코를 코막음한 모습.

● ● ● ● ● ● 덮어씌워 코막음(안면을 보며 뜨는 단)

 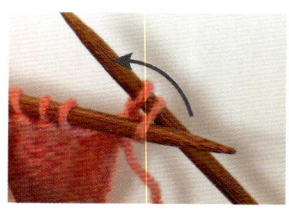  

1. 두 코를 차례대로 안뜨기한다.

2. 첫 코에 사진처럼 왼쪽 바늘을 넣어서 두 번째 코를 덮어씌운다.

3. 오른쪽 바늘에 한 코만 남았다. 코막음을 더 진행하려면 1~2를 반복한다.

4. 다섯 코를 코막음한 모습.

두 코 덮어씌워 코막음(겉면을 보며 뜨는 단)

 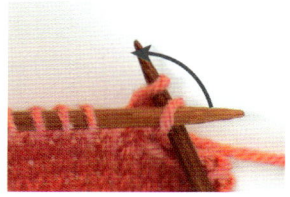 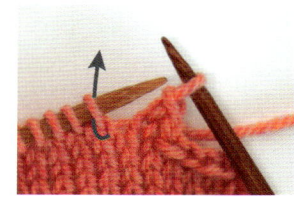 

1. 첫 코에 앞에서 뒤로 오른쪽 바늘을 넣어서 뜨지 않고 그대로 오른쪽 바늘로 옮긴다. 두 번째 코는 겉뜨기한다.
2. 뜨지 않고 옮긴 첫 코로 덮어씌운다.
3. 다음 코를 겉뜨기한다.
4. 먼저 뜬 코로 덮어씌운다.

5. 두 코를 덮어씌운 모습.
6. 첫 코를 뜨지 않고 옮겼기 때문에 각이 지지 않는 완만한 곡선이 만들어진다.

두 코 덮어씌워 코막음(안면을 보며 뜨는 단)

1. 첫 코에 뒤에서 앞으로 오른쪽 바늘을 넣어서 뜨지 않고 그대로 오른쪽 바늘로 옮긴다. 두 번째 코에 안뜨기한다.
2. 뜨지 않고 옮긴 첫 코로 덮어씌운다.
3. 다음 코를 안뜨기한다.
4. 먼저 뜬 코로 덮어씌운다.

5. 두 코를 덮어씌웠다. 첫 코를 뜨지 않고 옮겼기 때문에 각이 지지 않는 완만한 곡선이 만들어진다.

Binding Off

고무뜨기의 코 마무리

돗바늘로 코를 마무리하는 방법입니다.
코를 덮어씌워서 마무리한 편물보다 신축성이 있고
기성복처럼 끝이 깔끔하게 정리됩니다.
코를 마무리하는 실은 편물 너비의 3배 길이가
필요합니다.

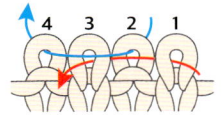

겉뜨기는 겉뜨기끼리, 안뜨기는 안뜨기끼리 뜹니다. 코의 방향이 꼬이지 않게 유의합니다.
— 1번 코 앞에 바늘을 넣어 3번 코 앞으로 뺀 모습
— 2번 코 뒤에서 바늘을 넣어 4번 코 뒤로 뺀 모습

1코 고무뜨기의 코 마무리(양 끝 모두 겉뜨기 2코일 때)

1. 실을 편물 너비의 3배 길이로 준비해 돗바늘에 꿴다. 1번 코 앞에 돗바늘을 넣어 2번 코 앞으로 뺀다.

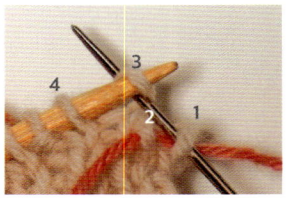

2. 다시 1번 코 앞에 돗바늘을 넣어서 3번 코 뒤로 뺀다.

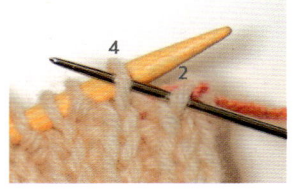

3. 2번 코 앞에 돗바늘을 넣어 4번 코 앞으로 뺀다.

4. 3번 코 뒤에 돗바늘을 넣어 5번 코 뒤로 뺀다.

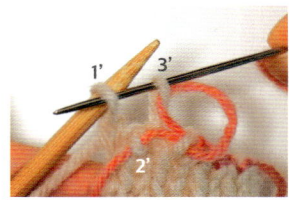

5. 3~4를 반복해 겉뜨기는 겉뜨기끼리, 안뜨기는 안뜨기끼리 뜬다. 3'번 코의 뒤에 돗바늘을 넣어 1'번 코의 앞으로 뺀다.

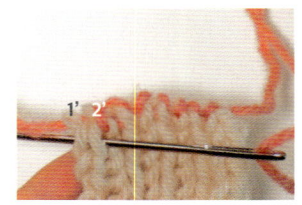

6. 2'번 코의 앞에 돗바늘을 넣어 1'번 코의 앞으로 뺀다.

7. 완성.

1코 고무뜨기의 코 마무리(양 끝 모두 겉뜨기 3코일 때)

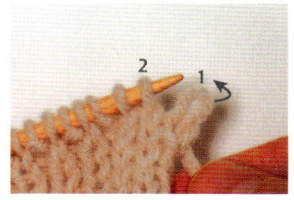

1. 1번 코를 뒤로 밀어서 2번 코 뒤에 겹친다.

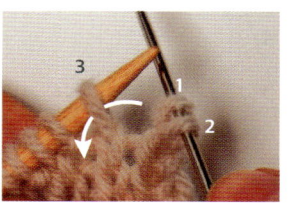

2. 겹쳐진 두 코의 앞에 돗바늘을 넣어 3번 코 앞으로 뺀다.

3. 겹쳐진 두 코 앞에 돗바늘을 넣어 4번 코 뒤로 뺀다.

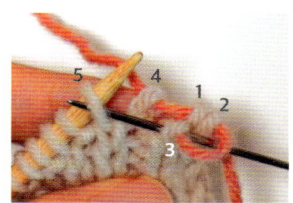

4. 3번 코 앞에 돗바늘을 넣어 5번 코 앞으로 뺀다.

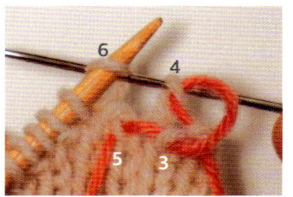

5. 4번 코 뒤에 돗바늘을 넣어 6번 코 뒤로 뺀다.

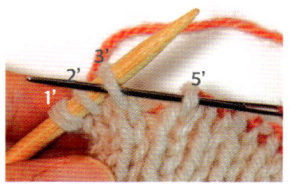

6. 4~5를 반복해 겉뜨기는 겉뜨기끼리, 안뜨기는 안뜨기끼리 뜬다. 5번 코 앞에 돗바늘을 넣어 3'번 코 앞으로 뺀다.

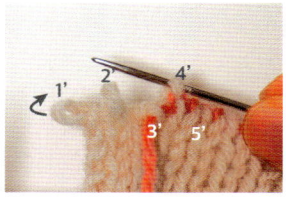

7. 1'번 코를 뒤로 밀어서 2'번 코 뒤에 겹친다.

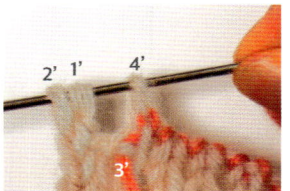

8. 4'번 코 뒤에 돗바늘을 넣어 겹쳐진 두 코의 앞으로 뺀다.

9. 3'번 코 앞에 돗바늘을 넣어 겹쳐진 두 코의 앞으로 뺀다.

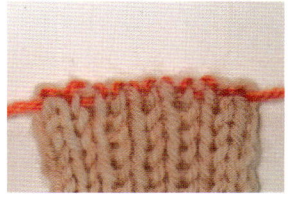

10. 완성.

1코 고무뜨기의 코 마무리(원통뜨기일 때)

1. 1번 코(첫 코)에 돗바늘을 넣어 2번 코 뒤로 뺀다.

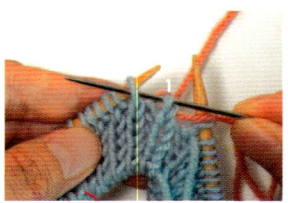

2. 1번 코 앞에 돗바늘을 넣어 3번 코 앞으로 뺀다.

3. 2번 코 뒤에 돗바늘을 넣어 4번 코 뒤로 뺀다.

4. 2~3을 반복해 겉뜨기는 겉뜨기끼리, 안뜨기는 안뜨기끼리 뜬다.

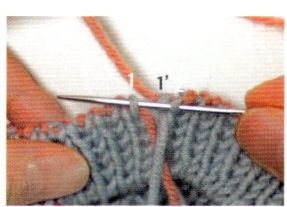

5. 2'번 코의 앞에 돗바늘을 넣어 1번 코 앞으로 뺀다.

6. 1'번 코 뒤에 돗바늘을 넣어 2번 코 뒤로 뺀다.

7. 완성.

2코 고무뜨기의 코 마무리(원통뜨기일 때)

1. 1번 코(첫 코) 뒤에 돗바늘을 넣는다.

2. 1'번 코(마지막 코) 앞에 돗바늘을 넣는다.

3. 1번 코 앞에 돗바늘을 넣어 2번 코 앞으로 뺀다.

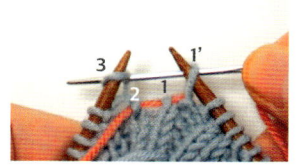

4. 1'번 코 뒤에 돗바늘을 넣어 3번 코 뒤로 뺀다.

5. 2번 코 앞에 돗바늘을 넣어 5번 코 앞으로 뺀다.

6. 3번 코 뒤에 돗바늘을 넣어 4번 코 뒤로 뺀다.

7. 3~6을 반복해 겉뜨기는 겉뜨기끼리, 안뜨기는 안뜨기끼리 뜬다.

8. 3'번 코 앞에 돗바늘을 넣어 1번 코 앞으로 뺀다.

9. 2'번 코 뒤에 돗바늘을 넣어 1'번 코 뒤로 뺀다.

10. 완성.

Short Row

되돌아뜨기(경사뜨기)

코를 끝까지 뜨지 않고 남겨 되돌아뜨면서 사선을 만드는 방법입니다. 주로 어깨의 사선을 뜰 때 사용합니다. 2단마다 코를 남기며 되돌려 뜨고 마지막 단에서 단과 단 사이의 격차를 없애기 위해 단 정리를 합니다. 되돌아뜨기는 여러 가지 방법으로 할 수 있으며 이 책에는 일본식 경사뜨기와 독일식 경사뜨기를 담았습니다.

일본식 경사뜨기

걸기코를 사용하는 방법과 마커(단수링)를 사용하는 방법이 있습니다.
단수링을 사용하면 코가 헐거워지지 않고 되돌아 뜬 위치와 횟수를 알기 쉽기 때문에
이 방법으로 소개합니다. 코를 되돌리는 단은 좌우가 한 단씩 차이 납니다.

오른쪽 어깨, 뒷목 파임,
왼쪽 어깨를
한 번에 뜨는 방법

오른쪽 아래 사선

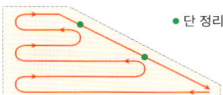

1. 왼쪽 바늘에 네 코가 남을 때까지 안뜨기한다. 편물을 뒤집는다.

2. 실을 바늘 뒤에 두고 마커를 건다. 왼쪽 바늘에 걸린 코에 오른쪽 바늘을 안뜨기 방향으로 넣어 뜨지 않고 옮긴다. 나머지 코들은 겉뜨기한다. 편물을 뒤집는다.

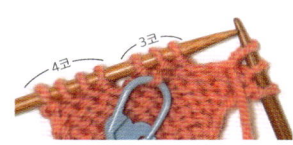

3. 걸러뜬 코를 포함해 세 코가 남을 때까지 안뜨기하고 편물을 뒤집는다.

4. 실에 마커를 걸고 왼쪽 바늘에 걸린 코에 오른쪽 바늘을 안뜨기 방향으로 넣어 뜨지 않고 옮긴다. 나머지 코들은 겉뜨기한다. 편물을 뒤집는다.

5. 마커가 있는 코까지 안뜨기한다. 다음 코는 뜨지 않고 오른쪽 바늘로 옮긴다.

6. 마커가 걸린 코에 왼쪽 바늘을 아래에서 위로 넣어 끌어올린다. 오른쪽 바늘에 옮긴 코를 다시 왼쪽 바늘로 옮긴다.

7. 두 코를 한 번에 안뜨기한다. 5~7을 반복한다. 한쪽 어깨 너비의 4배 길이만큼 실을 남기고 자른다.

8. 단 정리를 끝낸 모습. 마커를 뺀다.

9. 오른쪽 아래 사선 완성.

왼쪽 아래 사선

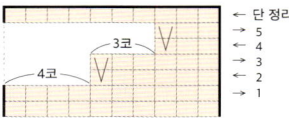

기호도

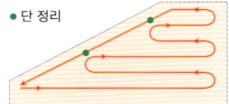

뜨는 순서

1. 왼쪽 바늘에 네 코가 남을 때까지 겉뜨기한다. 편물을 뒤집는다.

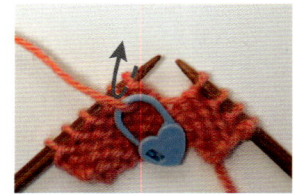

2. 실을 바늘 앞에 두고 마커를 건다. 왼쪽 바늘에 걸린 코에 오른쪽 바늘을 안뜨기 방향으로 넣어 뜨지 않고 옮긴다. 나머지 코들은 안뜨기한다. 편물을 뒤집는다.

3. 걸러뜬 코를 포함하여 세 코가 남을 때까지 겉뜨기하고 편물을 뒤집는다.

4. 실에 마커를 걸고 왼쪽 바늘에 걸린 코에 오른쪽 바늘을 안뜨기 방향으로 넣어 뜨지 않고 옮긴다. 나머지 코들은 안뜨기한다. 편물을 뒤집는다.

5. 마커가 걸린 코까지 겉뜨기한다.

6. 편물 안면의 마커 걸린 코에 왼쪽 바늘을 위에서 아래로 넣어 끌어올린다.

7. 끌어올린 코와 바로 왼쪽의 코에 화살표 방향으로 오른쪽 바늘을 한 번에 찔러 넣는다.

8. 두 코를 한 번에 겉뜨기한다. 5~8을 반복한다. 실은 정리할 만큼의 여유분만 남기고 자른다.

9. 왼쪽 아래 사선 완성. 마커를 뺀다.

독일식 경사뜨기(German Short Raw)

더블스티치(DS)를 이용한 경사뜨기 방법입니다.
코를 되돌리는 단은 좌우가 한 단씩 차이 납니다.

오른쪽 어깨, 뒷목 파임,
왼쪽 어깨를 한 번에 뜨는
방법

오른쪽 아래 사선

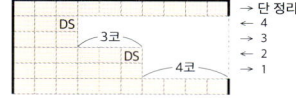
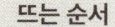
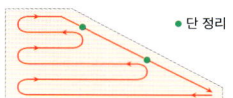

1. 왼쪽 바늘에 네 코가 남을 때까지 안뜨기한다. 편물을 뒤집는다.

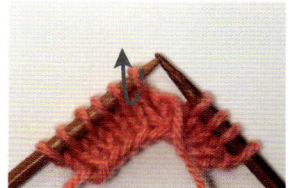

2. 실을 바늘 앞에 둔다. 왼쪽 바늘에 걸린 코에 오른쪽 바늘을 안뜨기 방향으로 넣어 뜨지 않고 옮긴다.

3. 실을 뒤로 바짝 당겨 마치 두 코가 된 것처럼 더블스티치(DS)를 만든다. 나머지 코들은 겉뜨기한다. 편물을 뒤집는다.

4. 더블스티치 두 코 전까지 안뜨기한다. 편물을 뒤집는다.

5. 실을 바늘 앞에 둔다. 왼쪽 바늘에 걸린 코에 오른쪽 바늘을 안뜨기 방향으로 넣어 뜨지 않고 옮긴다.

6. 실을 뒤로 바짝 당겨 마치 두 코가 된 것처럼 더블스티치(DS)를 만든다. 나머지 코들은 겉뜨기한다. 편물을 뒤집는다.

7. 더블스티치 전까지 안뜨기한다. 더블스티치는 두 코를 한 번에 안뜨기한다. '더블스티치 전까지 안뜨기, 더블스티치 한 번에 안뜨기'를 반복한다. 한쪽 어깨 너비의 4배 길이만큼 실을 남기고 자른다.

8. 단 정리를 끝낸 모습.

9. 오른쪽 아래 사선 완성.

왼쪽 아래 사선

기호도

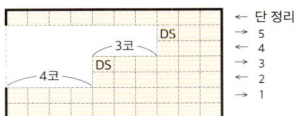

뜨는 순서

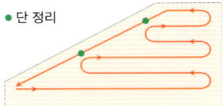

1. 왼쪽 바늘에 네 코가 남을 때까지 겉뜨기한다. 편물을 뒤집는다.

2. 실을 바늘 앞에 둔다. 왼쪽 바늘에 걸린 코에 오른쪽 바늘을 안뜨기 방향으로 넣어 뜨지 않고 옮긴다.

3. 실을 뒤로 바짝 당겨 마치 두 코가 된 것처럼 더블스티치(DS)를 만든다.

4. 실을 다시 바늘 앞으로 가져와서 나머지 코들은 안뜨기한다. 편물을 뒤집는다.

5. 더블스티치 두 코 전까지 겉뜨기한다. 편물을 뒤집는다.

6. 실을 바늘 앞에 둔다. 왼쪽 바늘에 걸린 코에 오른쪽 바늘을 안뜨기 방향으로 넣어 뜨지 않고 옮긴다.

7. 실을 뒤로 바짝 당겨 마치 두 코가 된 것처럼 더블스티치(DS)를 만든다.

8. 실을 다시 바늘 앞으로 가져와서 나머지 코들은 안뜨기한다. 편물을 뒤집는다.

9. 더블스티치 전까지 겉뜨기한다.

10. 더블스티치는 두 코를 한 번에 겉뜨기한다. 9~10을 반복한다. 실은 정리할 수 있을 만큼만 여유분을 남기고 자른다

11. 왼쪽 아래 사선 완성.

Seaming Methods for Knitting

편물 연결하기

편물을 연결해 주는 방법에는 '잇기'와 '꿰매기'가 있습니다. 코와 코(또는 코와 단)를 이어 붙이는 것을 '잇기'라고 합니다. 단과 단을 연결하는 것은 '꿰매기'라고 하며 주로 옆선을 연결할 때 사용합니다.

코와 코 잇기

1. 실을 편물 너비의 3배 길이로 준비한다. 편물의 겉면이 보이도록 두고 연결할 부분을 위아래로 맞대어 놓는다. 돗바늘에 실을 꿰어서 앞판과 뒤판의 끝 코에 사진처럼 실을 통과시킨다.

2. 앞판에서는 코가 뒤집어진 '∧' 모양에 돗바늘을 넣는다.

3. 뒤판에서는 'V' 모양에 돗바늘을 넣는다.

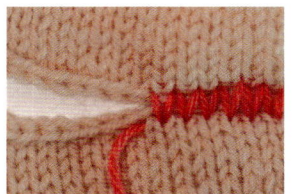

4. 2~3을 반복한다.

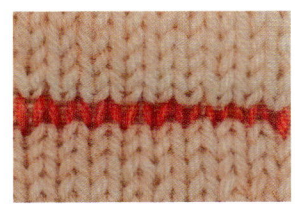

5. 실 끝을 적당히 당겨 두 편물을 잇는다.

코와 단 잇기

1. 연결할 부분의 3배 길이로 실을 준비한다. 돗바늘에 실을 꿰어서 아래쪽 편물의 끝 코와 위쪽 편물의 끝 코와 두 번째 코 사이로 실을 통과시킨다.

2. 아래쪽 편물에서는 코가 뒤집어진 'ㅅ' 모양에 돗바늘을 넣는다.

3. 위쪽 편물에서는 매 단마다 끝 코와 두 번째 코 사이의 싱커 루프에 돗바늘을 넣는다.

4. 2~3을 반복한다.

5. 이은 실이 보이지 않도록 당겨 두 편물을 잇는다.

떠서 꿰매기

  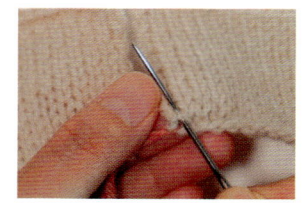 

1. 연결할 부분의 2배 길이로 실을 준비한다. 편물의 겉면이 보이도록 둔다. 돗바늘에 실을 꿰어서 편물의 끝 코와 둘째 코 사이로 실을 통과시킨다.

2. 끝 코와 둘째 코 사이의 싱커 루프에 돗바늘을 넣는다.

3. 반대쪽 편물도 매 단마다 끝 코와 둘째 코 사이의 싱커 루프에 돗바늘을 넣는다.

4. 2~3을 반복한다.

5. 꿰맨 실이 보이지 않도록 당겨 두 편물을 연결한다.

몸판 옆선 꿰매기

소매 옆선 꿰매기

빼뜨기 잇기

1. 연결할 부분의 4배 길이로 실을 준비한다(보통 뒤쪽 편물에 연결된 실로 뜨지만 알아보기 쉽도록 다른 색 실을 사용했다). 편물의 겉끼리 맞대어 놓는다.

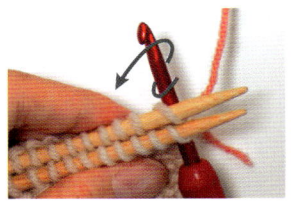

2. 앞판과 뒤판의 가장자리 코에 겉뜨기 방향으로 코바늘을 한 번에 넣는다. 실을 걸어서 도로 뺀다.

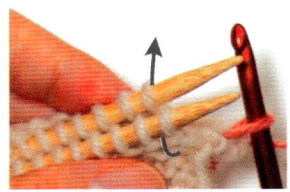

3. 다음 코에서도 코바늘을 한 번에 넣는다.

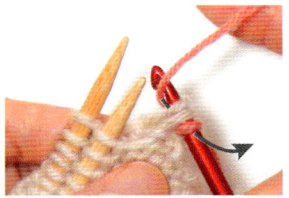

4. 코바늘에 실을 걸어 세 코를 한 번에 통과해 뺀다.

5. 3~4를 반복하고 마지막에 실을 잘라서 뺀다.

6. 완성.

빼뜨기 잇기로 어깨 연결

빼뜨기로 꿰매기

몸판에 소매를 달 때 사용합니다. 몸판은 안쪽으로 뒤집고, 소매는 겉면이 보이게 암홀에 끼워넣어 몸판 옆선의 솔기와 소매의 아래선, 몸판의 어깨선과 소매산의 중심을 맞춰 시침핀으로 고정해두고 달아줍니다.

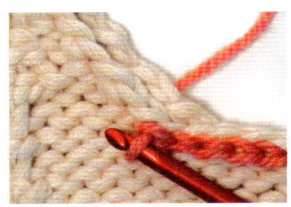

1. 편물의 겉면끼리 맞대고 코바늘을 가장자리 1코 안쪽으로 넣어 실을 감아 빼낸다.

2. 왼쪽 옆의 코에 코바늘을 넣어 다시 실을 감아 빼낸다.

3. 먼저 빼냈던 코 안으로 통과시켜 빼뜨기 한다.

4. 1~3의 과정을 반복한다. 코는 1코씩, 단은 3단에 2단의 비율로 꿰맨다.

몸판에 소매 꿰매기

Knitting Gauge

게이지 알기

게이지란 사방 10cm 안에 들어가는 콧수와 단수를 말합니다. 도안에 안내되어 있는 게이지와 최대한 맞춰서 떠야 작품이 비슷하게 완성됩니다. 게이지는 같은 실과 바늘 호수를 사용하더라도 뜨는 사람의 손 장력에 따라 달라질 수 있으므로 작품을 시작하기 전 반드시 시험뜨기(스와치)를 해서 도안의 게이지와 나의 게이지를 비교합니다.

시험뜨기(스와치)

도안과 같은 뜨개 기법으로 사방 15cm 정도의 크기로 스와치를 뜹니다. 대부분 게이지는 메리야스뜨기 기준이며 무늬뜨기가 있을 경우 무늬별 게이지를 함께 표시합니다. 여러 종류의 무늬가 들어가는 경우 각 무늬별로 스와치를 따로 만들면 게이지가 정확하지 않기 때문에 한 번에 이어서 떠야 합니다. 예를 들어 무늬 A, B, C로 이루어진 작품일 경우 무늬 A, B, C를 한 스와치에 쭉 이어서 뜬 후, 각각의 게이지를 확인합니다.
스와치를 가로세로 15cm가 되도록 뜨고 나면 덮어씌워서 코막음을 합니다. 초보자의 경우, 코막음을 진행할 때 코가 당겨져 게이지가 달라질 수 있으니 코막음 대신 실을 적당한 길이로 잘라 돗바늘에 꿰어서 대바늘에 걸려있는 코들로 통과시켜 마무리합니다.
스와치가 완성되면 스팀 다리미로 스팀을 충분히 씁니다. 이때 다리미로 편물을 누르지 않고 편물에서 1cm 정도 띄운 상태에서 스팀만 줍니다. 스팀이 마르면 스와치를 평평한 곳에 올려 두고 게이지 자를 이용해 게이지를 측정합니다. 중앙 부분에서 2~3군데를 측정하여 평균값으로 구합니다.

15cm를 뜨려면 몇 코를 잡아야 하나요?
일반적으로 실의 띠지에 표준 게이지가 표기되어 있습니다. 예를 들어 표준 게이지가 23코*24단일 경우, 10cm에 23코가 들어간다는 뜻입니다. 계산을 해보면 1cm에는 2.3코가 들어갑니다. 15cm를 뜨려면 15cm x 2.3코 = 34.5코이므로 시작코를 35코 잡아서 세로 길이가 15cm가 될 때까지 뜨면 됩니다.

도안의 게이지와 나의 게이지가 다를 때는 어떻게 하나요?
● 게이지보다 콧수와 단수가 많다.
10cm 안에 더 많은 콧수, 단수가 들어간다는 건 코가 그만큼 더 촘촘하다는 뜻입니다. 이대로 뜨면 도안보다 작은 사이즈로 떠지므로 0.5mm 더 굵은 바늘로(일본 바늘은 1~2호 더 큰 바늘로) 다시 뜹니다.

● 게이지보다 콧수와 단수가 적다.
10cm 안에 더 적은 콧수, 단수가 들어간다는 건 코가 그만큼 더 느슨하다는 뜻입니다. 이대로 뜨면 도안보다 큰 사이즈로 떠지므로 0.5mm 더 가는 바늘로(일본 바늘은 1~2호 더 작은 바늘로) 다시 뜹니다.

사람은 기계가 아니기 때문에 같은 사람이 계속 뜨더라도 컨디션에 따라, 또는 뜨개를 쉬다 오랜만에 다시 바늘을 잡으면 약간씩 차이가 날 수 있습니다. 또 작품을 오래 진행하다 보면 나도 모르게 당겨 뜨거나 혹은 손이 느슨해지기도 합니다. 따라서 작품을 뜰 때 스와치를 곁에 두고 지금 뜨고 있는 편물과 계속 비교하며 뜹니다. 작품을 뜨다가 실이 조금 모자랄 때는 스와치를 풀어 그 실을 사용하면 되어 유용하기도 합니다.

TIP

사이즈 조절

(길이만 조정)
도안의 콧수를 임의로 조절할 경우 사선이나 곡선 부분의 제도가 다시 필요한 부분이 생기게 되므로 단수만 조절합니다. 도안보다 조금 짧게 혹은 조금 길게 뜨고 싶을 경우 평단(콧수의 늘임이나 줄임이 없는 부분)에서 단수 길이를 조절합니다. 고무단의 길이를 조절하거나 몸판의 암홀 아래 옆선, 소매의 코늘림 전 평단, 코늘림이 끝난 후의 평단에서 단수를 조절하는 것이 좋습니다. 예를 들어 나의 단 게이지가 24단일 경우 도안보다 2cm 짧거나 길게 뜨고 싶으면 2.4단 x 2cm = 4.8단이므로 4단을 덜 뜨거나 더 뜨면 됩니다.

(전체적으로 작게 또는 크게)
가장 간단하게 사이즈를 조절하는 법은 바늘 굵기를 조절하는 것입니다. 게이지가 동일하다는 전제 하에 바늘 사이즈만 바꿀 경우 일본 바늘은 1호 작게(크게) 바꾸면 작품이 약 5% 작게(크게) 완성됩니다. 0.5mm 단위의 바늘은 작품이 약 9% 작게(크게) 완성됩니다. 바늘 사이즈를 키우게 되면 실 소요량이 달라지므로 실을 더 넉넉하게 준비합니다.

Choosing a Knitting Yarn

실 고르기

가급적 책에 나와 있는 실을 사용하기를 추천하지만 다른 실로 뜨고 싶을 경우 최대한 비슷한 굵기와 성분의 실을 선택합니다. 실의 띠지에 나와 있는 권장 바늘의 굵기가 같고 표준 게이지가 비슷한 실이 좋습니다. 같은 무게의 실이라도 길이가 긴 쪽이 더 가늘고 길이가 짧은 쪽이 더 굵습니다. 실의 성분에 따라 완성작의 느낌도 달라집니다. 알파카나 모헤어처럼 헤어감이 많은 실로 뜬 편물과 울 100% 또는 아크릴이 함유된 실로 뜬 편물의 느낌은 다르기 때문에 성분이 비슷한 실을 사용해야 원작과 비슷하게 완성됩니다.

Knitting Pattern Schematics

뜨개 도안 도식화

뜨개 도안 도식화에는 작품의 부위별 치수, 뜨는 방향, 바늘의 굵기 등 작품에 대한 정보가 담겨 있습니다. 뜨개를 시작하기 전에 작품이 어떻게 진행이 되는지 미리 머릿속에 그려볼 수 있고 나의 게이지와 비교하여 실제 완성 치수를 예측할 수도 있습니다. 작품을 조금 변형해서 뜨고 싶을 때는 어디에서 어떻게 바꿀지 계획을 세우기에도 편리합니다.

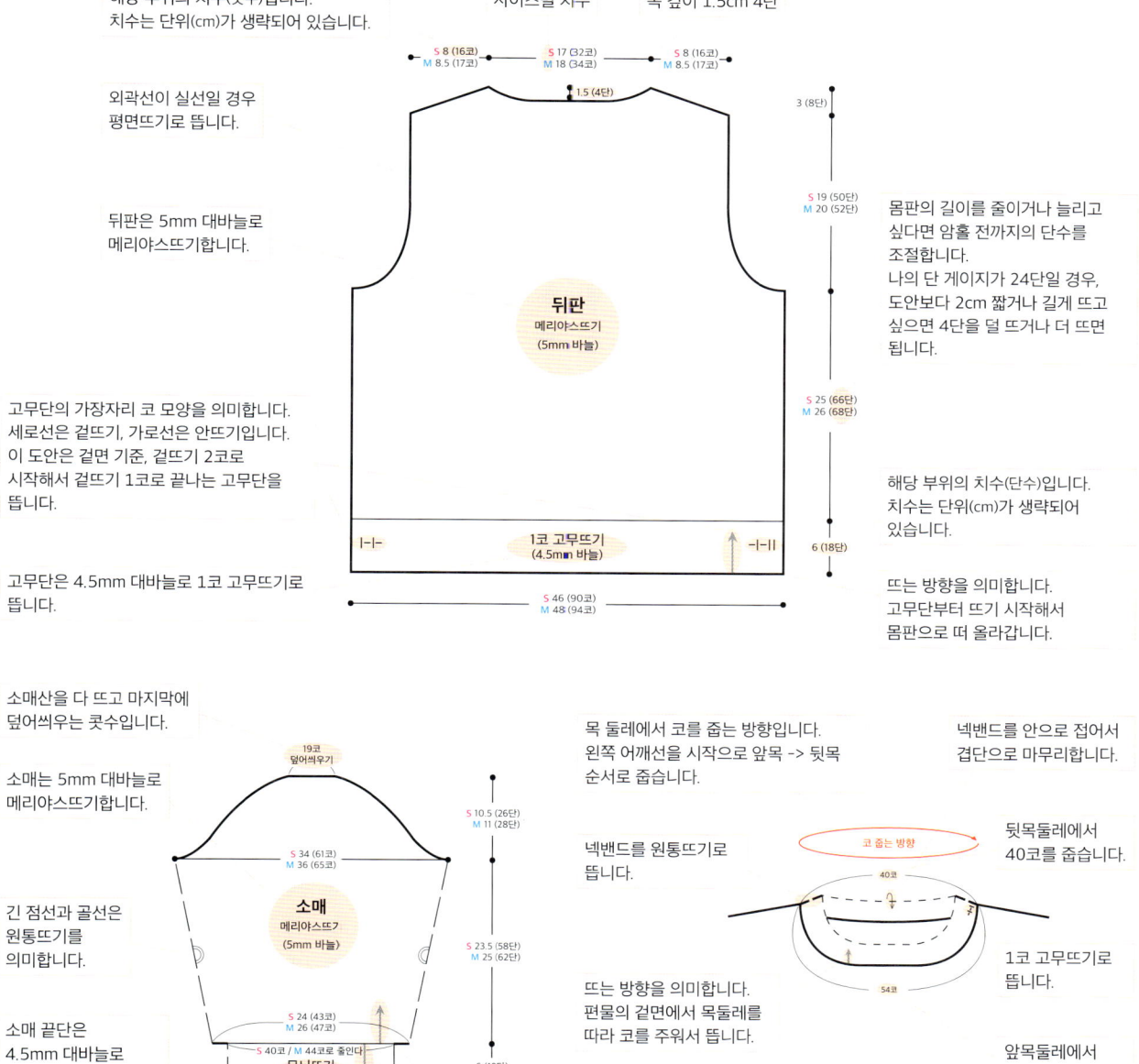

How to Read Knitting Charts

기호도 보는 방법

뜨는 법을 기호로 표기한 것을 '뜨개 기호'라고 하고 뜨개 기호를 모아 차트(도표)로 표기한 것을 '기호도'라고 합니다. 기호도의 모눈 한 칸은 1코를 의미합니다. 차트의 가로 방향 숫자는 콧수를 의미하며 기본적으로 오른쪽에서 왼쪽으로 셉니다. 세로 방향 숫자는 단수를 의미하며 아래에서 위로 셉니다. 기호도 옆의 작은 화살표는 뜨는 방향을 나타냅니다. 1단과 2단의 화살표가 반대 방향이면 평면뜨기, 같은 방향이면 원통뜨기로 뜹니다. 이 책에서는 코 잡은 단을 1단으로 셉니다.

평면뜨기

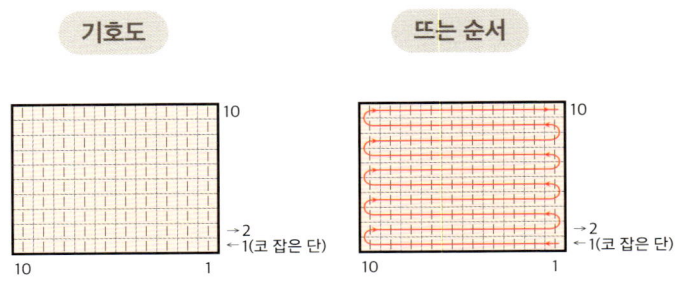

평면뜨기는 대바늘 두 개를 이용하여 뜨며 한 단을 뜨고 나면 편물을 뒤집습니다. 그렇게 겉면과 안면을 번갈아 가면서 뜹니다. 이 책에서는 홀수 단이 겉면, 짝수 단이 안면입니다. 기호도의 뜨개 기호는 겉면 기준으로 나타낸 것이므로 평면뜨기일 경우, 짝수단(안면)의 기호는 실제로 뜰 때는 반대 기호로 떠야 합니다. 겉뜨기는 안뜨기로, 안뜨기는 겉뜨기로 바꿔서 뜹니다. 겉면은 기호도를 오른쪽에서 왼쪽으로 읽고, 안면은 왼쪽에서 오른쪽으로 읽습니다.

원통뜨기

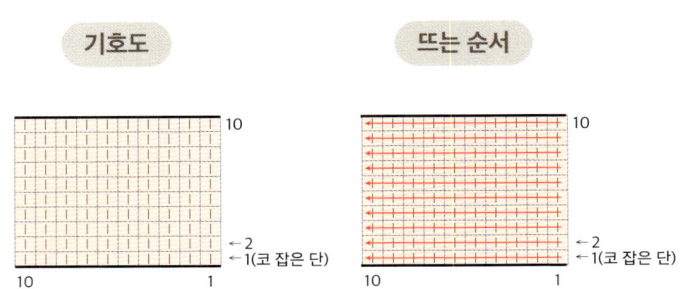

원통뜨기는 장갑바늘이나 줄바늘을 이용해 편물을 원통 모양으로 뜹니다. 편물을 뒤집지 않고 계속 겉면만 보고 뜨기 때문에 짝수단도 홀수단처럼 기호대로 진행합니다. 기호도의 모든 단을 오른쪽에서 왼쪽으로 읽습니다.

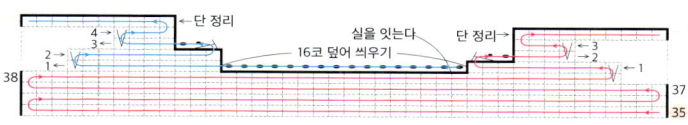

뒤판 네크라인, 어깨경사

차트의 왼쪽 어깨를 뜬 뒤 실은 정리할 만큼의 여유분만 남기고 자릅니다.

차트의 오른쪽 어깨를 뜬 뒤 한쪽 어깨 너비의 4배 길이만큼 실을 남기고 자릅니다. 이 실로 앞, 뒤판의 어깨를 연결합니다.

34단까지는 앞판과 동일하게 뜨고 35단부터 뒤판의 차트를 보고 뜹니다.

앞판 네크라인, 어깨경사

차트의 왼쪽 어깨를 뜬 뒤 실은 정리할 만큼의 여유분만 남기고 자릅니다.

왼쪽 어깨의 되돌아뜨기가 오른쪽보다 1단 늦게 시작하기 때문에 단 정리 단 도 오른쪽과 1단 차이가 납니다.

차트의 오른쪽 어깨를 뜬 뒤 한쪽 어깨 너비의 4배 길이만큼 실을 남기고 자릅니다. 이 실로 앞, 뒤판의 어깨를 연결합니다.

새로 실을 걸어서 10코를 겉뜨기로 덮어씌우고 차트상 왼쪽 어깨를 뜹니다.

29단에서 16코를 겉뜨기하고 편물을 뒤집습니다. 안뜨기로 2코를 덮어씌워 코막음하고 차트상 오른쪽 어깨를 먼저 뜹니다.

2코 이상의 코줄임은 단이 시작하는 부분에서만 할 수 있으므로 암홀 코줄임 시작 단은 좌우가 1단 차이가 납니다.

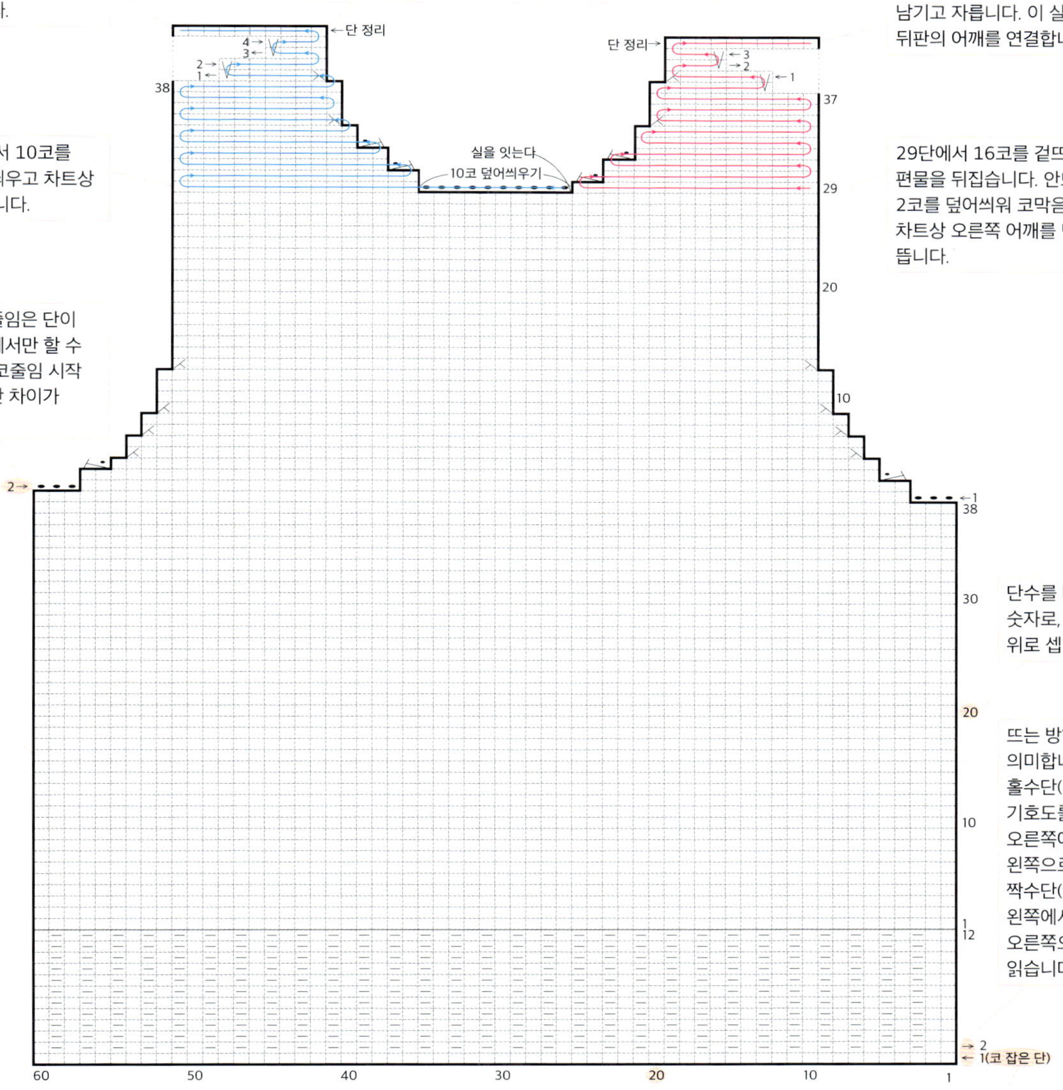

외곽선이 실선일 경우 평면뜨기로 뜹니다.

단수를 나타내는 숫자로, 아래에서 위로 셉니다.

뜨는 방향을 의미합니다. 홀수단(겉면)은 기호도를 오른쪽에서 왼쪽으로 읽습니다. 짝수단(안면)은 왼쪽에서 오른쪽으로 읽습니다.

□ = □□ 겉뜨기

기호가 없는 칸은 겉뜨기로 뜹니다.

콧수를 나타내는 숫자로, 오른쪽에서 왼쪽으로 셉니다.

이 책에서는 코 잡은 단을 1단으로 셉니다. 일반 코잡기 기준으로 모두 겉뜨기로 표시합니다. 별도 사슬로 만드는 1코 고무뜨기 기초코로 코를 잡은 경우, 3단부터 뜨면 됩니다.

BEST

01
베스트

VEST

Comforty Tweed Vest

컴포티 트위드 베스트

트위드 질감을 살린 심플한 디자인의 오픈형 베스트입니다.
입고 벗는 것이 간편해 실내외 온도차가 클 때 유용한 아이템입니다.
앞, 뒤판을 한 번에 뜨기 때문에 옆선을 따로 이어줄 필요가 없어요.
아래에서 위로 떠 올라가는 방식으로, 앞, 뒤판을 이어서 뜨다가
암홀이 시작되는 부분에서 앞판과 뒤판을 나눠서 뜹니다.
실제로 사용할 수 있는 배색 주머니가 포인트입니다.

실

카마로즈 라마 트위드
- [S][M] 바탕 실(6453) 4볼
- [S][M] 배색 실(6950) 2볼

바늘

4.5mm, 5mm 대바늘

게이지

메리야스뜨기 18.5코×24단

사이즈

- [S] 어깨 37cm
  - 가슴 단면 48cm
  - 총장 52cm
- [M] 어깨 39cm
  - 가슴 단면 50cm
  - 총장 54cm

뒤판, 앞판

고무단 배색 실과 4.5mm 대바늘로 177(185)코를 잡는다. 겉면 기준으로 겉뜨기 2코로 시작해서 겉뜨기 2코로 끝나는 1코 고무뜨기 14단을 뜬다.

몸판 5mm 대바늘로 바꾸고 바탕 실로 메리야스뜨기 28(28)단을 뜬다.

29단(겉면) : 겉뜨기로 12(13)코를 뜨고 실은 끊지 않은 채로 둔다. 별실을 바늘에 걸어 다음 25코를 겉뜨기로 뜬다. 별실을 자르고 별실로 뜬 코들을 왼쪽 바늘로 옮긴다. 아까 둔 바탕 실로 별실 코들을 겉뜨기한다. 이어서 겉뜨기로 103(109)코를 뜨고 실은 끊지 않은 채로 둔다. 별실을 바늘에 걸어 다음 25코를 겉뜨기로 뜬다. 별실을 자르고 별실로 뜬 코들을 왼쪽 바늘로 옮긴다. 아까 둔 바탕 실로 별실 코들을 겉뜨기한다. 이어서 겉뜨기로 12(13)코를 뜬다.

편물을 뒤집어 안뜨기부터 시작해 메리야스뜨기로 몸판을 19(21)단을 뜬다.

다음 차트를 따라 오른쪽 앞판 – 뒤판 – 왼쪽 앞판 순서로 뜬다.

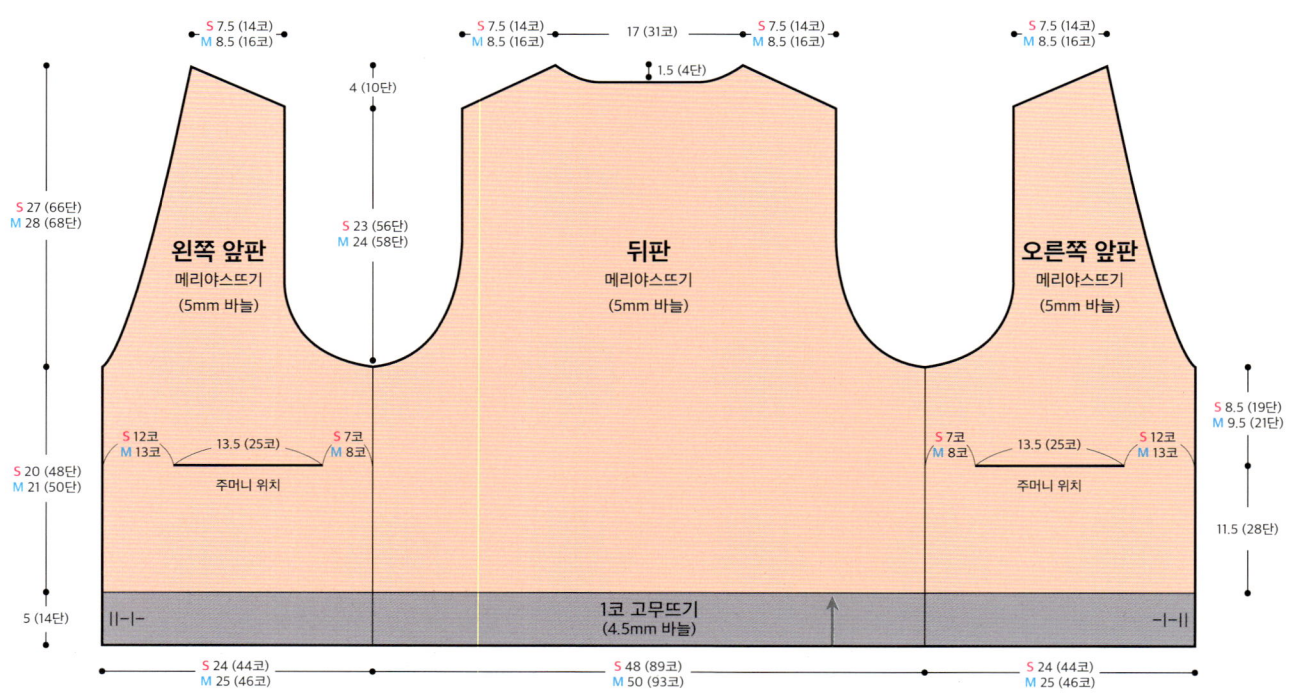

오른쪽 앞판 - S 사이즈

오른쪽 앞판(평면뜨기)

오른코 겹치기로 1코를 줄인다. 다음 42코를 겉뜨기하고 편물을 뒤집는다. 5코를 안뜨기로 덮어씌워 코막음한다. 차트대로 진동 줄임을 하며 메리야스뜨기로 56단까지 뜬다. 57단에서 2코를 남기고 편물을 뒤집어 어깨 경사뜨기를 시작한다. 어깨 경사뜨기를 끝내고 실은 정리할 만큼의 여유분만 남기고 자른다. 뜬 코들을 어깨핀에 옮겨 둔다.

오른쪽 앞판 - M 사이즈

오른쪽 앞판(평면뜨기)

오른코 겹치기로 1코를 줄인다. 다음 44코를 겉뜨기하고 편물을 뒤집는다. 4코를 안뜨기로 덮어씌워 코막음한다. 차트대로 진동 줄임을 하며 메리야스뜨기로 58단까지 뜬다. 59단에서 2코를 남기고 편물을 뒤집어 어깨 경사뜨기를 시작한다. 어깨 경사뜨기를 끝내고 실은 정리할 만큼의 여유분만 남기고 자른다. 뜬 코들을 어깨핀에 옮겨 둔다.

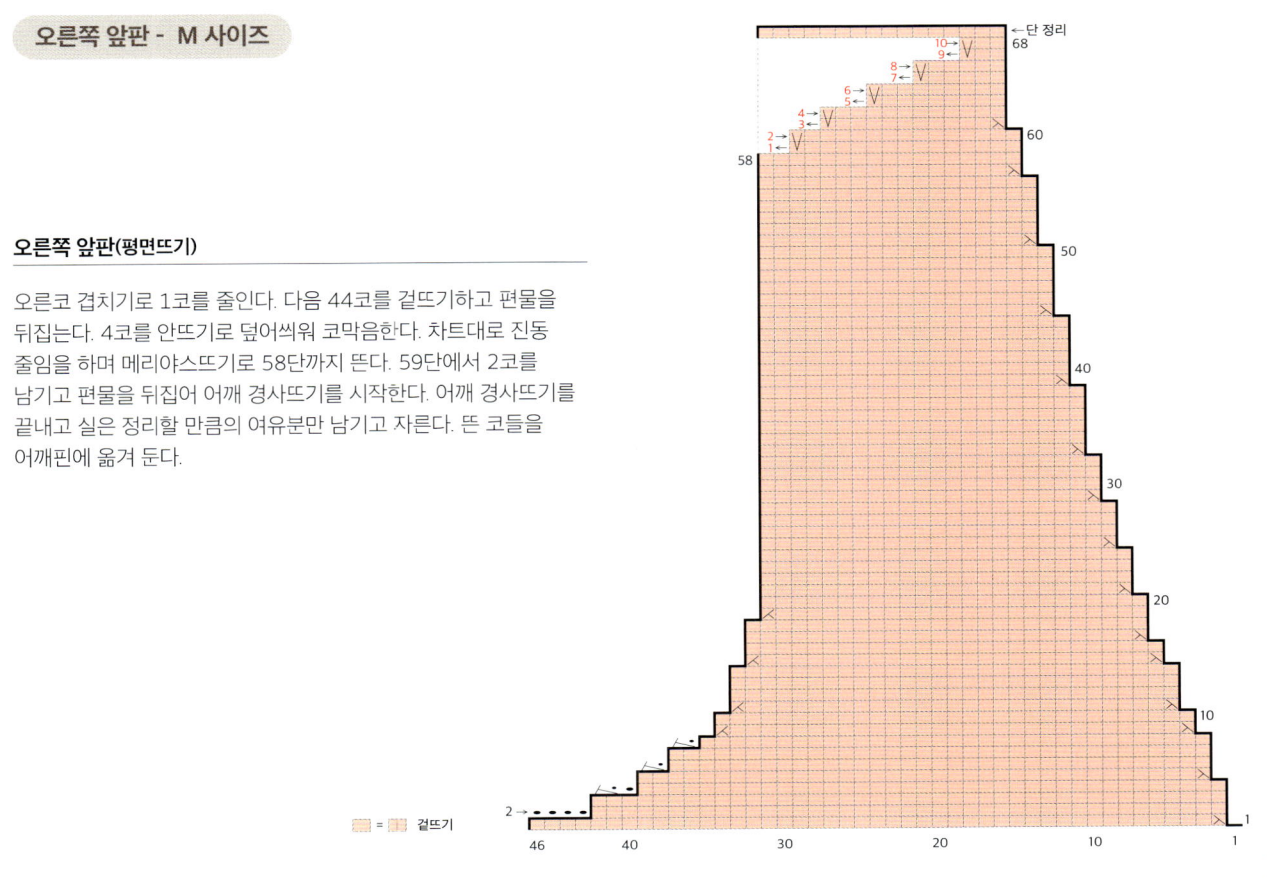

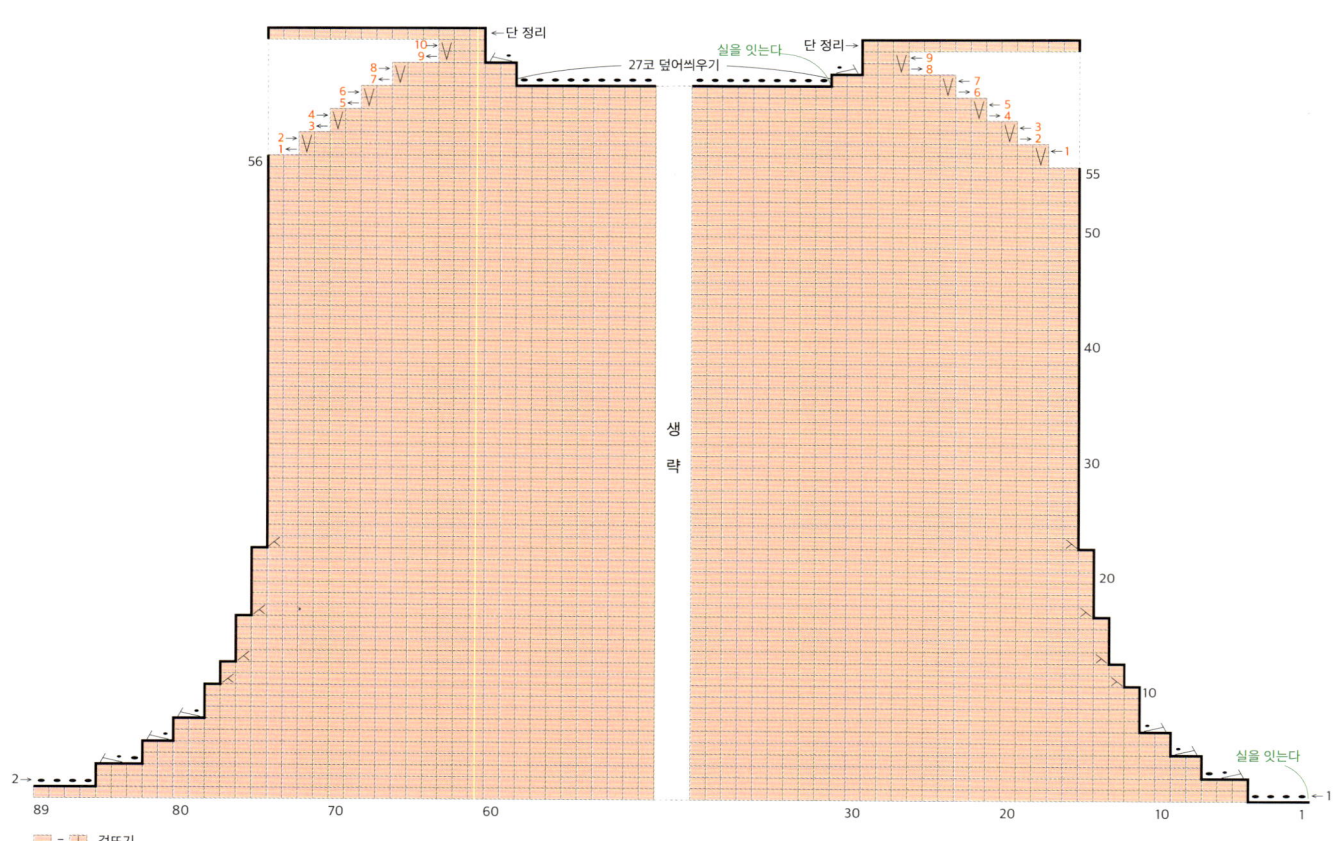

뒤판(평면뜨기)

새로 실을 걸어서 겉뜨기로 4코를 덮어씌워 코막음한다. 다음 84코를 겉뜨기하고 편물을 뒤집는다. 4코를 안뜨기로 덮어씌워서 코막음한다. 차트대로 진동 줄임을 하며 메리야스뜨기로 55단까지 뜬다. 56단에서 2코를 남기고 편물을 뒤집어 어깨 경사뜨기를 시작한다. 오른쪽 어깨를 진행하고 한쪽 어깨 너비의 4배 길이만큼 실을 남기고 자른다. 뜬 코들을 어깨핀에 옮겨 둔다. 새로 실을 걸어서 27코를 겉뜨기로 덮어씌운다. 왼쪽 어깨를 진행하고 실은 정리할 만큼의 여유분만 남기고 자른다. 뜬 코들을 어깨핀에 옮겨 둔다.

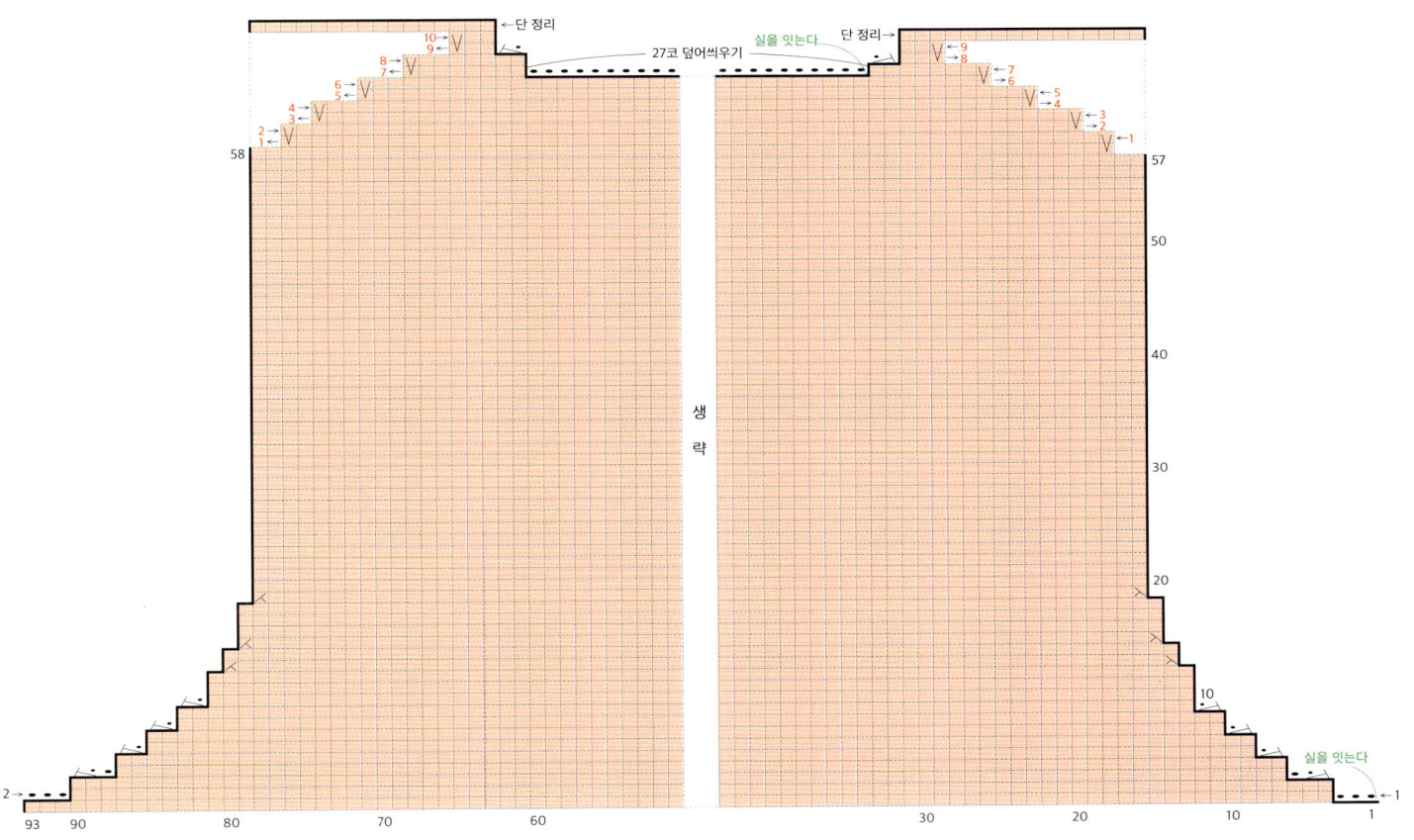

뒤판(평면뜨기)

새로 실을 걸어서 겉뜨기로 3코를 덮어씌워 코막음한다. 다음 89코를 겉뜨기하고 편물을 뒤집는다. 3코를 안뜨기로 덮어씌워서 코막음한다. 차트대로 진동 줄임을 하며 메리야스뜨기로 57단까지 뜬다. 58단에서 2코를 남기고 편물을 뒤집어 어깨 경사뜨기를 시작한다. 오른쪽 어깨를 진행하고 한쪽 어깨 너비의 4배 길이만큼 실을 남기고 자른다. 뜬 코들을 어깨핀에 옮겨 둔다. 새로 실을 걸어서 27코를 겉뜨기로 덮어씌운다. 왼쪽 어깨를 진행하고 실은 정리할 만큼의 여유분만 남기고 자른다. 뜬 코들을 어깨핀에 옮겨 둔다.

왼쪽 앞판 - S 사이즈

왼쪽 앞판(평면뜨기)

새로 실을 걸어서 5코를 겉뜨기로 덮어씌워 코막음한다. 다음 36코를 겉뜨기한 후, 왼코 겹치기로 1코를 줄이고 편물을 뒤집는다. 차트대로 진동 줄임을 하며 메리야스뜨기로 55단까지 뜬다. 56단에서 2코를 남기고 편물을 뒤집어 어깨 경사뜨기를 시작한다. 어깨 경사뜨기를 끝내고 한쪽 어깨 너비의 4배 길이만큼 실을 남기고 자른다. 뜬 코들을 어깨핀에 옮겨 둔다.

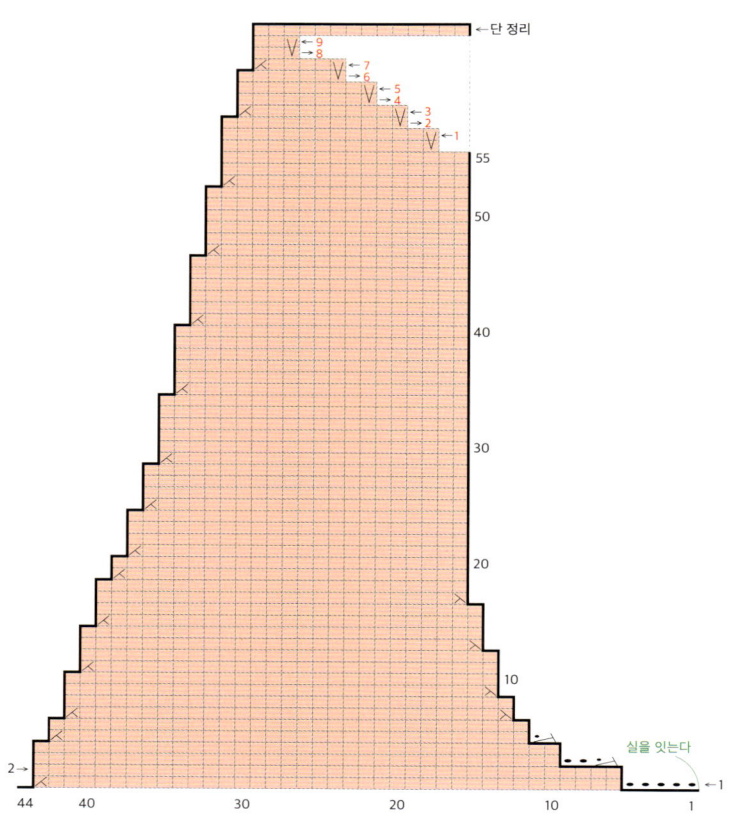

왼쪽 앞판 - M 사이즈

왼쪽 앞판(평면뜨기)

새로 실을 걸어서 4코를 겉뜨기로 덮어씌워 코막음한다. 다음 39코를 겉뜨기한 후, 왼코 겹치기로 1코를 줄이고 편물을 뒤집는다. 차트대로 진동 줄임을 하며 메리야스뜨기로 57단까지 뜬다. 58단에서 2코를 남기고 편물을 뒤집어 어깨 경사뜨기를 시작한다. 어깨 경사뜨기를 끝내고 한쪽 어깨 너비의 4배 길이만큼 실을 남기고 자른다. 뜬 코들을 어깨핀에 옮겨 둔다.

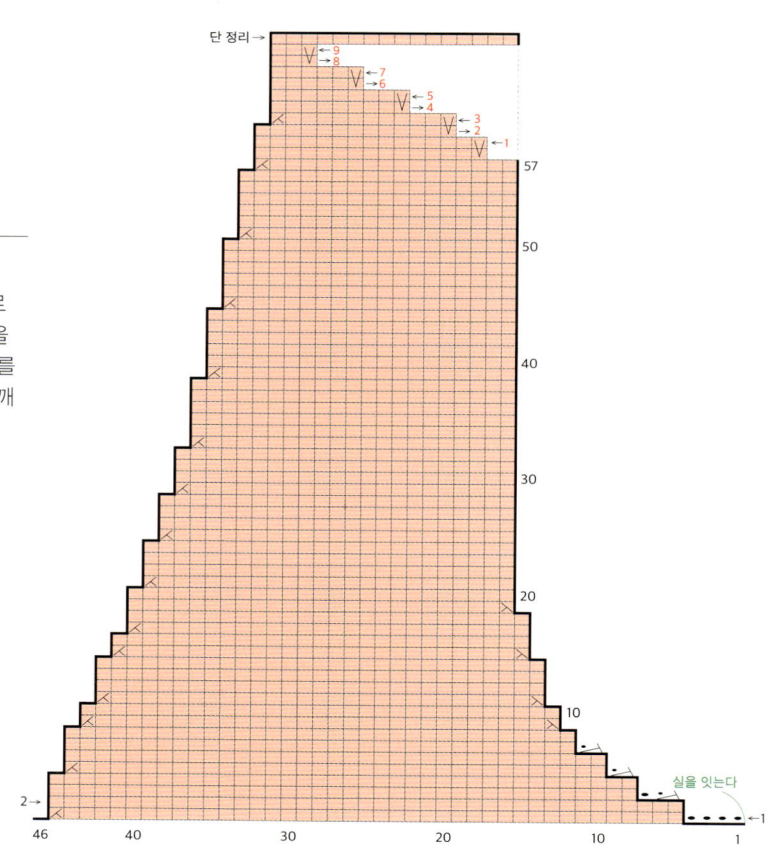

칼라, 여밈단

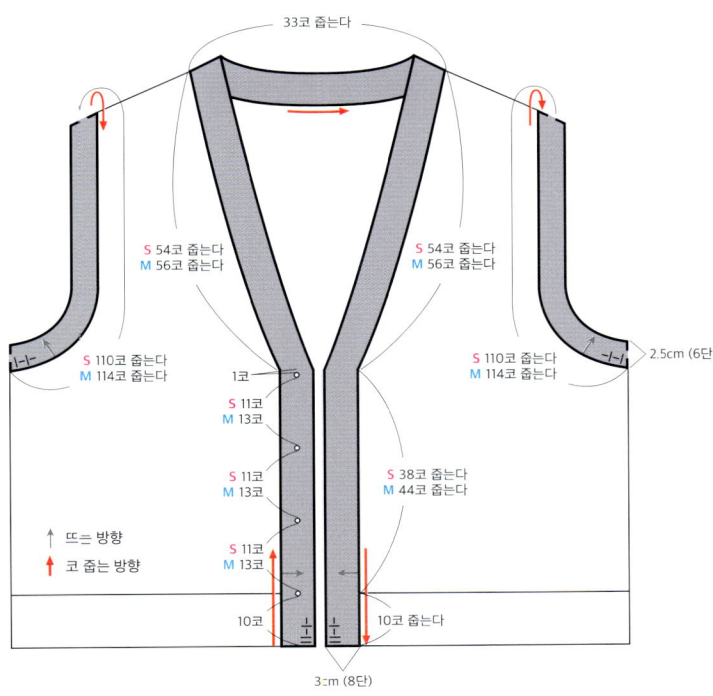

칼라, 여밈단(평면뜨기)

앞판과 뒤판을 겉끼리 맞대어 놓고 '빼뜨기 잇기' 방법으로 어깨선을 연결한다. 편물을 뒤집어 겉면이 보이도록 한다. 배색 실과 4.5mm 대바늘로 오른쪽 앞판에서 102(110)코, 뒷목둘레에서 33(33)코, 왼쪽 앞판에서 102(110)코를 줍는다. 겉면 기준으로 겉뜨기 2코로 시작해서 겉뜨기 2코로 끝나는 1코 고무뜨기 8단을 뜬다. 이때 4단에서 오른쪽 앞여밈단에 단춧구멍을 만든다. 왼쪽 앞여밈단에 지름 18mm 단추 4개를 단다.

단춧구멍 만드는 방법

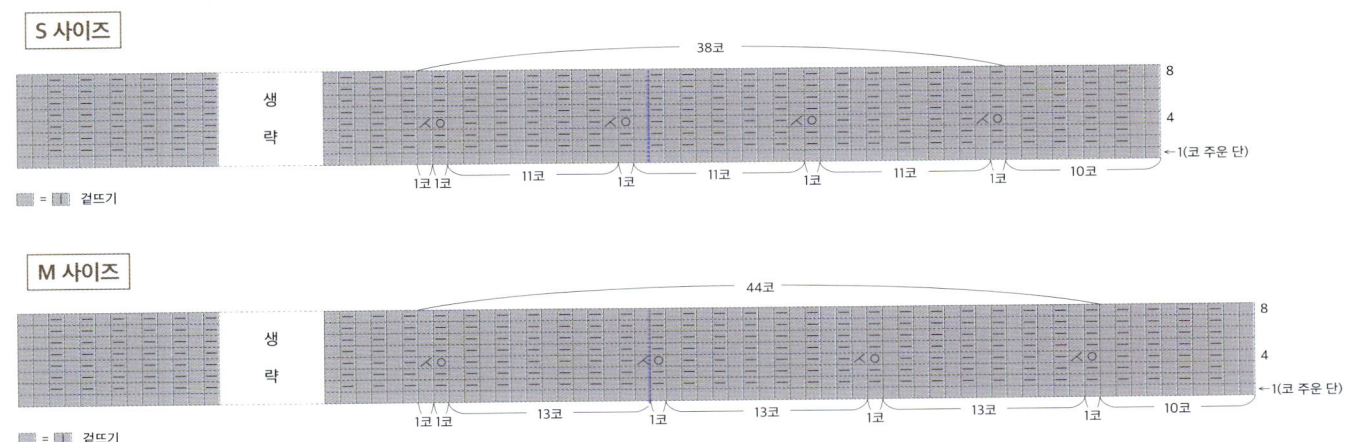

암홀 고무단(원통뜨기) 배색 실과 4.5mm 대바늘로 암홀에서 110(114)코를 줍는다. 마커를 걸고 1코 고무뜨기 6단(2.5cm)을 뜬다.

주머니

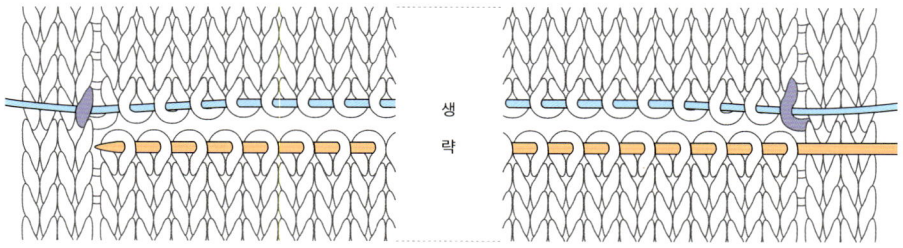

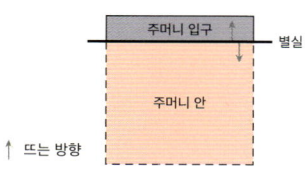

주머니 뜨는 방법

주머니 코줍기

주머니 위치에 떴던 별실을 겉면에서 풀면서 코를 줍는다. 아래쪽 코들은 4.5mm 대바늘에, 위쪽 코들은 다른 별실에 옮긴다. 위쪽은 편물의 방향이 바뀌어 싱커 루프를 줍는 것이므로 양 끝의 반 코씩 더 줍는다. 위쪽은 아래쪽보다 1코가 많은 26코가 된다. 아래쪽 코로는 주머니 입구를 뜨며 올라가고 위쪽 코들로 주머니 안쪽을 떠 내려간다.

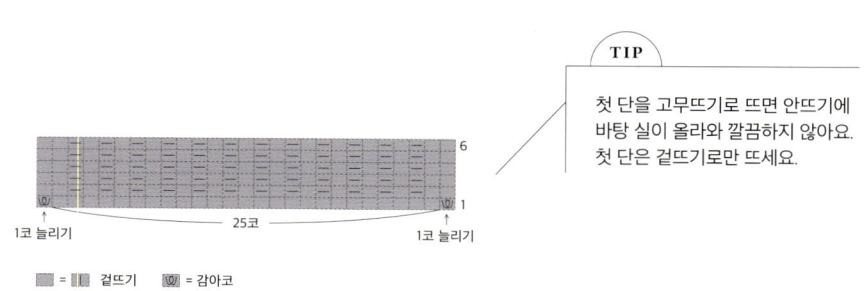

TIP
첫 단을 고무뜨기로 뜨면 안뜨기에 바탕 실이 올라와 깔끔하지 않아요. 첫 단은 겉뜨기만 뜨세요.

주머니 입구

대바늘에 옮긴 아래쪽 코들을 모두 왼쪽 바늘에 옮긴다. 주머니 입구를 몸판에 고정할 때 여분이 필요하므로 양 끝에 감아코를 1코씩 만들어야 한다. 배색 실로 감아코 1코를 만들고 겉뜨기 25코를 뜨고 마지막에 또 감아코 1코를 만든다. 겉면 기준으로 겉뜨기 2코로 시작해서 겉뜨기 2코로 끝나는 1코 고무뜨기를 6단 뜨고 돗바늘로 마무리한다.

주머니 안쪽

별실에 옮긴 위쪽 코들을 5mm 대바늘에 옮긴다. 바탕 실을 걸어 메리야스뜨기로 28단을 뜨고 겉뜨기로 덮어씌워서 코막음한다.

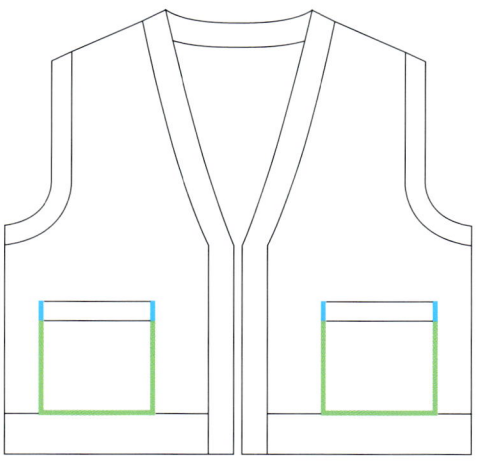

몸판에 달기

━━ 주머니 입구의 양 끝을 몸판의 겉면에 '떠서 꿰매기' 방법으로 연결한다.

━━ 주머니 안쪽을 몸판 안면에 위치를 맞춰서 돗바늘로 감침질해 연결한다.

High neck Vest

하이넥 베스트

5.5mm 대바늘로 떠서 빠르게 완성할 수 있는 베스트입니다.
하이넥으로 디자인해 보온성이 좋습니다.
굵기에 비해 가벼운 실로 만들어 완성하고 나면 생각보다 가벼워서 깜짝 놀랄 거예요.
뒤판의 암홀을 앞판의 암홀보다 길게 디자인해 옷이 뒤로 넘어가지 않아요.
고무단에 슬릿을 넣어 움직임이 편해 가을, 겨울에 여기저기 매치해서 입기 좋습니다.

실
카마로즈 스노우 플레이크(7104) 6볼

바늘
5mm, 5.5mm, 6mm 대바늘

게이지
메리야스뜨기 16코×25단

사이즈
어깨 41cm
가슴 단면 52cm
총장 앞 56cm / 뒤 61cm

뒤판

고무단
5mm 대바늘로 85코를 잡는다. 겉면 기준으로 겉뜨기 2코로 시작해서 겉뜨기 2코로 끝나는 1코 고무뜨기 30단을 뜬다. 매 단의 첫 코는 걸러뜬다. 이때 겉면의 경우, 실을 바늘 뒤에 둔 상태에서 바늘을 안뜨기 방향으로 넣어서 걸러뜬다. 안면의 경우, 실을 바늘 앞에 둔 상태에서 바늘을 안뜨기 방향으로 넣어서 걸러뜬다.

몸판
5.5mm 대바늘로 바꾸고 메리야스뜨기로 60단을 뜬다. 이때 양 끝 7코는 고무뜨기 무늬를 유지한다. 몸판의 6단까지는 매 단의 첫 코를 고무단과 마찬가지로 걸러뜬다. 7단부터는 첫 코를 걸러뜨지 않는다.

암홀
양 끝 7코는 고무뜨기 무늬를 유지한다. 차트대로 코줄임을 하면서 총 18코를 줄여주며 55단을 뜬다. 이때 매 단의 첫 코는 걸러뜬다.

뒷목 파임, 어깨 경사
56단에서 5코를 남기고 편물을 뒤집어 어깨 경사를 뜨기 시작한다. 오른쪽 어깨를 먼저 뜨고 한쪽 어깨 너비의 4배 길이만큼 실을 남기고 자른다. 남은 코는 어깨핀에 옮겨 둔다. 새로 실을 걸어 27코를 겉뜨기로 덮어씌우고 왼쪽 어깨를 뜬다. 실은 정리할 만큼의 여유분만 남기고 자른다. 뜬 코들은 어깨핀에 옮겨 둔다.

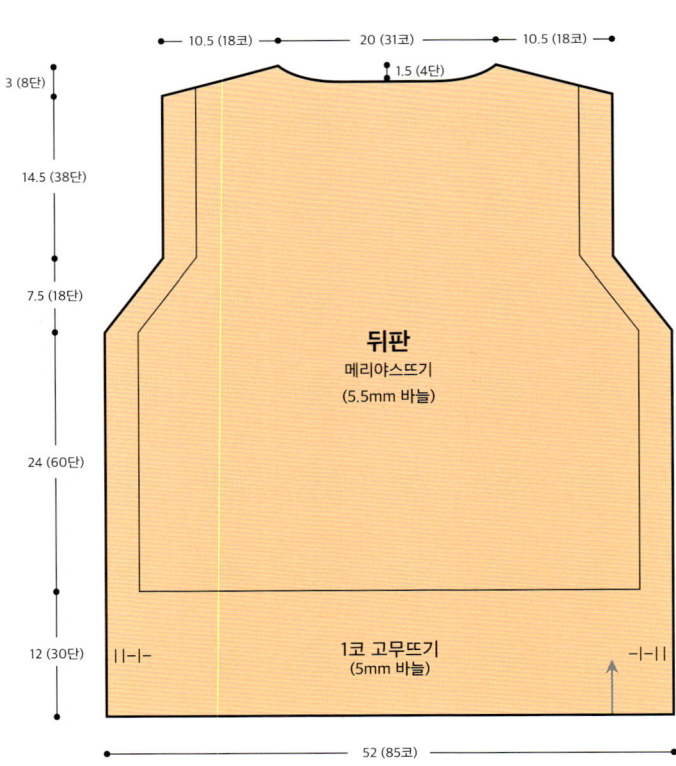

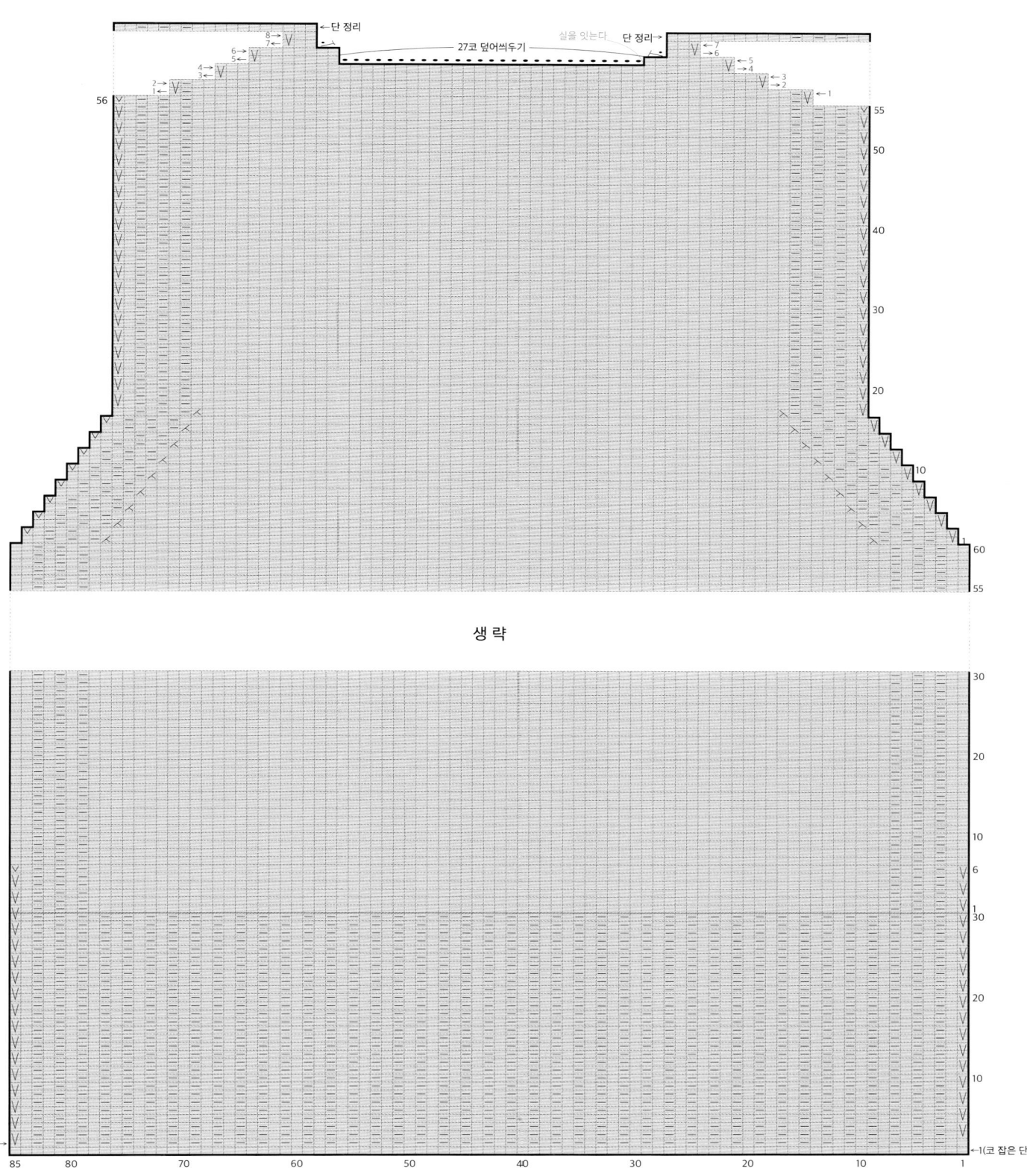

앞판

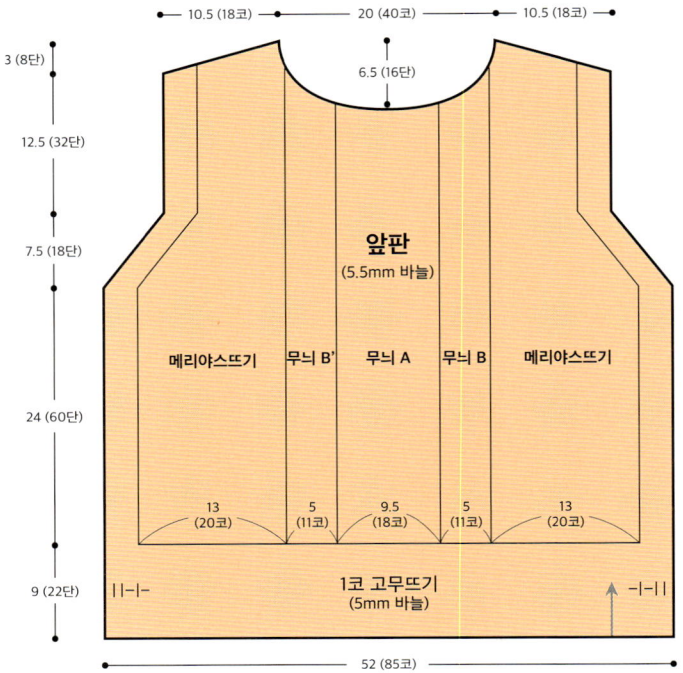

고무단

5mm 대바늘로 85코를 잡는다. 겉면 기준으로 겉뜨기 2코로 시작해서 겉뜨기 2코로 끝나는 1코 고무뜨기 22단을 뜬다. 매 단의 첫 코는 걸러뜬다. 이때 겉면의 경우, 실을 바늘 뒤에 둔 상태에서 바늘을 안뜨기 방향으로 넣어서 걸러뜬다. 안면의 경우, 실을 바늘 앞에 둔 상태에서 바늘을 안뜨기 방향으로 넣어서 걸러뜬다.

몸판

5.5mm 대바늘로 바꾸고 차트를 따라 뜬다. 이때 몸판의 6단까지는 매 단의 첫 코를 고무단과 마찬가지로 걸러뜬다. 7단부터는 첫 코를 걸러뜨지 않는다. 1단에서 차트대로 코늘림을 해 총 9코를 늘려준다.('9코 뜨고 1코 늘림' x 5회, '8코 뜨고 1코 늘림' x 4회, 8코 뜨기) 2단부터 60단까지는 차트를 따라서 뜬다.

암홀

양쪽 가장자리 7코씩은 고무뜨기 무늬를 유지하면서 차트를 따라 총 18코를 줄이며 42단까지 뜬다.

앞목 파임, 어깨 경사

43단에서 29코를 뜨고 편물을 뒤집어 앞목 파임과 어깨 경사를 뜨기 시작한다. 차트상 오른쪽 어깨를 먼저 뜨고 한쪽 어깨 너비의 4배 길이만큼 실을 남기고 자른다. 남은 코는 어깨핀에 옮겨 둔다. 새로 실을 걸어 18코를 겉뜨기로 덮어씌우고 왼쪽 어깨를 뜬 후, 실은 정리할 만큼의 여유분만 남기고 자른다. 뜬 코들은 어깨핀에 옮겨 둔다.

무늬뜨기 기호도

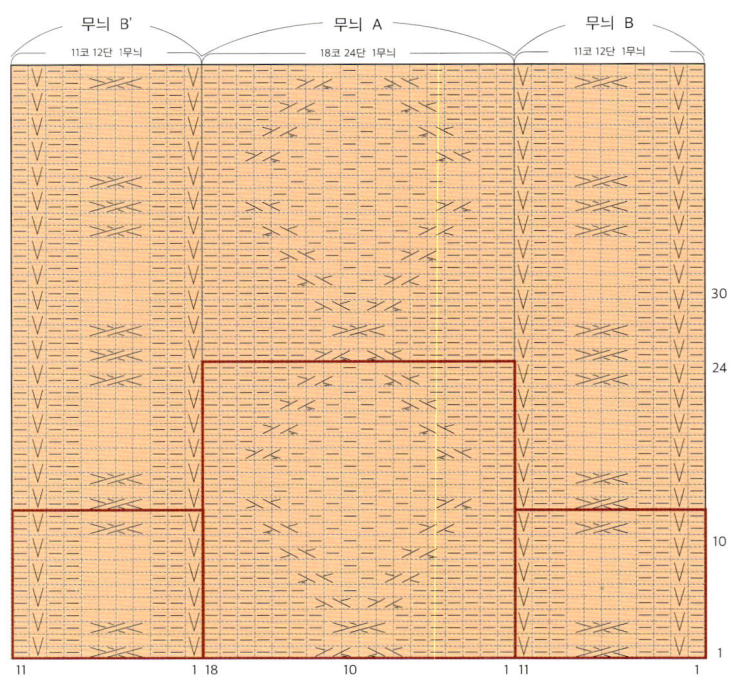

= 겉뜨기

앞판

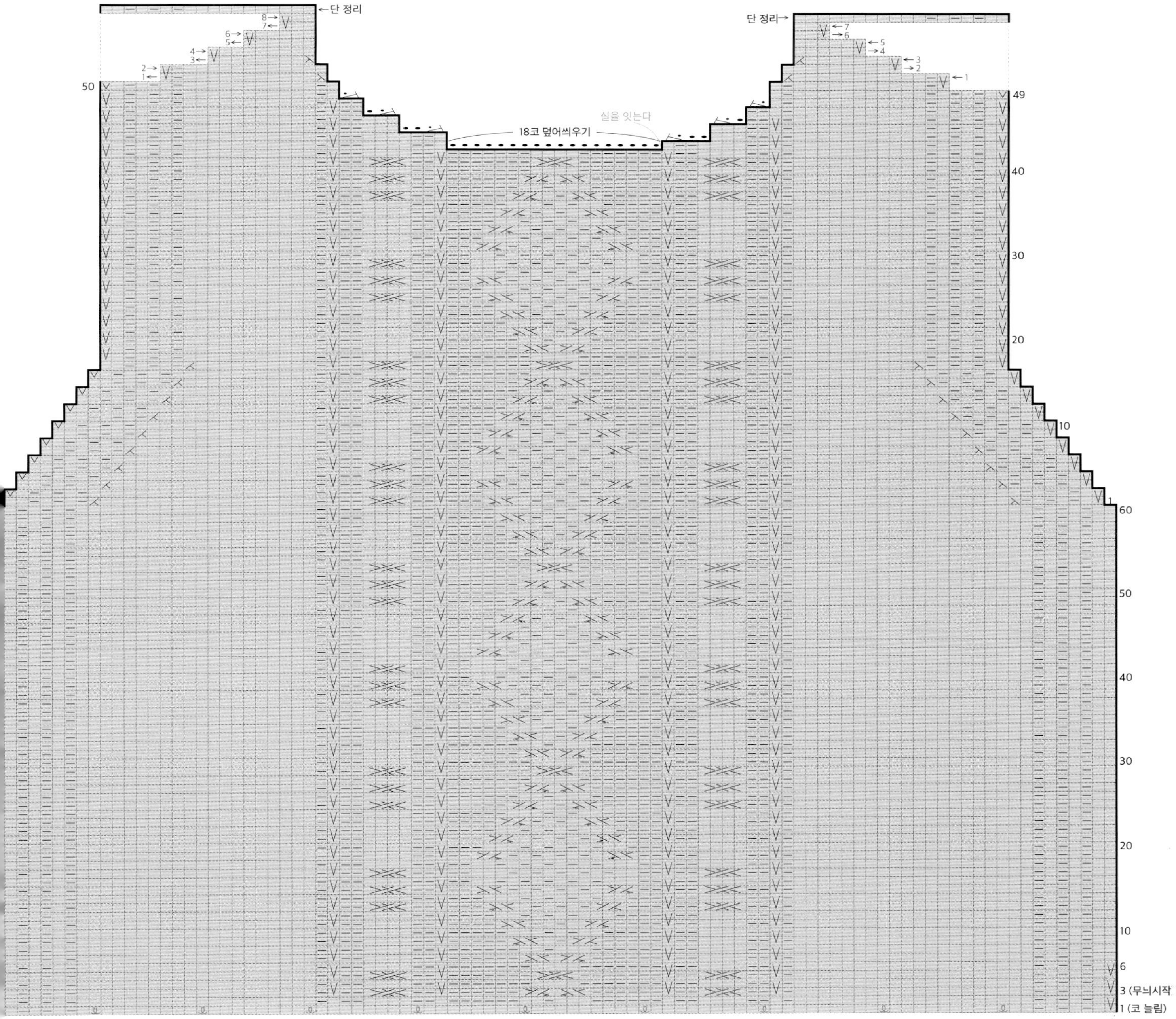

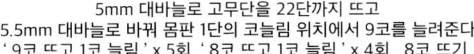
5mm 대바늘로 고무단을 22단까지 뜨고
5.5mm 대바늘로 바꿔 몸판 1단의 코늘림 위치에서 9코를 늘려준다.
'9코 뜨고 1코 늘림' x 5회, '8코 뜨고 1코 늘림' x 4회, 8코 뜨기

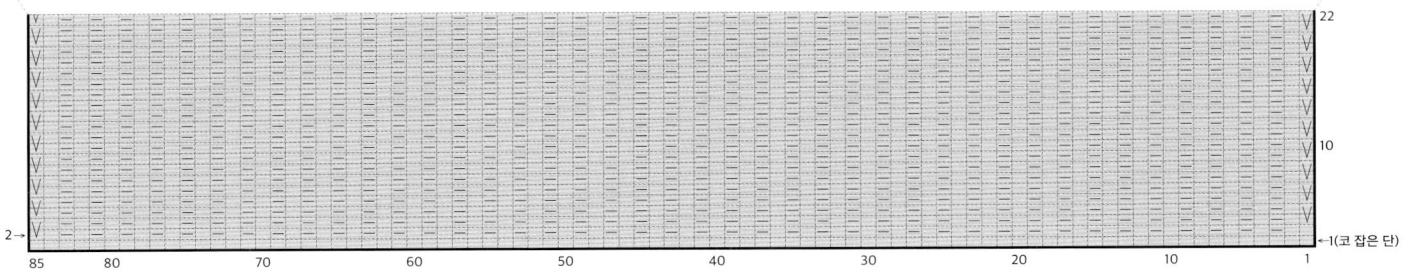

▨ = 겉뜨기   ◎ = 돌려뜨기로 코 늘리기 (M1L)

73

칼라

칼라를 뜨기 전에 앞판과 뒤판의 어깨를 '빼뜨기 잇기' 방법으로 연결한다. 앞판과 뒤판의 옆선을 연결할 때는 고무단과 몸판의 6단(첫 코를 걸러 뜬 단들)을 제외한 몸판의 54단만을 '떠서 꿰매기' 방법으로 연결해준다. 이렇게 하면 골반 아래의 옆선에 트임이 생겨 활동성을 높일 수 있다.

칼라(원통뜨기)

5mm 대바늘로 편물의 겉면에서 코를 줍는다. 앞판 목둘레에서 52코, 뒤판 목둘레에서 40코를 주워 총 92코를 줍는다. '겉뜨기 1코, 안뜨기 1코'를 반복하는 1코 고무뜨기를 원통뜨기로 19단 뜬다. 5.5mm 대바늘로 바꾸고 같은 방식으로 9단을 뜬다. 다시 6mm 대바늘로 바꿔서 8단을 더 뜨고 돗바늘로 마무리한다.

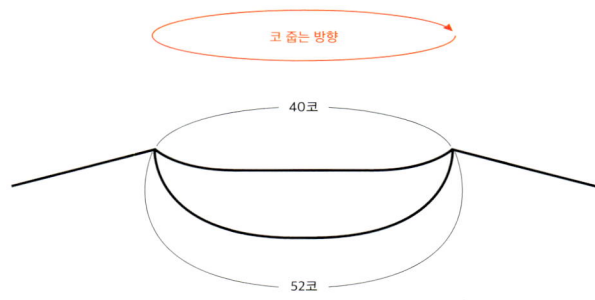

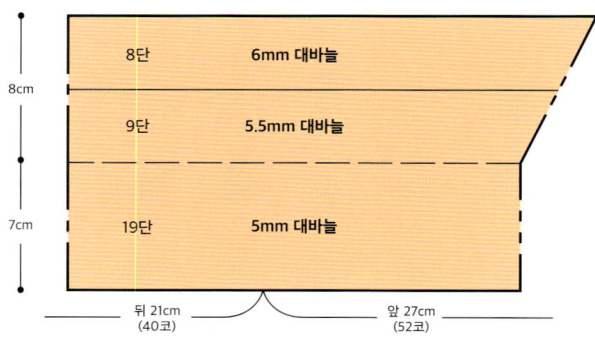

TIP

바늘 크기에 변화를 주는 게이지 조정법을 사용하여 칼라가 접히는 부분은 콧수를 바꾸지 않고도 자연스럽게 넓어지도록 디자인했습니다. 이렇게 하면 칼라를 밖으로 접었을 때 칼라 끝이 오므라들지 않고 안정적인 모양이 됩니다.

PUL
LO

02
풀오버

VE   R

Frill
Pullover

프릴 풀오버

프릴 블라우스를 레이어드한 것처럼 보이는 풀오버입니다.
아래부터 떠 올라가는 방식으로 앞판, 뒤판, 소매 2장을 뜨고 연결합니다.
카마로즈 야쿠와 미드넷솔을 합쳐서 몸판과 소매를 뜹니다.
몸판과 소매를 연결한 후, 미드넷솔 1가닥으로 목과 소매에서 코를 주워 프릴을 만듭니다.
프릴을 생략하면 베이직 풀오버로 완성되니 취향에 따라 선택하세요.

실
- S M 카마로즈 야쿠(1557) 5볼
- S M 카마로즈 미드넷솔(9514) 5볼

바늘
3mm, 4.5mm, 5mm 대바늘

게이지
메리야스뜨기 19코×26단

사이즈
- S **어깨** 33cm
  - **가슴 단면** 46cm
  - **총장** 53cm
  - **소매** 55cm
- M **어깨** 35cm
  - **가슴 단면** 48cm
  - **총장** 55cm
  - **소매** 56.5cm

뒤판, 앞판

고무단
카마로즈 야쿠와 미드넷솔을 함께 잡고 4.5mm 대바늘로 90(94)코를 잡는다. 겉면 기준으로 겉뜨기 2코로 시작해서 겉뜨기 1코로 끝나는 1코 고무뜨기 18단을 뜬다.

몸판, 암홀
5mm 대바늘로 바꾸고 메리야스뜨기로 66(68)단을 뜬다. 차트대로 진동 줄임을 진행한다.

뒤판 - 네크라인, 어깨 경사
50(52)단에서 3코를 남기고 되돌려서 어깨 경사뜨기를 시작한다. 오른쪽 어깨를 먼저 뜨고 한쪽 어깨 너비의 4배 길이만큼 실을 남기고 자른다. 뜬 코들을 어깨핀에 옮겨 둔다. 새로 실을 걸어서 중앙의 26(28)코를 덮어씌우고 왼쪽 어깨를 뜬다. 실은 정리할 만큼의 여유분만 남기고 자른다. 뜬 코들을 어깨핀에 옮겨 둔다.

앞판 - 네크라인, 어깨 경사
39(41)단에서 27(29)코를 뜨고 편물을 뒤집어 차트상 오른쪽 앞목 파임과 어깨 경사를 뜨고 한쪽 어깨 너비의 4배 길이만큼 실을 남기고 자른다. 뜬 코들을 어깨핀에 옮겨 둔다. 새로 실을 걸어서 중앙의 10코를 덮어씌운다. 왼쪽 앞목 파임과 어깨 경사를 뜨고 실은 정리할 만큼의 여유분만 남기고 자른다. 뜬 코들을 어깨핀에 옮겨 둔다.

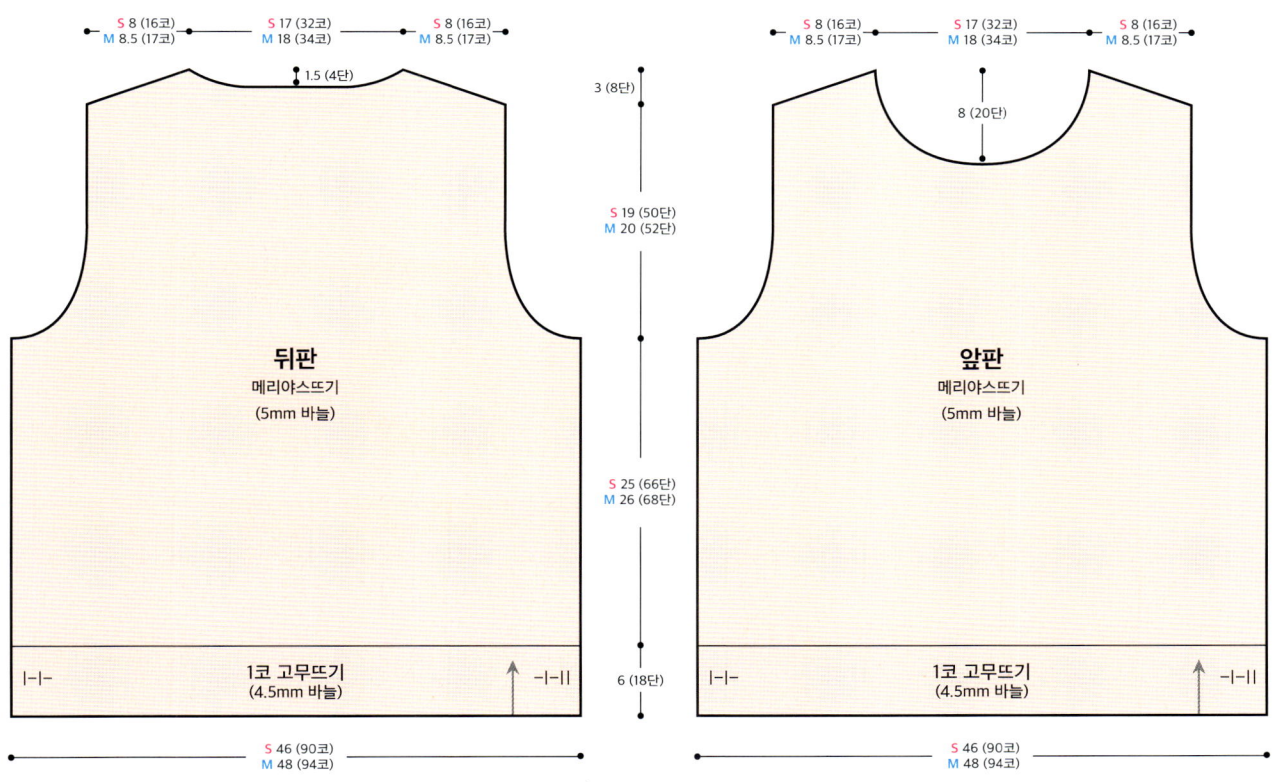

뒤판, 앞판 - S 사이즈

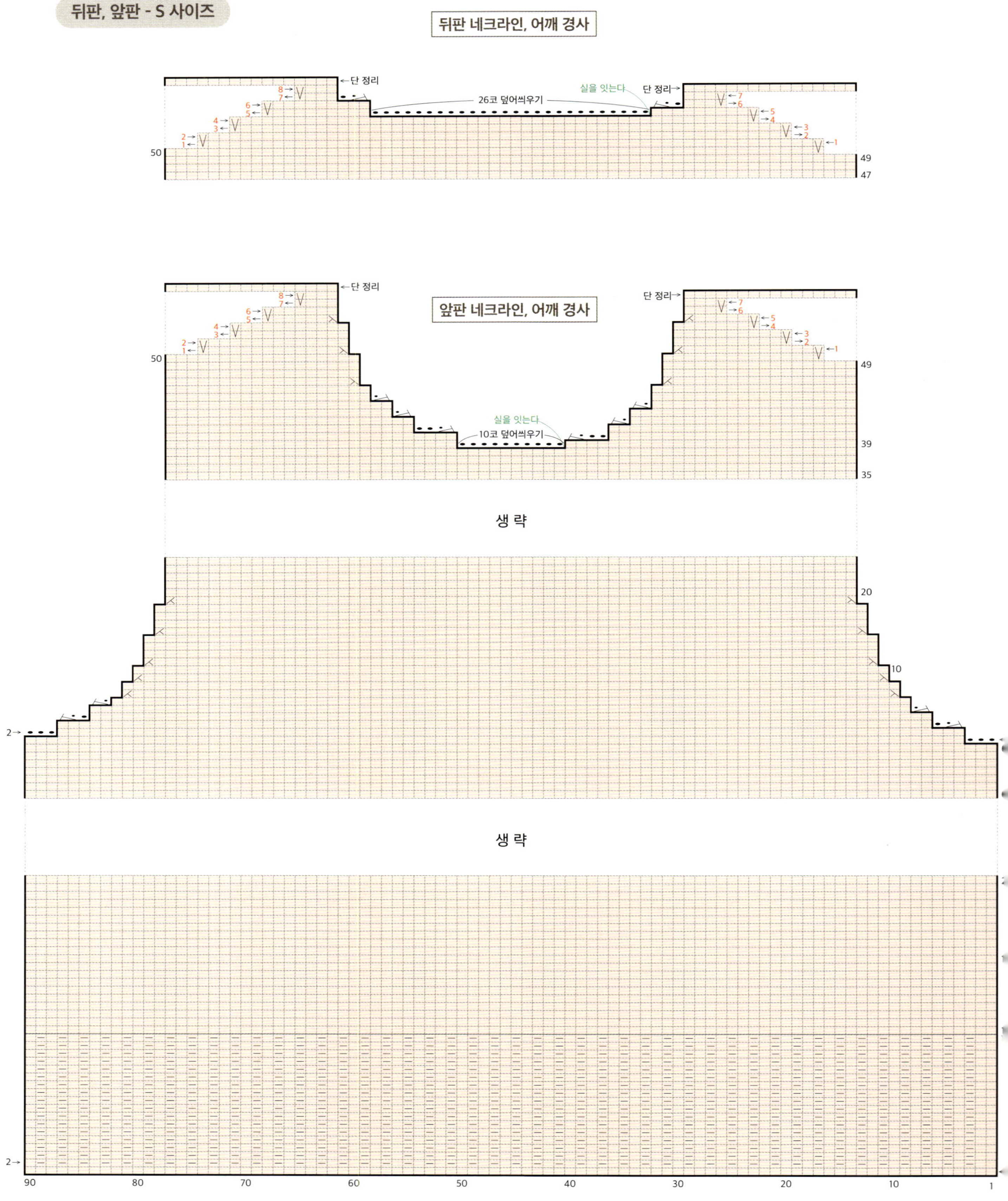

뒤판 네크라인, 어깨 경사

앞판 네크라인, 어깨 경사

생 략

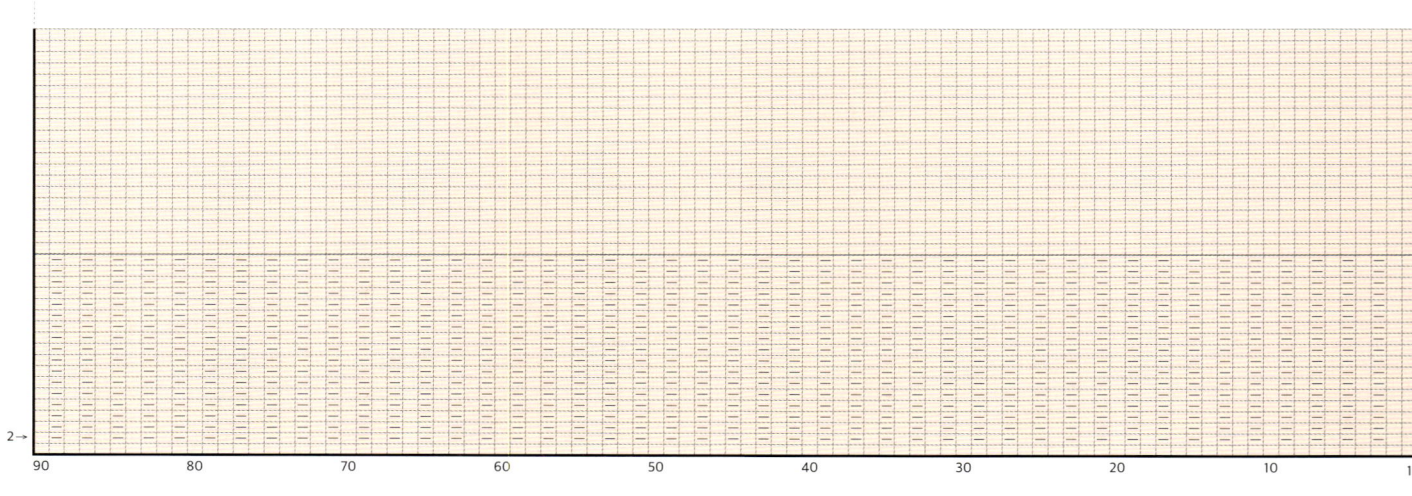

생 략

□ = □ 겉뜨기

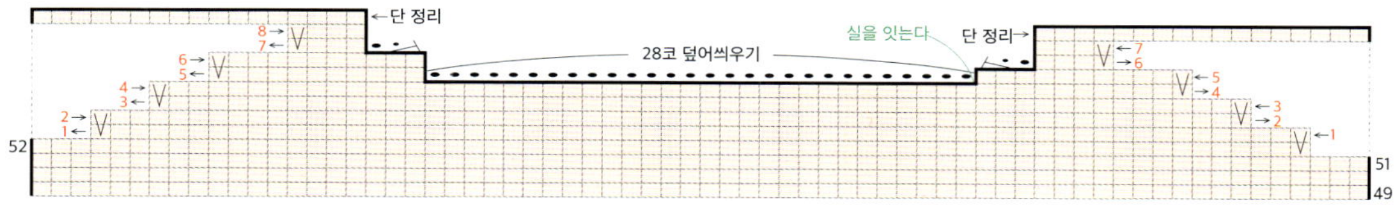

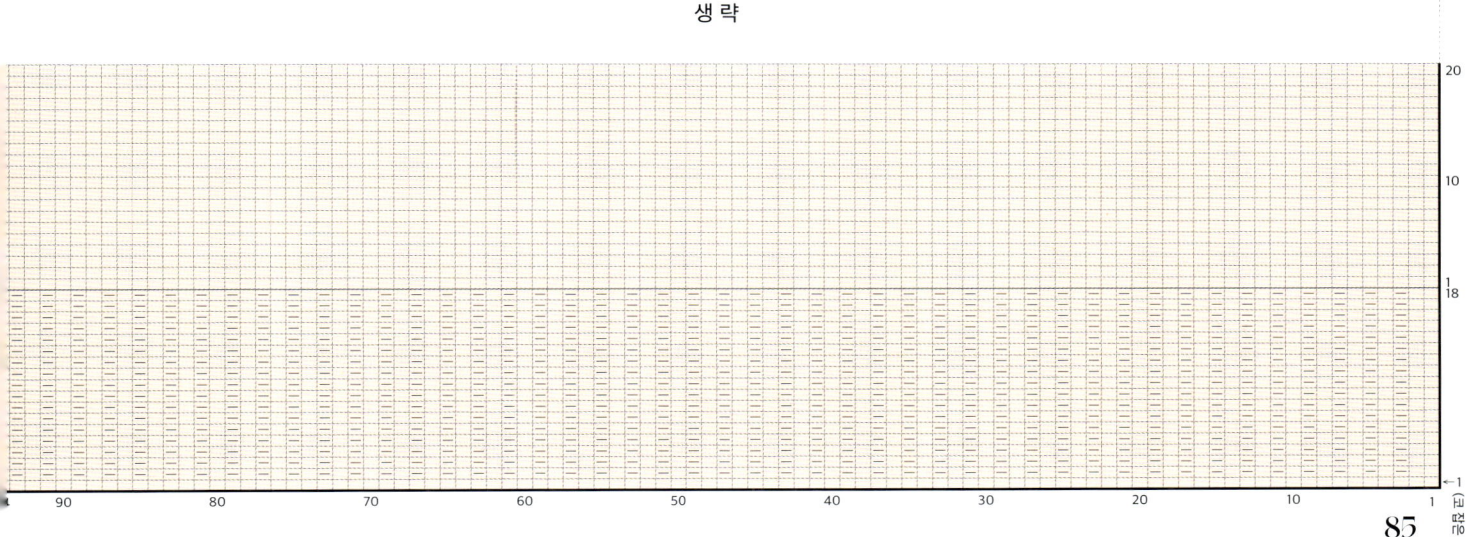

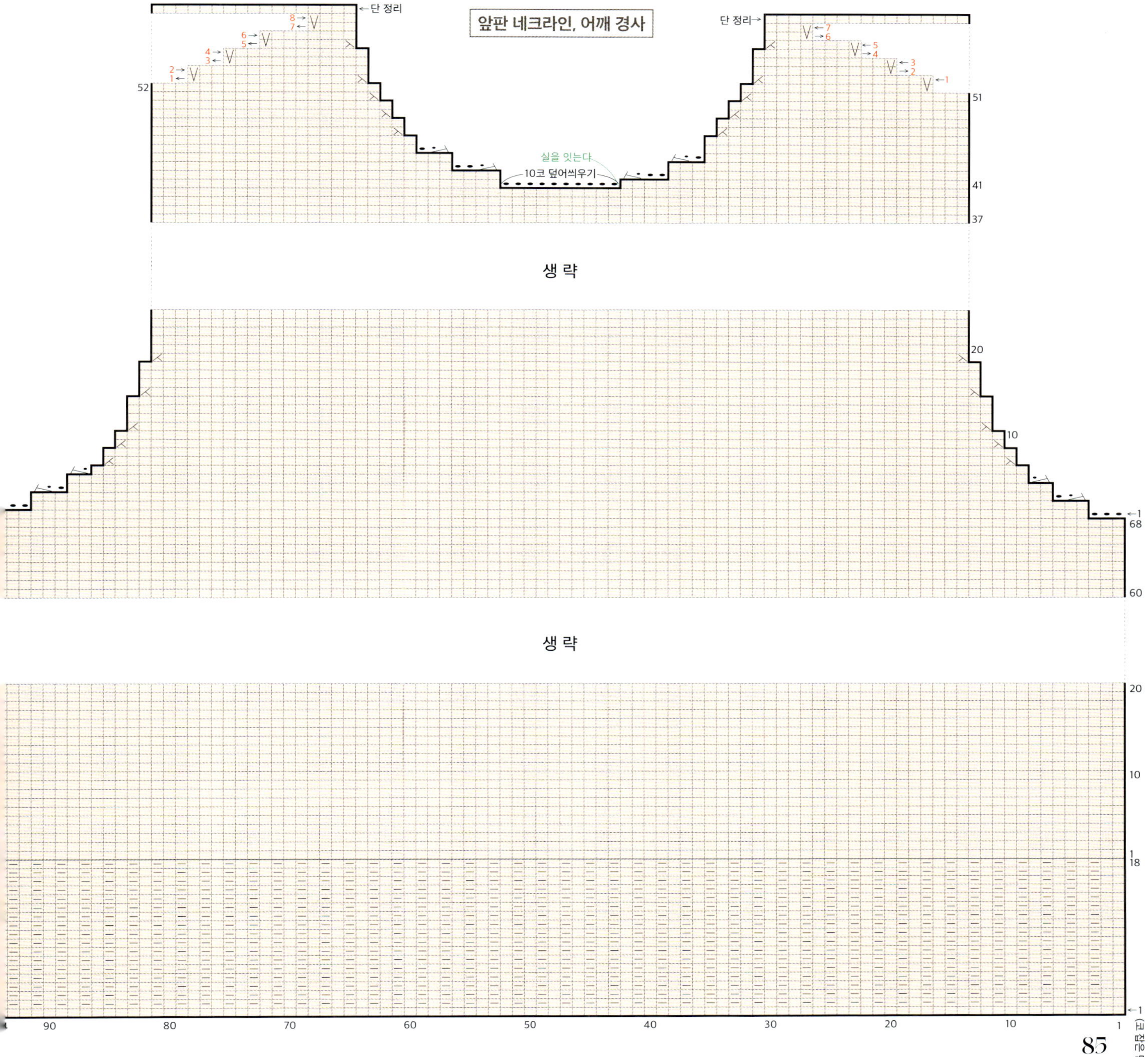

소매

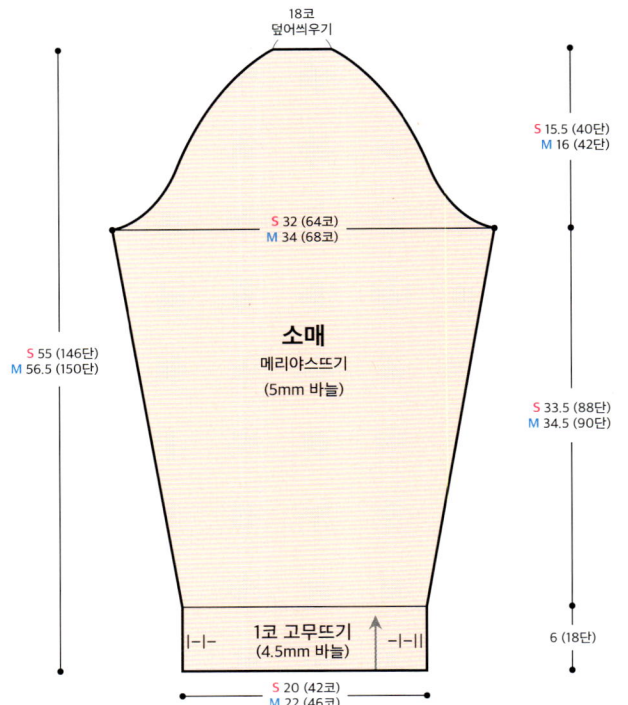

고무단

카마로즈 야쿠와 미드넷솔을 함께 잡고 4.5mm 대바늘로 42(46)코를 잡는다. 겉면 기준으로 겉뜨기 2코로 시작해서 겉뜨기 1코로 끝나는 1코 고무뜨기 18단을 뜬다.

소매

5mm 대바늘로 바꾸고 차트대로 코늘림을 한다. 차트상 오른쪽은 M1L로, 왼쪽은 M1R로 코를 늘린다. 소매를 88(90)단 뜨고 차트대로 코줄임을 시작한다. 소매산을 40(42)단 뜬다. 18코를 겉뜨기로 덮어씌워서 코막음해 마무리한다.

연결

앞판, 뒤판의 옆선을 '떠서 꿰매기' 방식으로 연결한다. 앞판과 뒤판의 어깨를 '빼뜨기 잇기' 방법으로 연결한다. 소매의 옆선을 '떠서 꿰매기' 방식으로 연결하고 소매산 부분을 몸판의 암홀에 '빼뜨기로 꿰매기' 방법으로 연결한다.

넥밴드

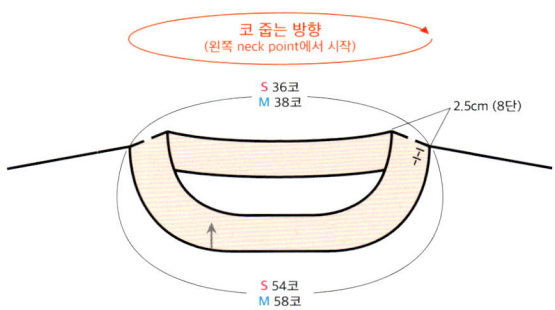

넥밴드(원통뜨기)

편물의 겉면에서 4.5mm 대바늘로 앞 목둘레에서 54(58)코, 뒷 목둘레에서 36(38)코를 주워 총 90(96)코를 줍는다. 원통뜨기로 '겉뜨기 1코, 안뜨기 1코'를 반복하는 1코 고무뜨기를 8단(2.5cm) 뜨고 돗바늘로 마무리한다.

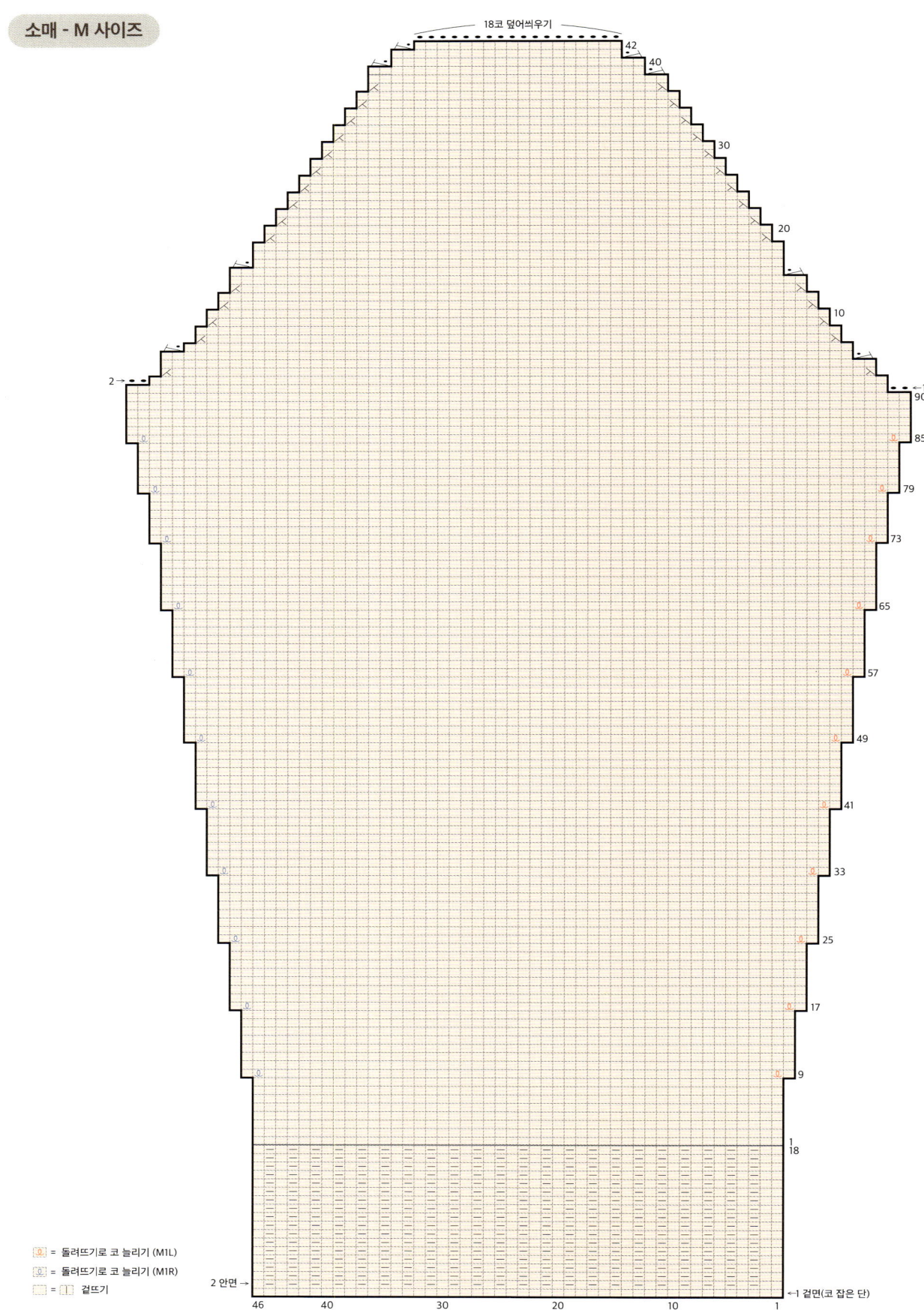

프릴

네크라인 프릴(원통뜨기)

1단	넥밴드의 안면에서 미드넷솔 1가닥과 3mm 대바늘로 앞목에서 54(58)코, 뒷목에서 36(38)코를 주워 총 90(96)코를 줍는다.
2단	원통뜨기를 시작한다. '안뜨기 3코, 겉뜨기 3코'를 반복한다.
3단	'안뜨기 3코, 겉뜨기 1코, M1R, 겉뜨기 1코, M1L, 겉뜨기 1코'를 반복한다.
4단	'안뜨기 3코, 겉뜨기 5코'를 반복한다.
5단	'안뜨기 3코, 겉뜨기 2코, M1R, 겉뜨기 1코, M1L, 겉뜨기 2코'를 반복한다.
6단	'안뜨기 3코, 겉뜨기 7코'를 반복한다.
7단	'안뜨기 3코, 겉뜨기 2코, M1R, 겉뜨기 3코, M1L, 겉뜨기 2코'를 반복한다.
8단	'안뜨기 3코, 겉뜨기 9코'를 반복한다.
코막음	'안뜨기로 덮어씌우기 3코, 겉뜨기로 덮어씌우기 9코'를 반복한다.

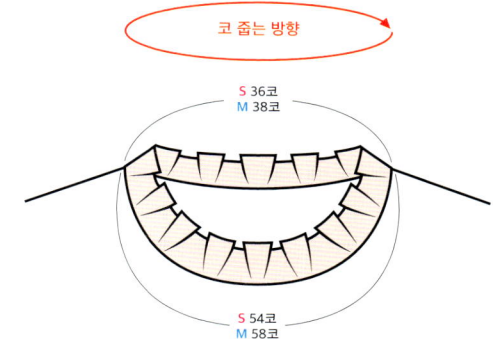

네크라인 코줍기

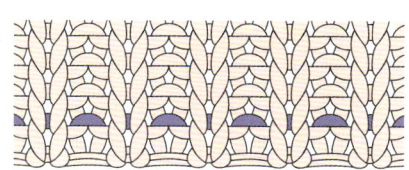

프릴 코 줍는 위치

고무단의 안면이 보이도록 한다. 끝에서 두 번째 단에 3mm 대바늘을 넣어 코를 줍는다.

손목 프릴(원통뜨기)

소매 고무단의 안면에서 미드넷솔 1가닥과 3mm 대바늘로 소매 옆선에서부터 42코(S, M 공통)를 줍는다. 네크라인 프릴과 동일한 방법으로 프릴을 뜬다.

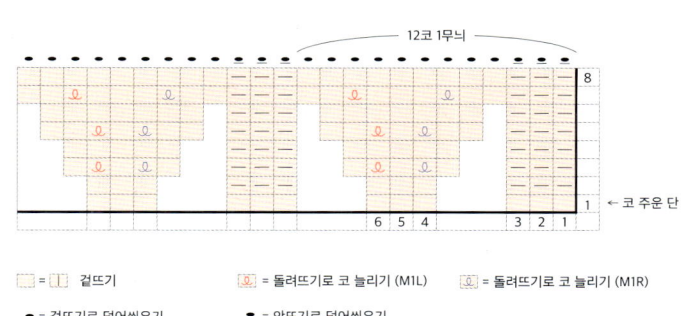

Polo Collar Pullover

폴로 칼라 풀오버

7부 길이의 소매와 밑단의 무늬가 포인트인 풀오버로 단추를 잠가 입어도, 풀어 입어도 예뻐요.
몸판과 소매는 틴 라마울과 미드넷솔로, 앞단과 칼라는 야쿠와 미드넷솔로 뜹니다.
몸판과 소매 모두 별도의 사슬에서 코를 주워 아래부터 위로 떠 올라갑니다.

실

몸판 [S][M] 카마로즈 틴 라마울(5036) 4볼
　　　 [S][M] 카마로즈 미드넷솔(9524) 4볼
칼라 [S][M] 카마로즈 야쿠(1000) 1볼
　　　 [S][M] 카마로즈 미드넷솔(9500) 1볼

바늘

4.5mm, 5mm 대바늘, 모사용 코바늘 7호

게이지

메리야스 뜨기 18코×25단

사이즈

[S] 어깨 35cm
　　 가슴 단면 46cm
　　 총장 54cm
　　 소매 40cm
[M] 어깨 37cm
　　 가슴 단면 48cm
　　 총장 56cm
　　 소매 42cm

뒤판, 앞판(공통)

몸판(원통뜨기)

모사용 코바늘 7호로 별도의 사슬코 170(178)코를 만든다. 이때 사슬코 분량에는 여유분이 포함되어 있다. 틴 라마울(5036)과 미드넷솔(9524)을 함께 잡고 5mm 대바늘로 166(174)코를 사슬에서 줍는다. 마커를 걸고 원통뜨기를 시작한다.

시작 마커 - 겉뜨기 83(87)코 - 중간 마커 - 겉뜨기 83(87)코 순으로 진행한다. 이때 처음 83(87)코는 뒤판, 다음 83(87)코는 앞판이 된다. 사슬에서 코를 주운 단이 1단이 된다. 겉뜨기로만 63(65)단을 뜬다.

마커를 제거하고 여분의 줄바늘에 앞판에 해당하는 83(87)코를 옮겨 둔다. 이 앞판 코들은 평면뜨기로 뒤판을 먼저 뜬 후 진행한다.

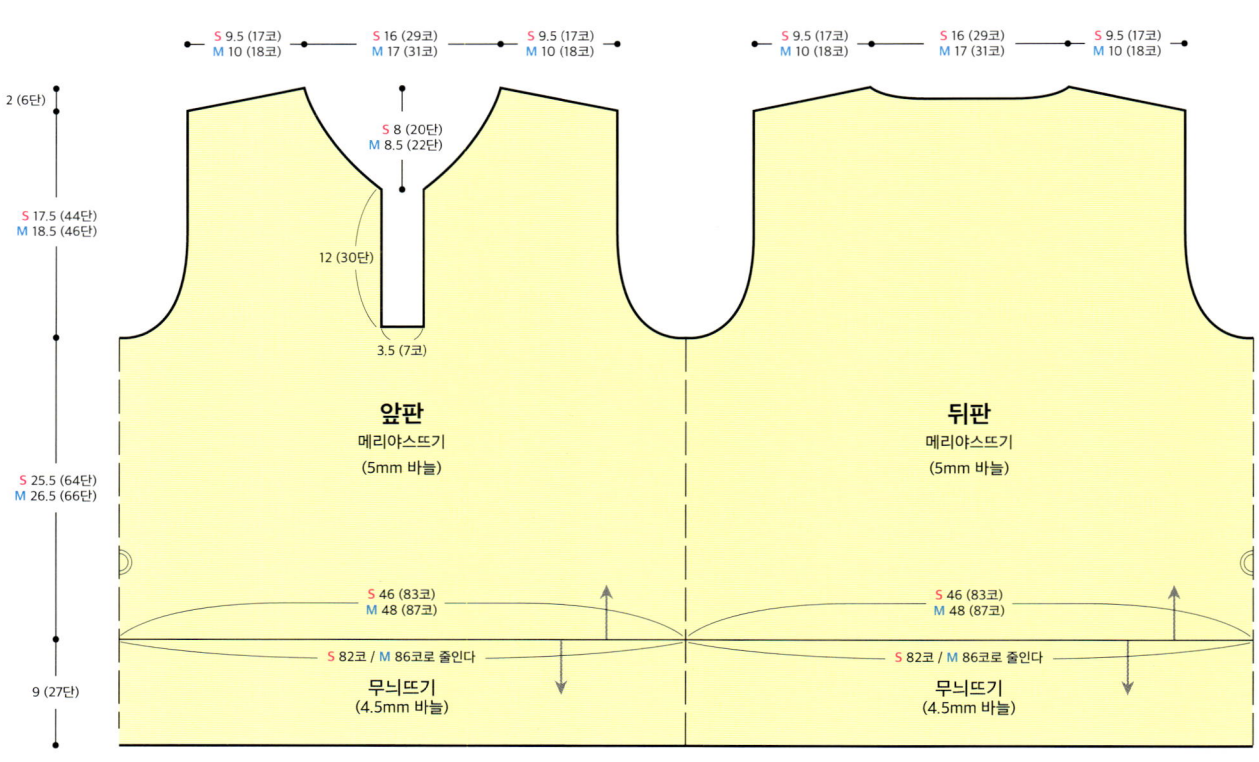

| 몸판 - S 사이즈 |

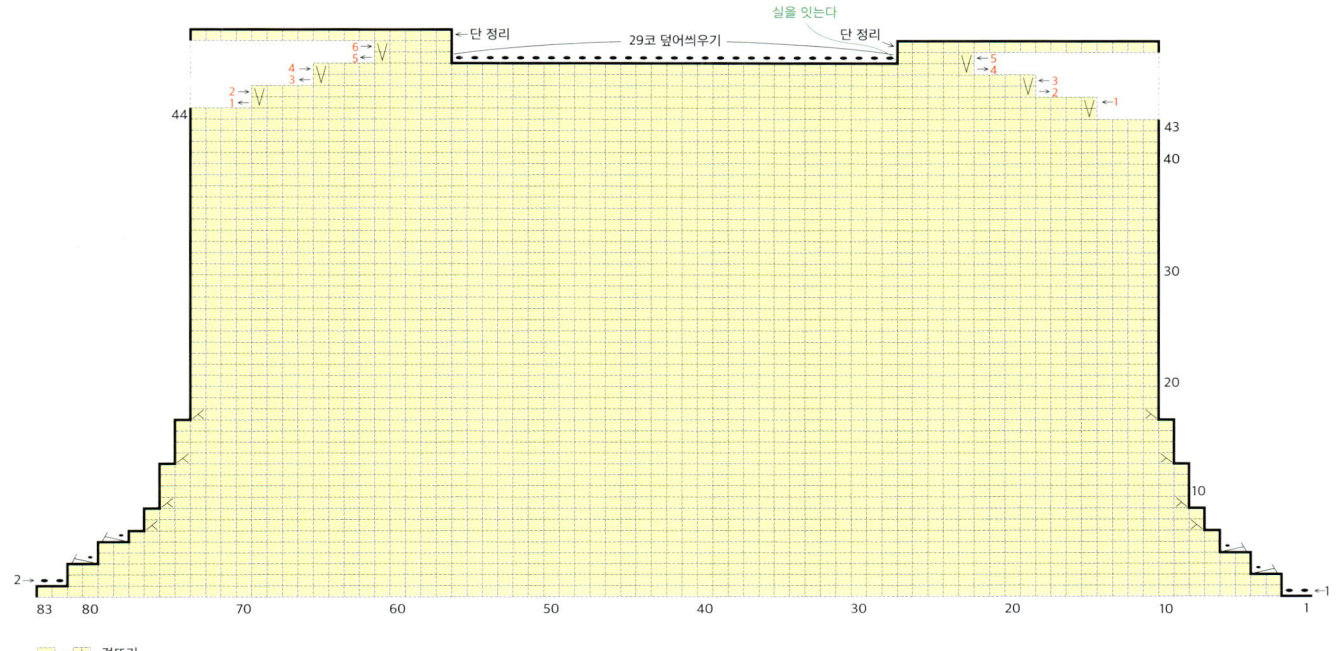

뒤판(평면뜨기)

겉뜨기로 2코를 덮어씌워 코막음한다. 다음 80코를 겉뜨기한다. 편물을 뒤집어 안뜨기로 2코를 덮어씌워서 코막음한다. 차트대로 진동 줄임을 하며 메리야스뜨기로 43단까지 뜬다. 44단에서 4코를 남기고 편물을 뒤집어 어깨 경사뜨기를 시작한다. 오른쪽 어깨를 먼저 뜨고 한쪽 어깨 너비의 4배 길이만큼 실을 남기고 자른다. 뜬 코들을 어깨핀에 옮겨 둔다. 새로 실을 걸어서 29코를 겉뜨기로 덮어씌우고 왼쪽 어깨를 뜬다. 실은 정리할 만큼의 여유분만 남기고 자른다. 뜬 코들을 어깨핀에 옮겨 둔다.

앞판(평면뜨기)

여분의 줄바늘에 옮겨 둔 앞판 코에 새로 실을 걸어 평면뜨기를 시작한다. 차트상 오른쪽 앞판을 먼저 진행한다. 처음 2코를 겉뜨기로 덮어씌워서 코막음한다. 34코를 더 겉뜨기한 다음 감아코 1코를 만든다. 그러면 오른쪽 바늘에 36코가 걸리게 된다. 편물을 뒤집어 감아코로 만들어준 코와 나머지 코들을 안뜨기한다. 차트대로 진동 줄임을 하고 32단부터는 차트대로 앞목파임을 뜬다. 44단에서 4코를 남기고 편물을 뒤집어 어깨 경사와 앞목파임을 함께 진행한다. 단 정리를 마치고 한쪽 어깨 너비의 4배 길이만큼 실을 남기고 자른다. 뜬 코들을 어깨핀에 옮겨 둔다.

앞판의 가운데에 있는 9코를 별실에 옮겨 둔다. 새로 실을 걸어 감아코 1코를 만들고 겉뜨기로 단 끝까지 뜬다. 편물을 뒤집어 2코를 안뜨기로 덮어씌워 코막음한다. 안뜨기로 나머지 코들을 쭉 뜨다가 마지막 감아코도 안뜨기한다. 차트대로 진동 줄임을 하다 31단부터 앞목 파임을 진행한다. 45단에서 4코를 남기고 편물을 뒤집어 어깨 경사와 앞목 파임을 함께 진행한다. 단 정리를 마치고 실은 정리할 만큼의 여유분만 남기고 자른다. 뜬 코들을 어깨핀에 옮겨 둔다. 앞판과 뒤판을 겉끼리 맞대어 놓고 '빼뜨기 잇기' 방법으로 어깨선을 연결한다.

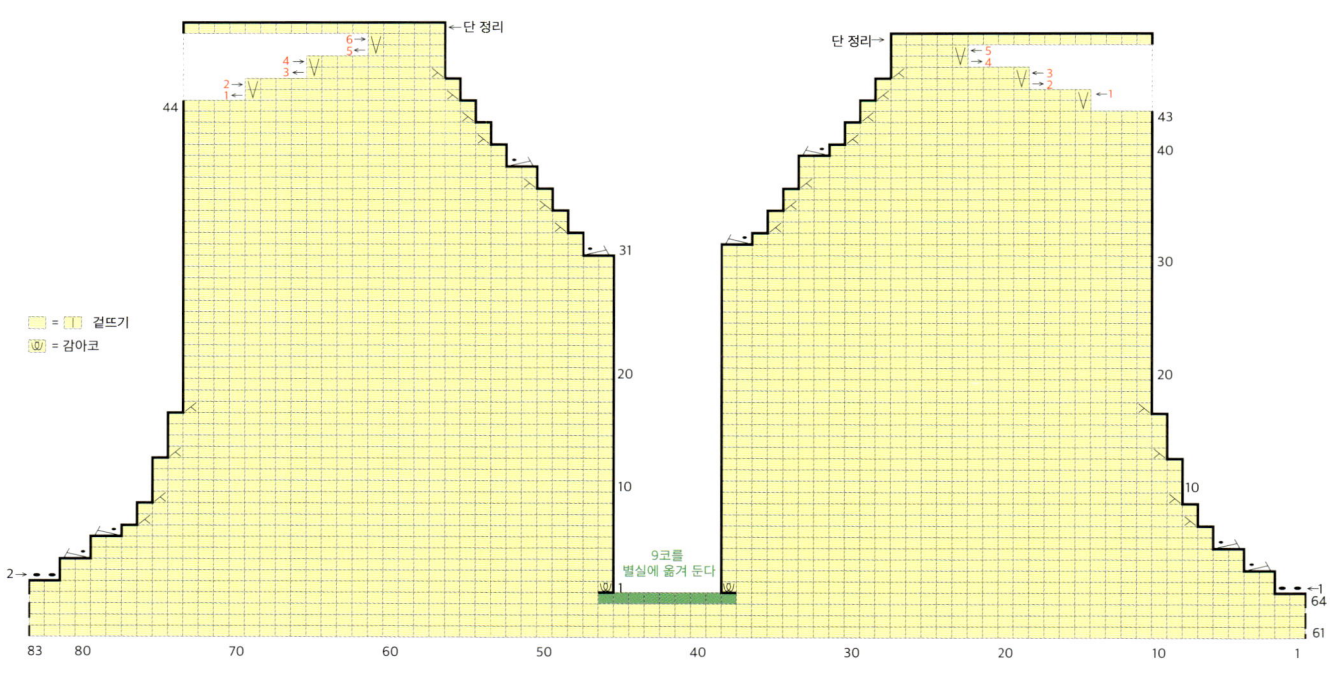

몸판 - M 사이즈

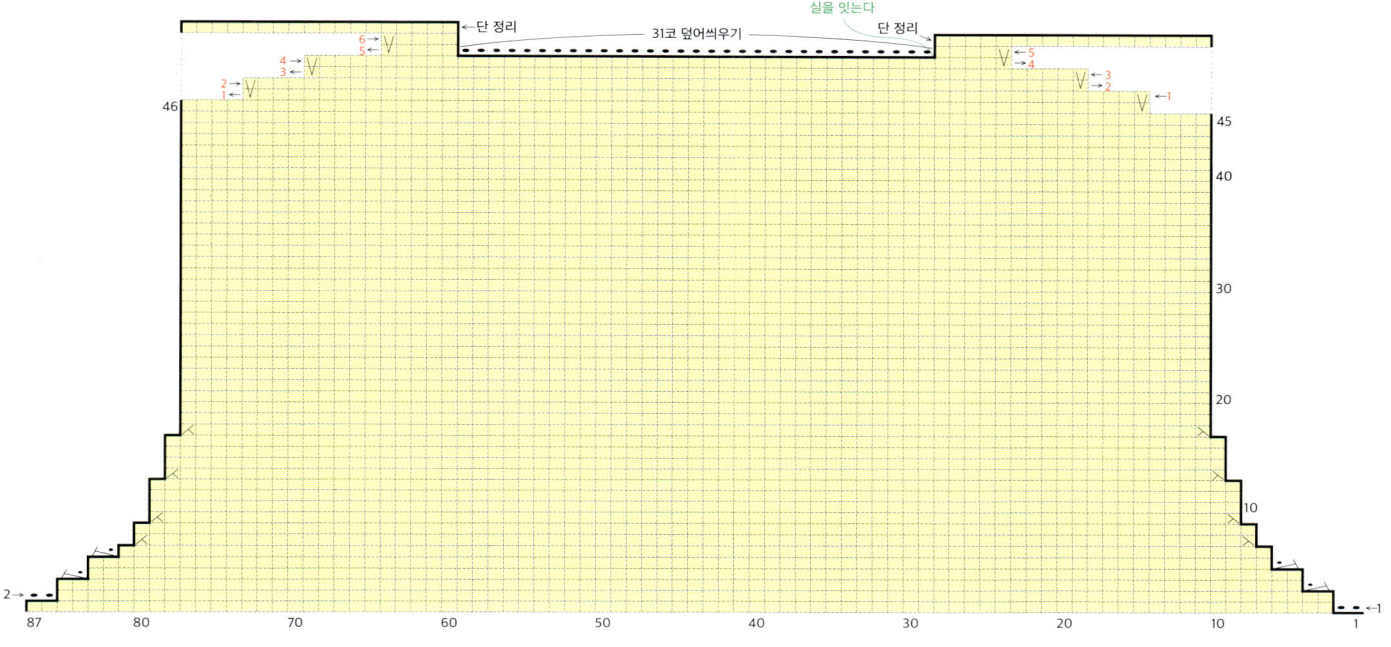

뒤판(평면뜨기)

겉뜨기로 2코를 덮어씌워 코막음한다. 다음 84코를 겉뜨기한다. 편물을 뒤집어 안뜨기로 2코를 덮어씌워서 코막음한다. 차트대로 진동 줄임을 하며 메리야스뜨기로 45단까지 뜬다. 46단에서 4코를 남기고 편물을 뒤집어 어깨 경사뜨기를 시작한다. 오른쪽 어깨를 먼저 뜨고 한쪽 어깨 너비의 4배 길이만큼 실을 남기고 자른다. 뜬 코들을 어깨핀에 옮겨 둔다. 새로 실을 걸어서 31코를 겉뜨기로 덮어씌우고 왼쪽 어깨를 뜬다. 실은 정리할 만큼의 여유분만 남기고 자른다. 뜬 코들을 어깨핀에 옮겨 둔다.

앞판(평면뜨기)

여분의 줄바늘에 옮겨 둔 앞판 코에 새로 실을 걸어 평면뜨기를 시작한다. 차트상 오른쪽 앞판을 먼저 진행한다. 처음 2코를 겉뜨기로 덮어씌워서 코막음한다. 36코를 더 겉뜨기한 다음 감아코 1코를 만든다. 그러면 오른쪽 바늘에 38코가 걸리게 된다. 편물을 뒤집어 감아코로 만들어준 코와 나머지 코들을 안뜨기한다. 차트대로 진동 줄임을 하고 32단부터는 차트대로 앞목파임을 뜬다. 46단에서 4코를 남기고 편물을 뒤집어 어깨 경사와 앞목파임을 함께 진행한다. 단 정리를 마치고 한쪽 어깨 너비의 4배 길이만큼 실을 남기고 자른다. 뜬 코들을 어깨핀에 옮겨 둔다.

앞판의 가운데에 있는 9코를 별실에 옮겨 둔다. 새로 실을 걸어 감아코 1코를 만들고 겉뜨기로 단 끝까지 뜬다. 편물을 뒤집어 2코를 안뜨기로 덮어씌워 코막음한다. 안뜨기로 나머지 코들을 쭉 뜨다가 마지막 감아코도 안뜨기한다. 차트대로 진동 줄임을 하다 31단부터 앞목 파임을 진행한다. 47단에서 4코를 남기고 편물을 뒤집어 어깨 경사와 앞목 파임을 함께 진행한다. 단 정리를 마치고 실은 정리할 만큼의 여유분만 남기고 자른다. 뜬 코들을 어깨핀에 옮겨 둔다. 앞판과 뒤판을 겉끼리 맞대어 놓고 '빼뜨기 잇기' 방법으로 어깨선을 연결한다.

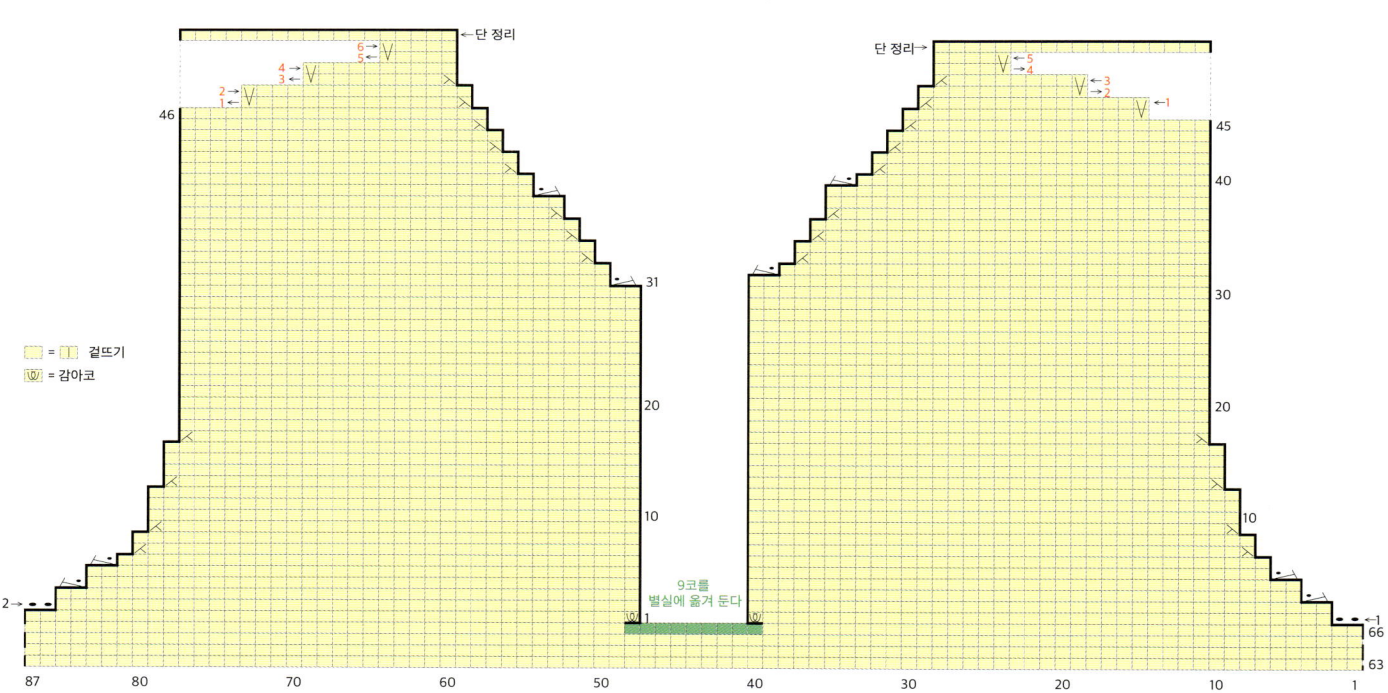

밑단(원통뜨기)

편물의 안면이 보이도록 한다. 뒤판 첫 코의 별도 사슬코부터 1코씩 풀어내며 몸판의 모든 코를 4.5mm 대바늘에 옮긴다. 편물의 겉면이 보이도록 뒤집고 바늘에 시작 마커를 건다. 틴 라마울(5036)과 미드넷솔(9524)을 함께 잡고 2코 고무뜨기를 뜬다. 이때 앞판에서 1코, 뒤판에서 1코를 줄여서 164(172)코가 되도록 한다.

S 오른코 겹치기, 겉뜨기 1코, '안뜨기 2코, 겉뜨기 2코' x 20회, 왼코 겹쳐 2코 모아 안뜨기, 안뜨기 1코, '겉뜨기 2코, 안뜨기 2코' x 20회

M 오른코 겹치기, 겉뜨기 1코, '안뜨기 2코, 겉뜨기 2코' x 21회, 왼코 겹쳐 2코 모아 안뜨기, 안뜨기 1코, '겉뜨기 2코, 안뜨기 2코' x 21회

다음 단부터는 무늬뜨기 기호도를 참고해 27단(9cm) 혹은 원하는 길이만큼 뜨고 돗바늘로 마무리한다.

무늬뜨기 기호도

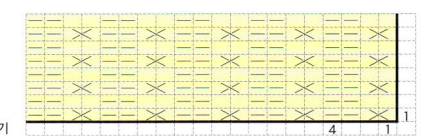

앞단(평면뜨기)

편물의 겉면이 보이도록 한다. 4.5mm 대바늘로 야쿠(1000)와 미드넷솔(9500)을 함께 잡고 앞판에서 29코를 줍는다. 겉면 기준으로 겉뜨기 2코로 시작해서 겉뜨기 2코로 끝나는 1코 고무뜨기 10단을 뜬다. 이때 겉쪽 앞단에는 아래 차트를 참고해 단춧구멍을 만든다. 앞단을 다 뜨고 돗바늘로 마무리한다. 겉쪽 앞단의 끝은 앞판의 별실 코에 연결하고(QR 참고), 안쪽 앞단의 끝은 안단에서 겉쪽 앞단의 이음선에 감침질로 연결한다. 안쪽 앞단에 지름 18mm 단추 2개를 단다.

겉쪽 앞단 연결

겉쪽 앞단 단춧구멍

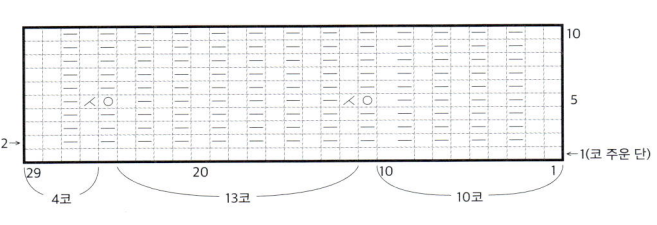

앞단, 칼라

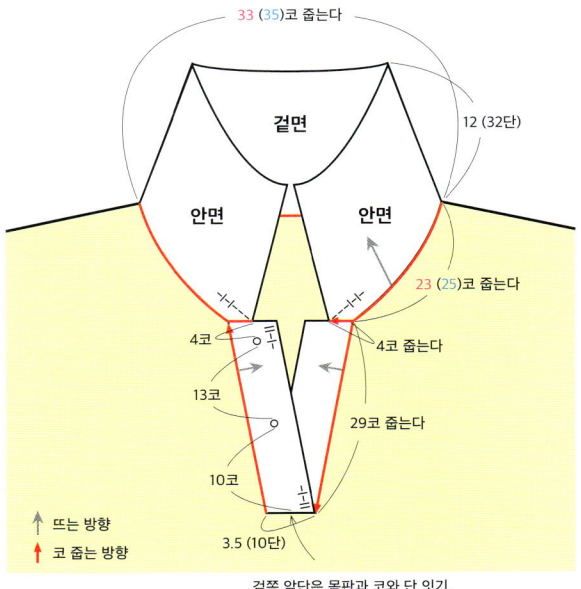

칼라(평면뜨기)

편물의 겉면이 보이도록 한다. 4.5mm 대바늘로 야쿠(1000)와 미드넷솔(9500)을 함께 잡고 겉쪽 앞단에서 4코, 오른쪽 앞판의 앞 목둘레에서 23(25)코, 뒷 목둘레에서 33(35)코, 왼쪽 앞판의 앞 목둘레에서 23(25)코, 안쪽 앞단에서 4코를 주워 총 87(93)코를 줍는다. 편물을 뒤집는다.

1단(겉면)	겉뜨기 3코 - '안뜨기 1코, 겉뜨기 1코'를 2코 남을 때까지 반복 - 겉뜨기 2코
2단(안면)	안뜨기 3코 - '겉뜨기 1코, 안뜨기 1코'를 2코 남을 때까지 반복 - 안뜨기 2코
3~4단	1~2단과 동일
5단	겉뜨기 3코 - M1L - '안뜨기 1코, 겉뜨기 1코'를 4코 남을 때까지 반복 - 안뜨기 1코 - M1R - 겉뜨기 3코
6단	안뜨기 4코 - '겉뜨기 1코, 안뜨기 1코'를 3코 남을 때까지 반복 - 안뜨기 3코
7단	겉뜨기 4코 - '안뜨기 1코, 겉뜨기 1코'를 3코 남을 때까지 반복 - 겉뜨기 3코
8단	6단과 동일
9단	겉뜨기 3코 - M1Lp - '겉뜨기 1코, 안뜨기 1코'를 4코 남을 때까지 반복 - 겉뜨기 1코 - M1Rp - 겉뜨기 3코
10단	안뜨기 3코, '겉뜨기 1코, 안뜨기 1코'를 2코 남을 때까지 반복, 안뜨기 2코
11단	겉뜨기 3코, '안뜨기 1코, 겉뜨기 1코'를 2코 남을 때까지 반복, 겉뜨기 2코
12단	10단과 동일
13~16단	5~8단과 동일
17~20단	9~12단과 동일
21~24단	5~8단과 동일
25~28단	9~12단과 동일
29~32단	5~8단과 동일

32단까지 뜬 후 돗바늘로 마무리한다.

소매

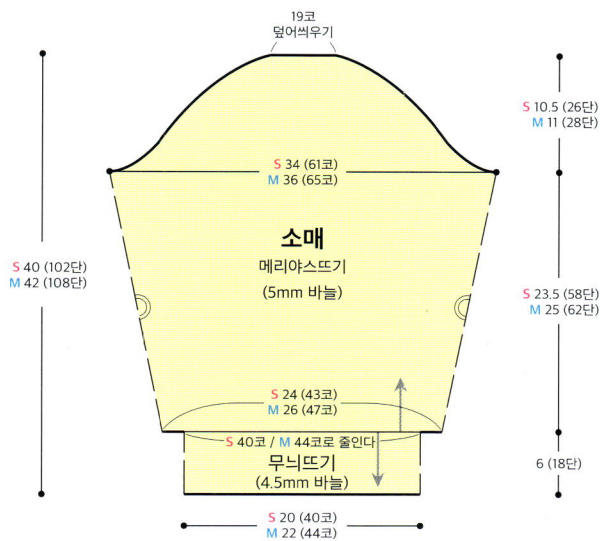

소매(원통뜨기, 평면뜨기)

모사용 코바늘 7호로 별도 사슬코 47(51)코를 만든다. 이때 사슬코 분량에는 여유분이 포함되어 있다. 틴 라마울(5036)과 미드넷솔(9524)을 함께 잡고 5mm 대바늘로 43(47)코를 사슬에서 줍는다. 시작 마커를 걸고 차트를 따라 원통뜨기를 한다. 이때 차트상 오른쪽은 M1L 방법으로, 왼쪽은 M1R 방법으로 코를 늘리며 58(62)단까지 뜬다. 평면뜨기로 소매산을 26(28)단 뜨고 마지막 19코는 겉뜨기로 덮어씌워 코막음해 마무리한다.

고무단(원통뜨기)

편물의 안면이 보이도록 한다. 소매 첫 코의 별도 사슬코부터 1코씩 풀어내며 몸판의 모든 코를 4.5mm 대바늘에 옮긴다. 겉면이 보이도록 편물을 뒤집고 바늘에 시작 마커를 건다. 틴 라마울(5036)과 미드넷솔(9524)을 함께 잡고 겉뜨기로 한 단을 뜬다. 이때 3코를 줄여서 40(44)코가 되도록 한다.

S '겉뜨기 12코, 오른코 겹치기' x 2회, 겉뜨기 13코, 오른코 겹치기
M '겉뜨기 14코, 오른코 겹치기' x 2회, 겉뜨기 13코, 오른코 겹치기

다음 단부터는 무늬뜨기 기호도를 참고해 18단(6cm) 혹은 원하는 길이만큼 뜨고 돗바늘로 마무리한다. 소매를 몸판에 '빼뜨기로 꿰매기' 방법으로 연결한다.

무늬뜨기 기호도

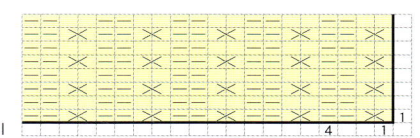

☐ = ☐ 겉뜨기

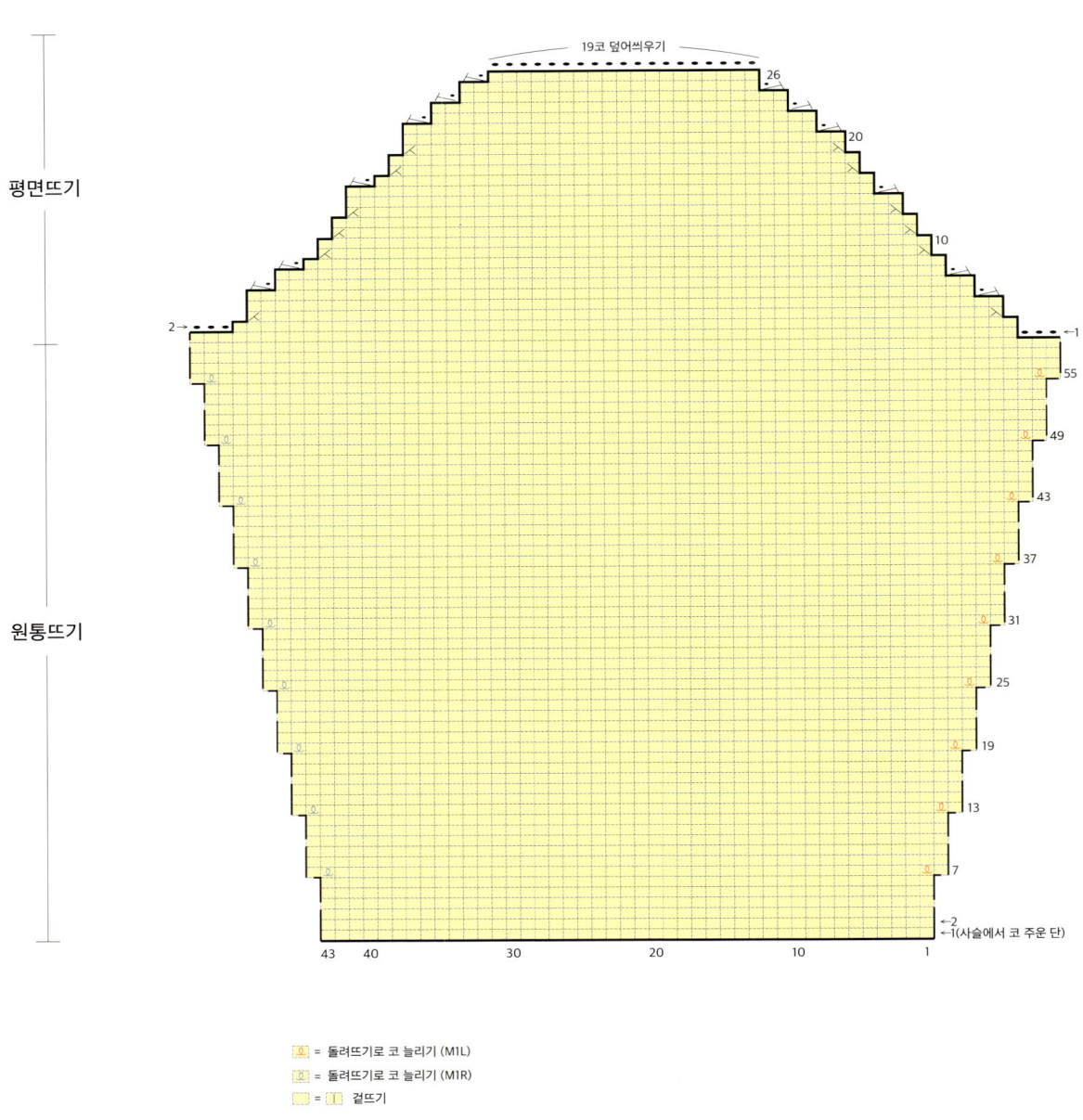

소매 - M 사이즈

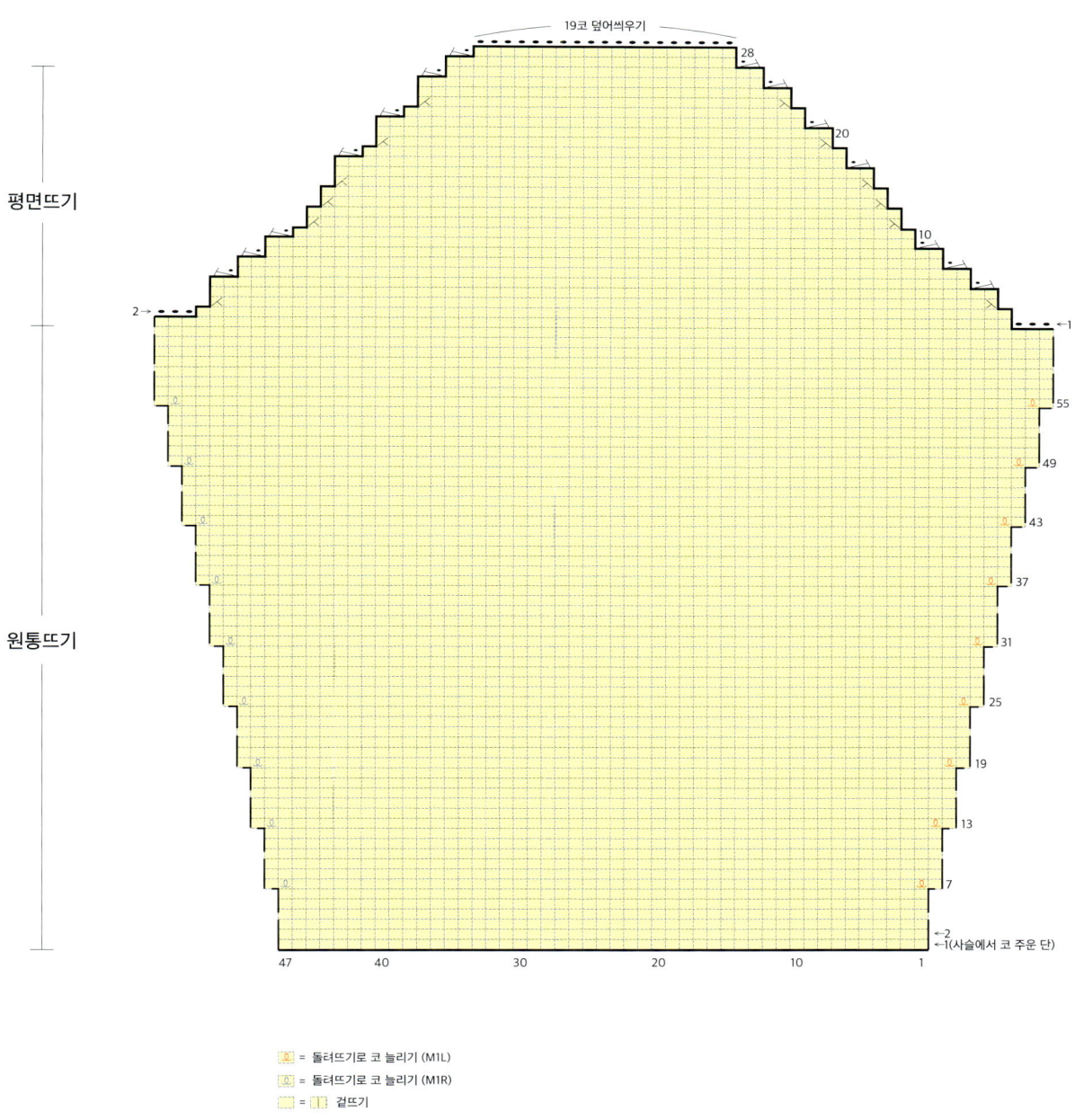

달콤한 사탕이 떠오르는 사랑스러운 색감의 오버핏 풀오버입니다.
어깨선이 많이 내려오는 드롭 숄더 디자인으로 손염색실과
모헤어를 1겹씩 섞어 보송보송한 느낌을 살렸어요.
중앙의 굵은 케이블은 우리나라 전통 과자인 타래과를,
그 옆의 동그란 무늬는 알사탕을 닮았어요.
청바지와 슬랙스 모두 잘 어울리는 디자인입니다.
옆트임도 있어 활동하기가 편해 손이 자주 갈 거예요.

Candy Shop Pullover

캔디샵 풀오버

실
포포하비 Stretch DK(Candy Shop) 5타래,
니팅포올리브 소프트 실크 모헤어(Cloud) 5볼

바늘
5mm, 5.5mm 대바늘, 모사용 코바늘 9호

게이지
메리야스뜨기 17코×24단
무늬 A 24코(8cm)×24단(10cm)
무늬 B 12코(5cm)×24단(10cm)

사이즈
어깨 56cm
가슴 단면 56cm
총장 56.5cm
소매 45cm

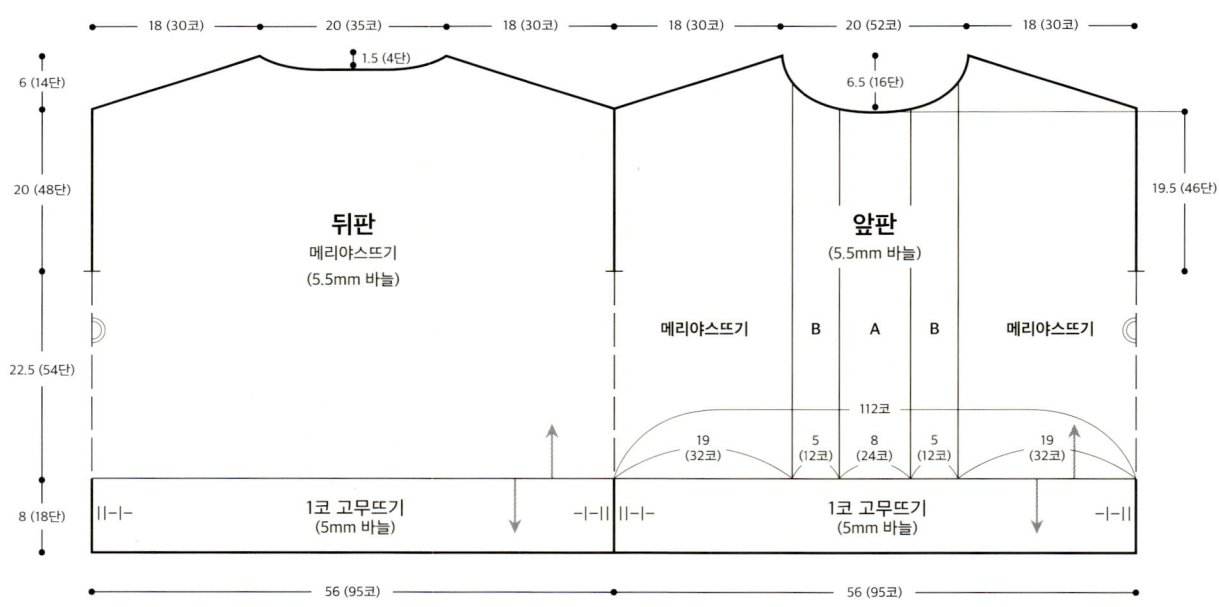

몸판

몸판

모사용 코바늘 9호로 별도 사슬코 210코를 만든다. 이때 사슬코 분량에는 여유분이 포함되어 있다. 실을 1겹씩 함께 잡고 5.5mm 대바늘로 사슬에서 207코를 줍는다. 시작 마커를 걸고 원통뜨기를 시작한다.

시작 마커 - 겉뜨기 32코 - 무늬 B - 무늬 A - 무늬 B - 겉뜨기 32코 - 중간 마커 - 겉뜨기 95코 순으로 진행한다. 처음 112코는 앞판, 다음 95코는 뒤판이 된다. 무늬뜨기 기호도를 참고해 54단까지 뜬다. 마커를 제거하고 여분의 줄바늘에 뒤판에 해당하는 95코를 옮겨 둔다. 이 뒤판 코들은 평면뜨기로 앞판을 먼저 뜬 후 진행한다.

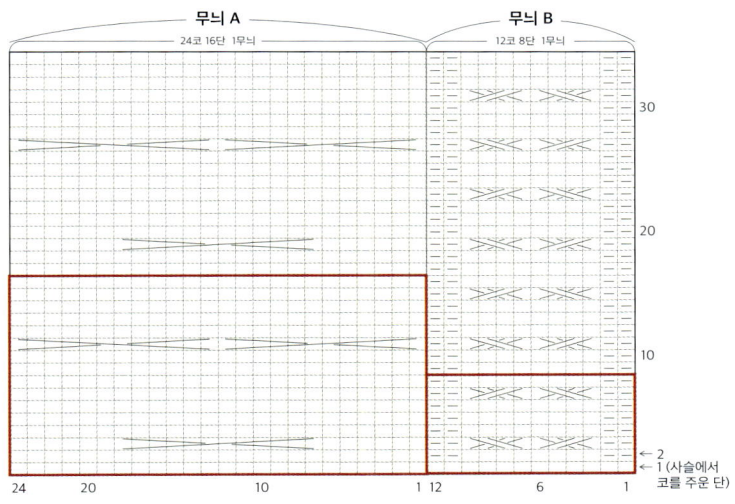

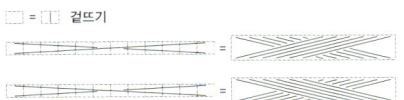

앞판(평면뜨기)

무늬 패턴을 유지하며 평면뜨기로 46단을 뜬다. 47단에서 47코를 뜨고 편물을 뒤집어 차트상 오른쪽 앞목 파임과 어깨 경사를 진행한다. 한쪽 어깨 너비의 4배 길이만큼 실을 남기고 자른다. 뜬 코들을 어깨핀에 옮겨 둔다. 새로 실을 걸어서 18코를 덮어씌운다. 왼쪽 앞목 파임과 어깨 경사를 진행하고 실은 정리할 만큼의 여유분만 남기고 자른다. 뜬 코들을 어깨핀에 옮겨 둔다.

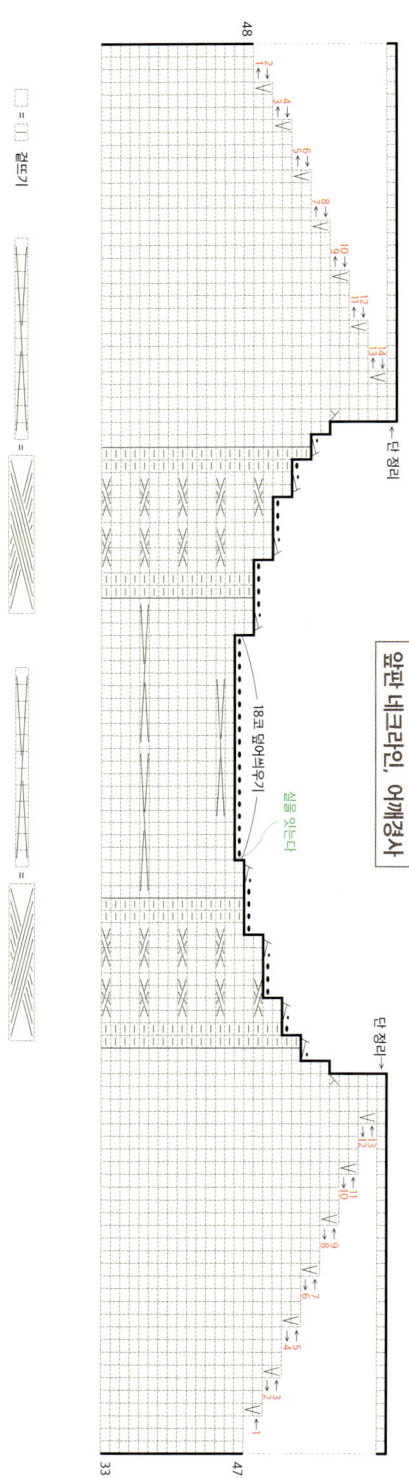

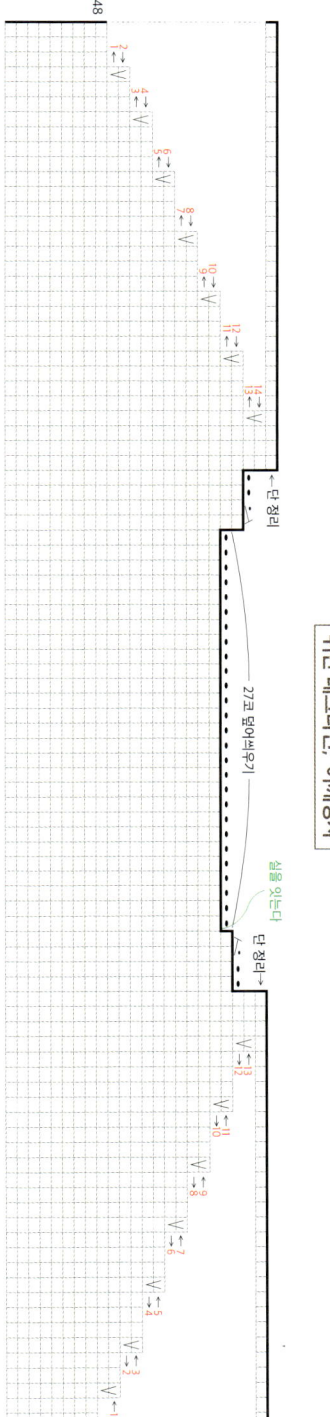

뒤판(평면뜨기)

메리야스뜨기로 47단을 뜬다. 48단에서 3코를 남기고 편물을 뒤집어 어깨 경사를 진행한다. 오른쪽 어깨를 먼저 뜨고 한쪽 어깨 너비의 4배 길이만큼 실을 남기고 자른다. 뜬 코들을 어깨핀에 옮겨 둔다. 새로 실을 걸어서 27코를 덮어씌우고 왼쪽 어깨를 뜬다. 실은 정리할 만큼의 여유분만 남기고 자른다. 뜬 코들을 어깨핀에 옮겨 둔다. 앞판과 뒤판의 어깨를 '빼뜨기 잇기' 방법으로 연결한다.

소매

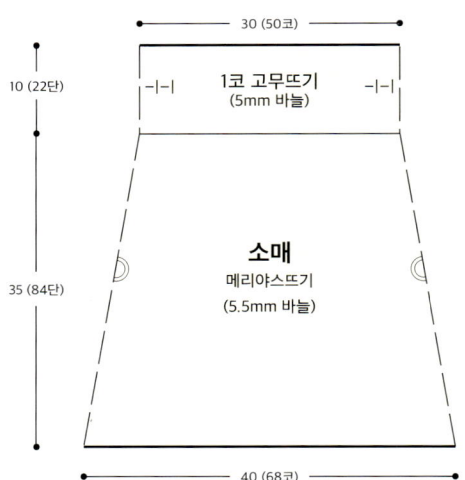
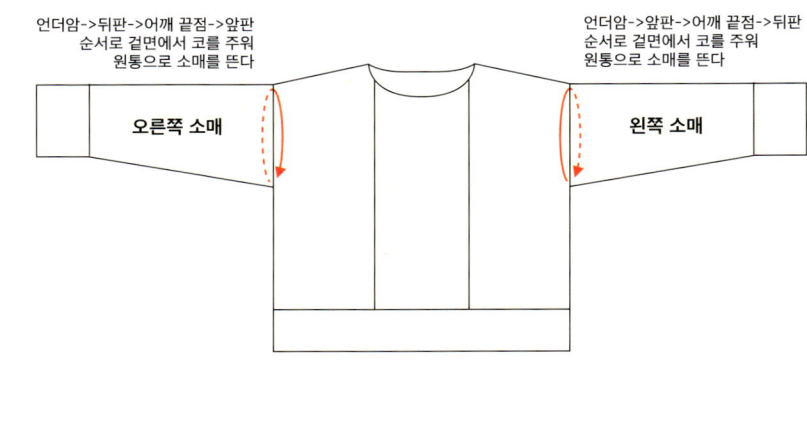

소매(원통뜨기)

배치도로 코줍는 방향을 참고해 5.5 mm 대바늘로 몸판의 암홀에서 코를 줍는다.

왼쪽 소매　'3코 줍고 1단 건너뛰기' x 9회 - '2코 줍고 1단 건너뛰기' x 19회 - 3코 줍기

오른쪽 소매　'3코 줍고 1단 건너뛰기' x 5회 - '2코 줍고 1단 건너뛰기' x 25회 - 3코 줍기

총 68코씩 줍고 마커를 걸어 원통뜨기를 시작한다.

1~8단　겉뜨기

9단　겉뜨기 1코 - 오른코 겹치기 - 3코 남을 때까지 겉뜨기 - 왼코 겹치기 - 겉뜨기 1코

위 과정을 4번 반복한다.

1~7단　겉뜨기

8단　겉뜨기 1코 - 오른코 겹치기 - 3코 남을 때까지 겉뜨기 - 왼코 겹치기 - 겉뜨기 1코

위 과정을 5번 반복한다.

다음 7단은 겉뜨기로만 뜬다. 여기까지 뜨게 되면 총 84단에 50코가 걸려 있다.

소매 끝단(원통뜨기)

5mm 대바늘로 바꿔서 '겉뜨기로 꼬아뜨기 1코, 안뜨기 1코'를 반복하는 1코 고무뜨기를 뜬다. 22단 혹은 원하는 길이만큼 뜨고 돗바늘로 마무리한다.

넥밴드

넥밴드(원통뜨기)

편물의 겉면이 보이도록 한다. 5mm 대바늘로 앞 목둘레에서 54코, 뒷 목둘레에서 40코를 주워 총 94코를 줍는다. 원통뜨기로 '겉뜨기로 꼬아뜨기 1코, 안뜨기 1코'를 반복하는 1코 고무뜨기를 22단(10cm) 혹은 원하는 길이만큼 뜬다. 바늘에 코들이 걸린 상태에서 편물 안쪽으로 반 접어 돗바늘로 몸판의 목둘레와 연결한다.

고무단 겹단 마무리

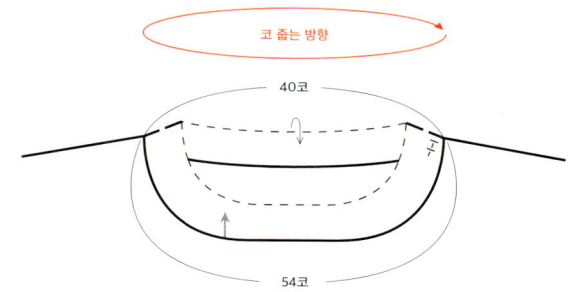

허리 밑단

※ 겉 = 겉뜨기 / 안 = 안뜨기 / 걸러뜨기는 안뜨기 방향으로 걸러뜬다(겉면은 실을 바늘 뒤에 두고, 안면은 실을 바늘 앞에 두고 뜬다).

편물의 안면이 보이도록 한다. 앞판 첫 코의 별도 사슬코부터 1코씩 풀어내며 코들을 5mm 대바늘에 옮긴다. 앞판인 112코만 옮기고 뒤판의 코들은 남겨 둔다. 편물의 겉면이 보이도록 뒤집는다. 새로 실을 걸어서 앞판의 고무단을 먼저 진행한다.

앞판 밑단(평면뜨기)

1단(겉면) '겉 4코, 왼코 겹치기' x 14회, '겉 5코, 왼코 겹치기' x 3회 - 겉 7코 (총 95코)

2단(안면) 첫 코 걸러뜨기 - '안뜨기로 꼬아뜨기 1코, 겉 1코'를 2코가 남을 때까지 반복 - 안뜨기로 꼬아뜨기 1코 - 안 1코

3단 첫 코 걸러뜨기 - '겉뜨기로 꼬아뜨기 1코, 안 1코'를 2코가 남을 때까지 반복 - 겉뜨기로 꼬아뜨기 1코 - 겉 1코

4단 첫 코 걸러뜨기 - '안뜨기로 꼬아뜨기 1코, 겉 1코'를 2코가 남을 때까지 반복 - 안뜨기로 꼬아뜨기 1코 - 안 1코

3~4단을 반복해서 밑단을 총 8cm(18단) 혹은 원하는 길이만큼 뜨고 돗바늘로 마무리한다.

뒤판 밑단(평면뜨기)

남아 있는 별도 사슬코의 95코를 5mm 대바늘로 옮긴다. 편물의 겉면이 보이도록 한다. 새로 실을 걸어서 뒤판의 밑단을 진행한다.

1단(겉면) 첫 코 걸러뜨기 - '겉뜨기로 꼬아뜨기 1코, 안 1코'를 2코가 남을 때까지 반복 - 겉뜨기로 꼬아뜨기 1코 - 겉 1코

2단(안면) 첫 코 걸러뜨기 - '안뜨기로 꼬아뜨기 1코, 겉 1코'를 2코가 남을 때까지 반복 - 안뜨기로 꼬아뜨기 1코 - 안 1코

1~2단을 반복해 밑단을 총 8cm(18단) 혹은 원하는 길이만큼 뜨고 돗바늘로 마무리한다.

Berry Yoke Pullover

베리 요크 풀오버

요크 부분에 레이스 무늬와 버블로 포인트를 준 풀오버입니다.
목부터 시작해 떠 내려갑니다.
요크 부분까지 뜬 후 몸판부터 뜨고 소매는 코를 주워 떠요.
소맷부리에서 콧수를 확 줄여 소매가 봉긋해지도록 디자인했습니다.
단독으로 입어도 예쁘지만 쉬폰 원피스와 레이어드해서 입으면 더 귀여워요!

실
로완 키드 클래식(900) 7볼

바늘
4.5mm, 5mm 대바늘

게이지
메리야스뜨기 19코×25단
요크 무늬 53단(20cm)

사이즈
가슴 둘레 100cm
총장 57cm
소매 66cm

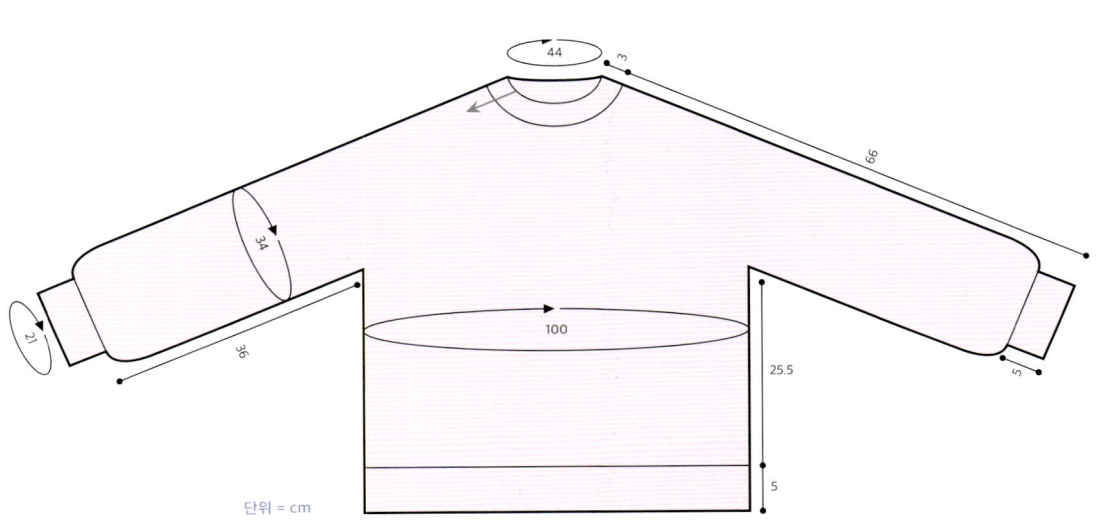

몸판

단위 = cm

넥밴드(원통뜨기)

4.5mm 대바늘로 '별도 사슬로 만드는 1코 고무뜨기 기초코(원통뜨기)' 방법을 사용해 86코를 만든다. 시작 마커를 걸고 1코 고무뜨기 10단(3cm)을 뜬다. 마커의 위치가 뒷목 중심이 된다.

몸판(원통뜨기)

※ 겉 = 겉뜨기 / 안 = 안뜨기 / 코 늘리기 = 돌려뜨기로 코 늘리기(M1L)

1. **1차 코늘림** : 5mm 대바늘로 바꾸고 코늘림을 진행한다.
   '겉 3코, 코 늘리기' x 18회, '겉 2코, 코 늘리기' x 16회 (34코가 늘어나 총 120코)

2. **2차 코늘림** : '겉 2코, 코 늘리기' x 60회 (60코가 늘어나 총 180코)

3. **요크** : 요크 무늬 기호도를 참고해 무늬를 단마다 10번 반복해 54단을 뜬다.

4. **3차 코늘림** : '겉 37코, 코 늘리기' x 6회, '겉 38코, 코 늘리기' x 1회 (7코가 늘어나 총 267코)

요크 무늬 기호도

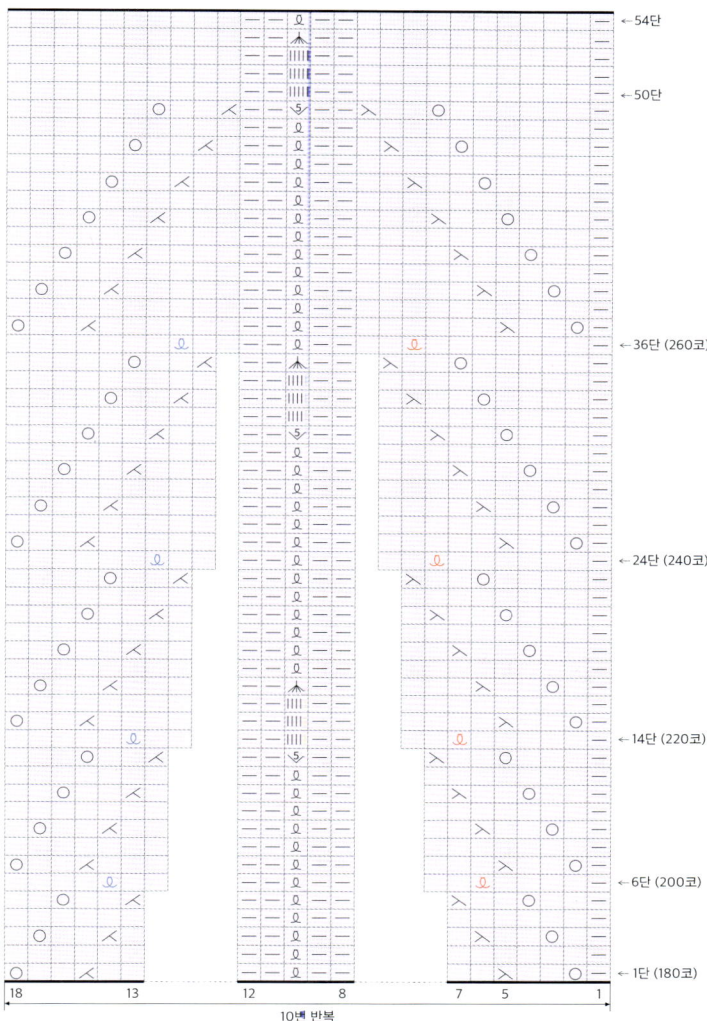

= 겉뜨기
= 꼬아뜨기
= 돌려뜨기로 코 늘리기 (M1L)
= 돌려뜨기로 코 늘리기 (M1R)
= 5코 겉뜨기

소매 분리

뒤판의 절반인 41코를 겉뜨기한다. 왼쪽 소매에 해당하는 52코를 별실에 옮겨 둔다. 감아코로 겨드랑이에 해당하는 14코를 만든다. 앞판 81코를 겉뜨기한다. 오른쪽 소매에 해당하는 52코를 별실에 옮겨 둔다. 감아코로 겨드랑이에 해당하는 14코를 만든다. 뒤판의 남은 41코를 겉뜨기한다. 여기까지 뜨면 몸판의 콧수는 총 191코가 걸려 있다.

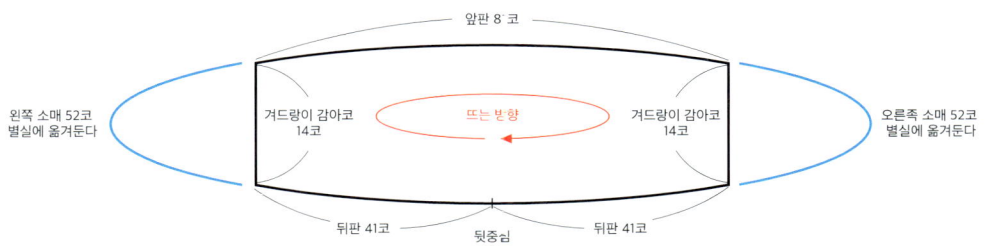

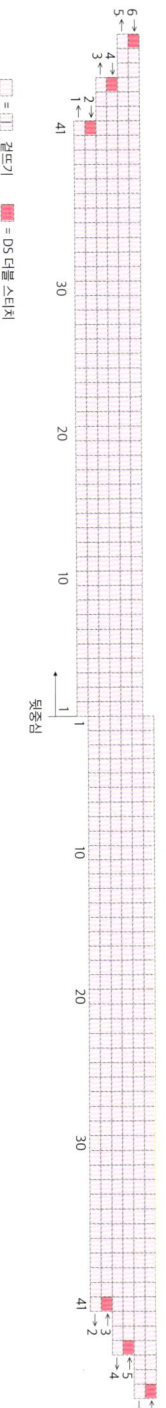

경사뜨기(평면뜨기)

독일식 경사뜨기(German Short Row) 방법으로 뒤판을 더 길게 만든다.

1단(겉면) 겉 41코 - 편물을 뒤집는다.

2단(안면) DS - 안 40코 - 마커를 옮긴다 - 안 41코 - 편물을 뒤집는다.

3단 DS - 겉 40코 - 마커를 옮긴다 - 겉 40코 - DS(겉) - 겉 3코 - 편물을 뒤집는다.

4단 DS - 안 43코 - 마커를 옮긴다 - 안 40코 - DS(안) - 안 3코 - 편물을 뒤집는다.

5단 DS - 겉 43코 - 마커를 옮긴다 - 겉 43코 - DS(겉) - 겉 3코 - 편물을 뒤집는다.

6단 DS - 안 46코 - 마커를 옮긴다 - 안 43코 - DS(안) - 안 3코 - 편물을 뒤집는다.

7단 DS - 겉 46코 - 마커를 옮긴다.

경사뜨기

TIP

사람의 몸은 앞쪽으로 살짝 굽은 형태이기 때문에 옷의 뒤판이 앞판보다 더 위로 올라와야 해요. 그렇지 않으면 옷을 입었을 때 어깨가 자꾸 뒤로 넘어가 불편합니다.

몸판(원통뜨기)

겉뜨기 46코 - DS(겉) - 다음 더블스티치(DS)가 나올 때까지 겉뜨기 - DS(겉) - 겉뜨기 46코 순으로 뜬다. 이렇게 하면 경사뜨기 6단, 7단에서 만든 DS가 정리된다. 겉뜨기로 63단(25.5cm) 혹은 뒷목 넥밴드 끝에서 52cm가 될 때까지 뜬다. 따로 원하는 길이가 있을 경우 총 길이에서 5cm 전까지 뜬다.

몸판 밑단(원통뜨기)

4.5mm 대바늘로 바꿔서 진행한다.
꼬아뜨기로 왼코 겹쳐 모아뜨기 - 안 1코 - '겉 꼬아뜨기 1코, 안 1코'를 끝까지 반복한다. (1코가 줄어서 총 190코)
'겉 꼬아뜨기 1코, 안 1코'를 반복해 13단을 더, 혹은 고무단이 5cm가 될 때까지 뜬다. 돗바늘로 코막음해 마무리한다.

소매(원통뜨기)

별실에 옮겨 둔 소매 52코를 5mm 대바늘에 옮긴다. 새로 실을 걸어 겨드랑이에서 V모양의 코의 가운데에 바늘을 넣어 코를 줍는다. 뜨는 방향이 달라져 코의 방향이 반대로 바뀌었기 때문에 양 끝에 반 코씩 늘어나 총 15코가 된다. 7코를 줍고 겨드랑이 중심에 마커를 걸고 남은 8코를 줍는다.

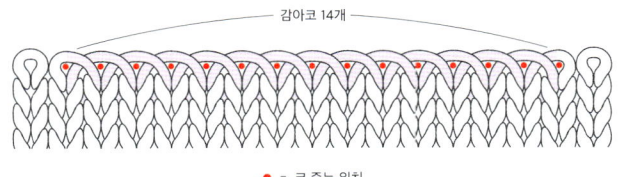

겨드랑이에 구멍이 생기는 것을 방지하기 위해 겨드랑이에서 주운 왼쪽 끝 코와 소매 첫 코 사이 싱커 루프를 주워서 코를 꼬아주고 소매 첫 코와 '왼코 겹치기'로 함께 뜬다. 소매의 마지막 코 전까지 겉뜨기한다. 소매의 마지막 코를 잠시 오른쪽 바늘에 옮긴다. 소매의 마지막 코와 겨드랑이의 오른쪽 끝 코 사이 싱커 루프를 주워서 꼬아주고 소매의 마지막 코와 '오른코 겹치기'로 함께 뜬다. 마커까지 남은 7코를 겉뜨기로 뜬다. 여기까지 뜨면 소매 콧수는 67코가 된다.

겉뜨기로 90단(36cm) 혹은 원하는 길이에서 5cm 전까지 뜬다.

'겉 1코, 왼코 겹치기' x 17회, 왼코 겹치기 8회 (총 42코)

4.5mm 대바늘로 바꿔서 '겉 꼬아뜨기 1코, 안 1코'를 반복해 14단 혹은 끝단이 5cm가 될 때까지 뜬다. 돗바늘로 코막음해 마무리한다.

겨드랑이 코줍기

Dolman Sleeve Pullover

돌먼 슬리브 풀오버

몸을 타고 흐르는 소매 라인이 매력적인 오버핏의 풀오버입니다.
셔츠를 입고 어깨에 둘러 워머로 활용해도 멋스러워요.
소맷부리부터 시작해 가로로 뜨는 방식입니다.
앞판과 뒤판 모두 오른쪽 소매, 몸판, 왼쪽 소매순으로 진행합니다.

실
로완 펠티드 트위드 DK(190) 10볼

바늘
3.5mm, 4mm 대바늘

게이지
무늬 A 16코(6cm)×30단(10cm)
무늬 B 26코(10cm)×30단(10cm)
무늬 C 23코(8cm)×30단(10cm)

완성치수
가슴 단면 60cm
암홀 30cm
총장 57cm

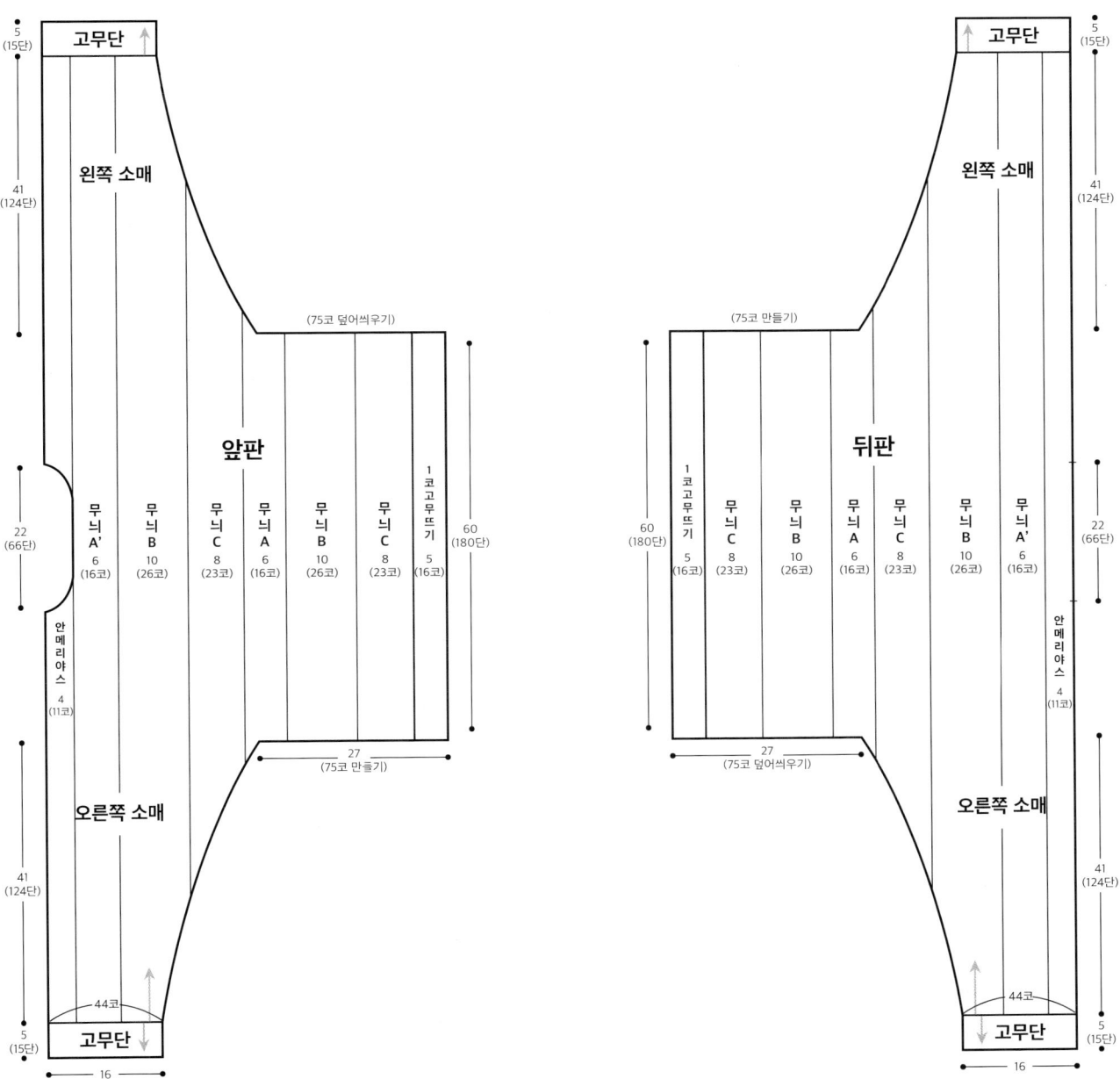

무늬뜨기 기호도

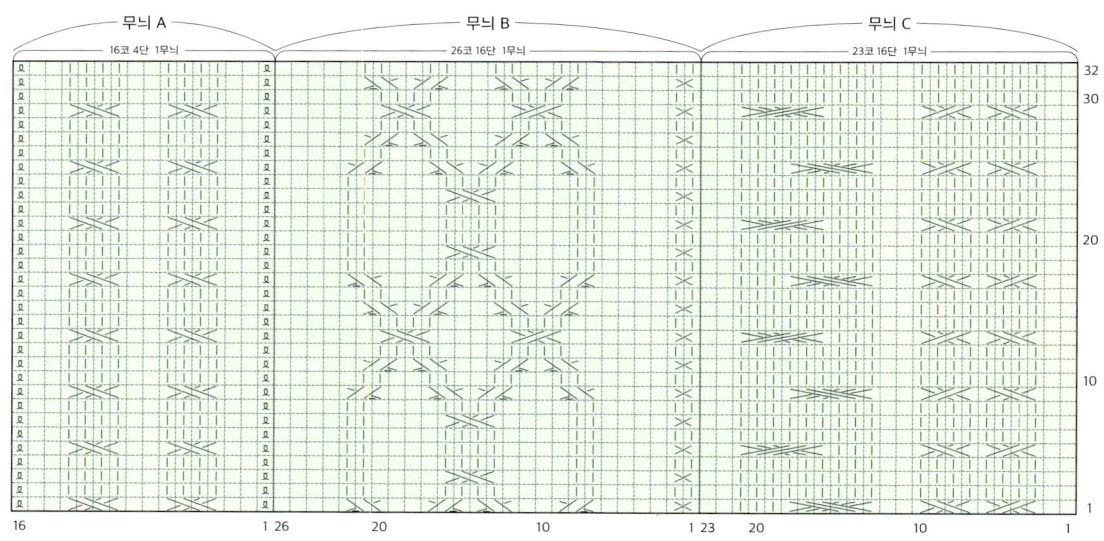

☐ = ⊟ 안뜨기

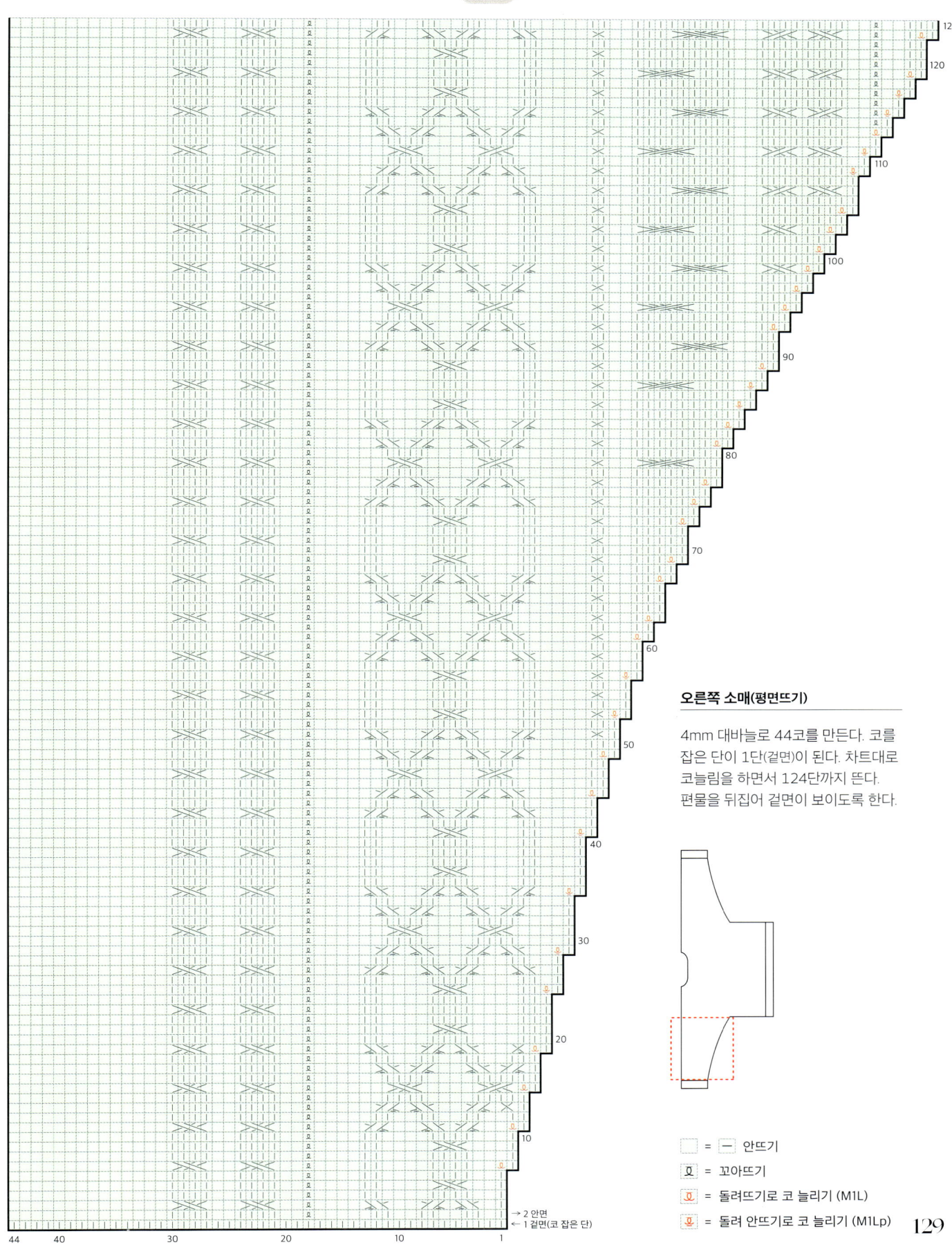

몸판 1(평면뜨기)

※ 하나의 차트를 반으로 나누어 양 페이지에 실었습니다.

소매 마지막 단의 첫 코와 두 번째 코 사이에 바늘을 넣어 '케이블 케스트온' 방법으로 75코를 만들고 몸판 1단부터 뜬다. 58단에서 4코 코막음을 하고 앞목 파임을 진행한다.

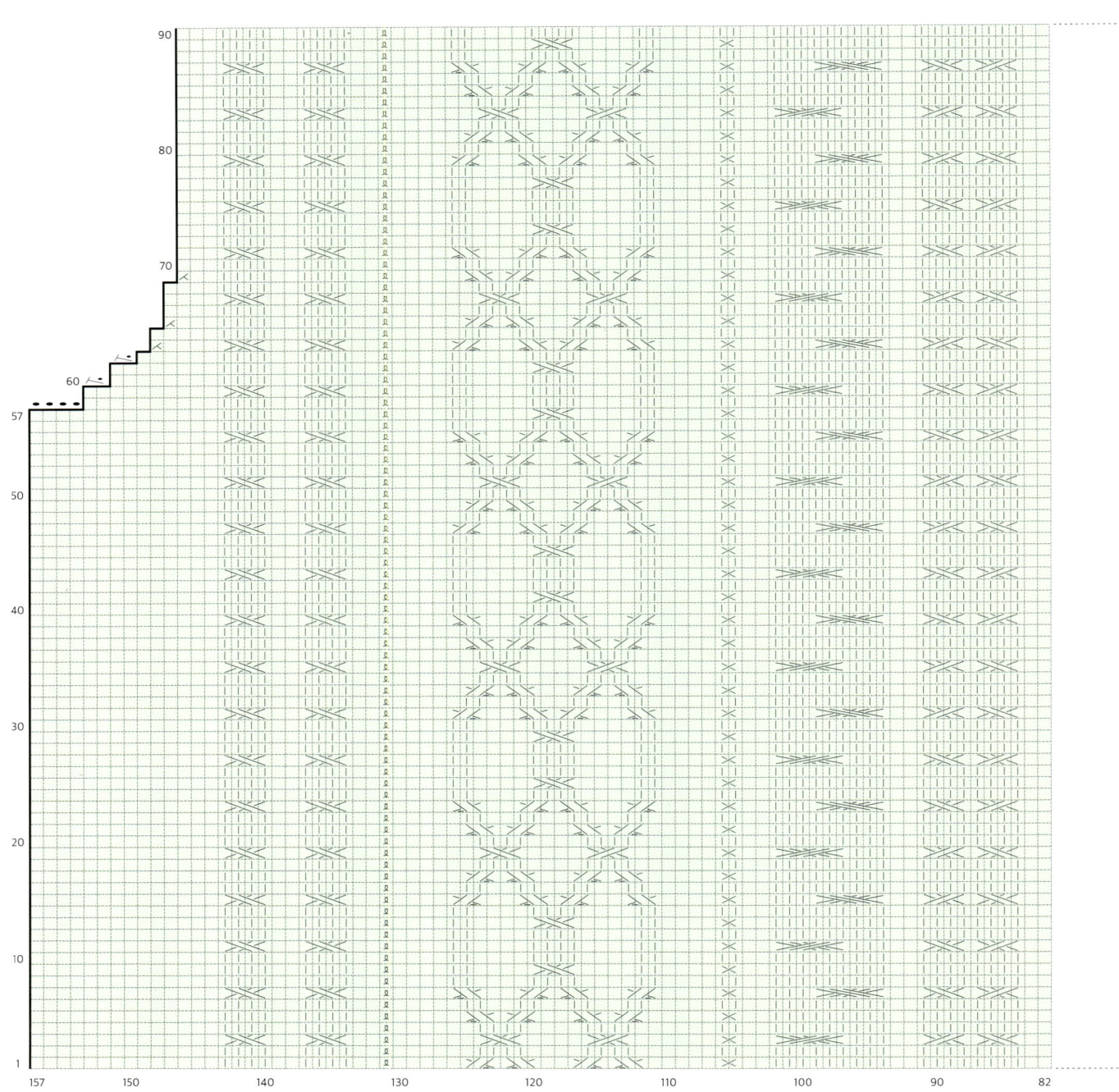

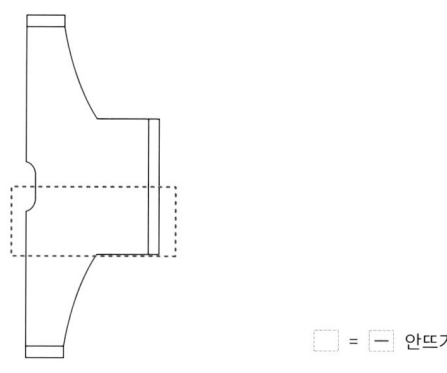

☐ = ─ 안뜨기

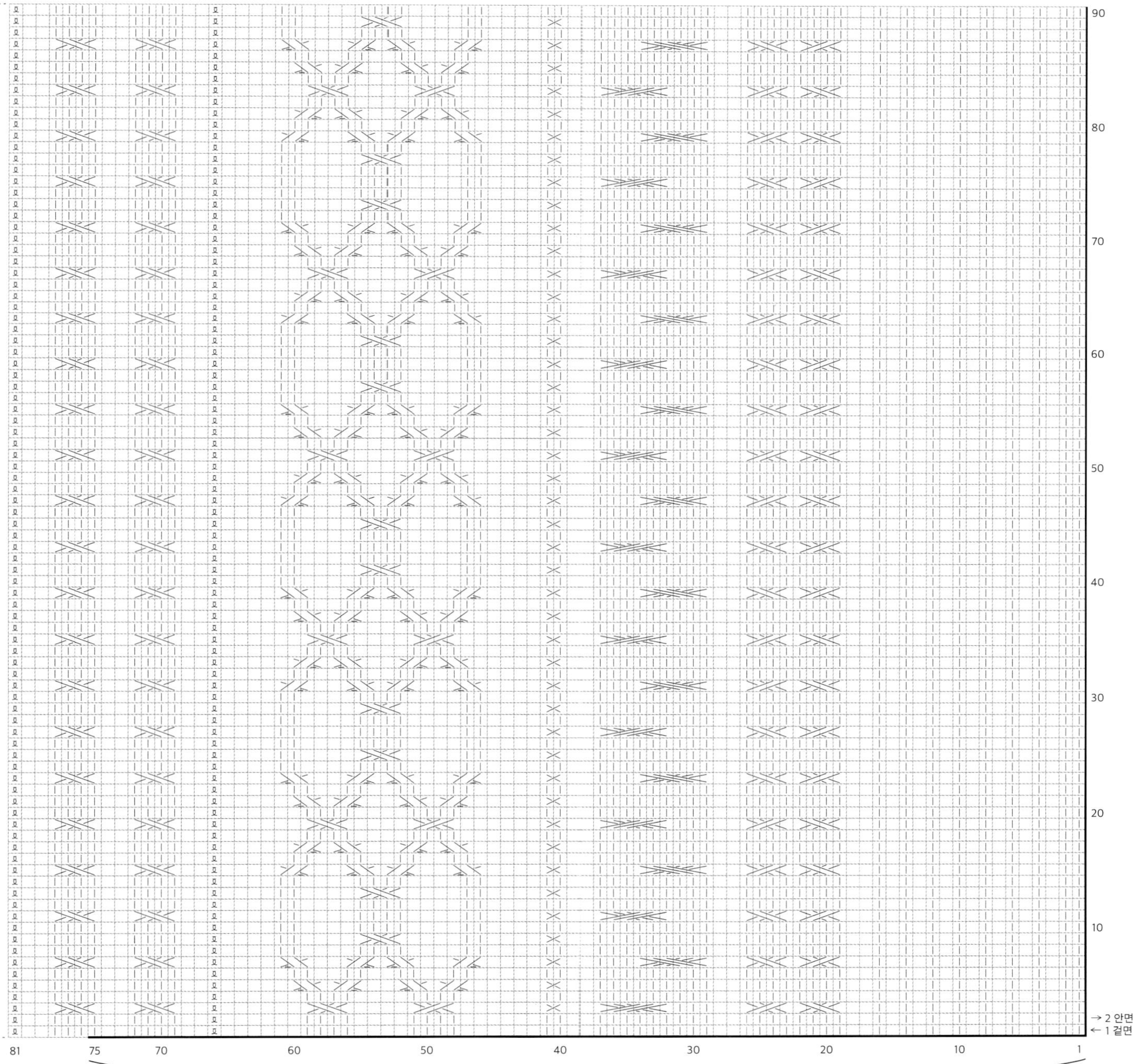

소매 마지막 단의 첫 번째와 두 번째 코 사이에 바늘을 넣어서 케이블 캐스트온(cable cast-on)방법으로
75코를 만들고 몸판 1단을 뜨기 시작한다

131

몸판 2(평면뜨기)

※ 하나의 차트를 반으로 나누어 양 페이지에 실었습니다.

113단 마지막에 감아코를 만들어 코를 늘린다. 차트를 따라 감아코 표시가 있는 단에서 코늘림을 하며 앞목 파임을 진행한다. 180단까지 뜬 후 편물을 뒤집어 겉면에서 75코를 겉뜨기로 덮어씌워 코막음한다. 실은 자르지 않는다.

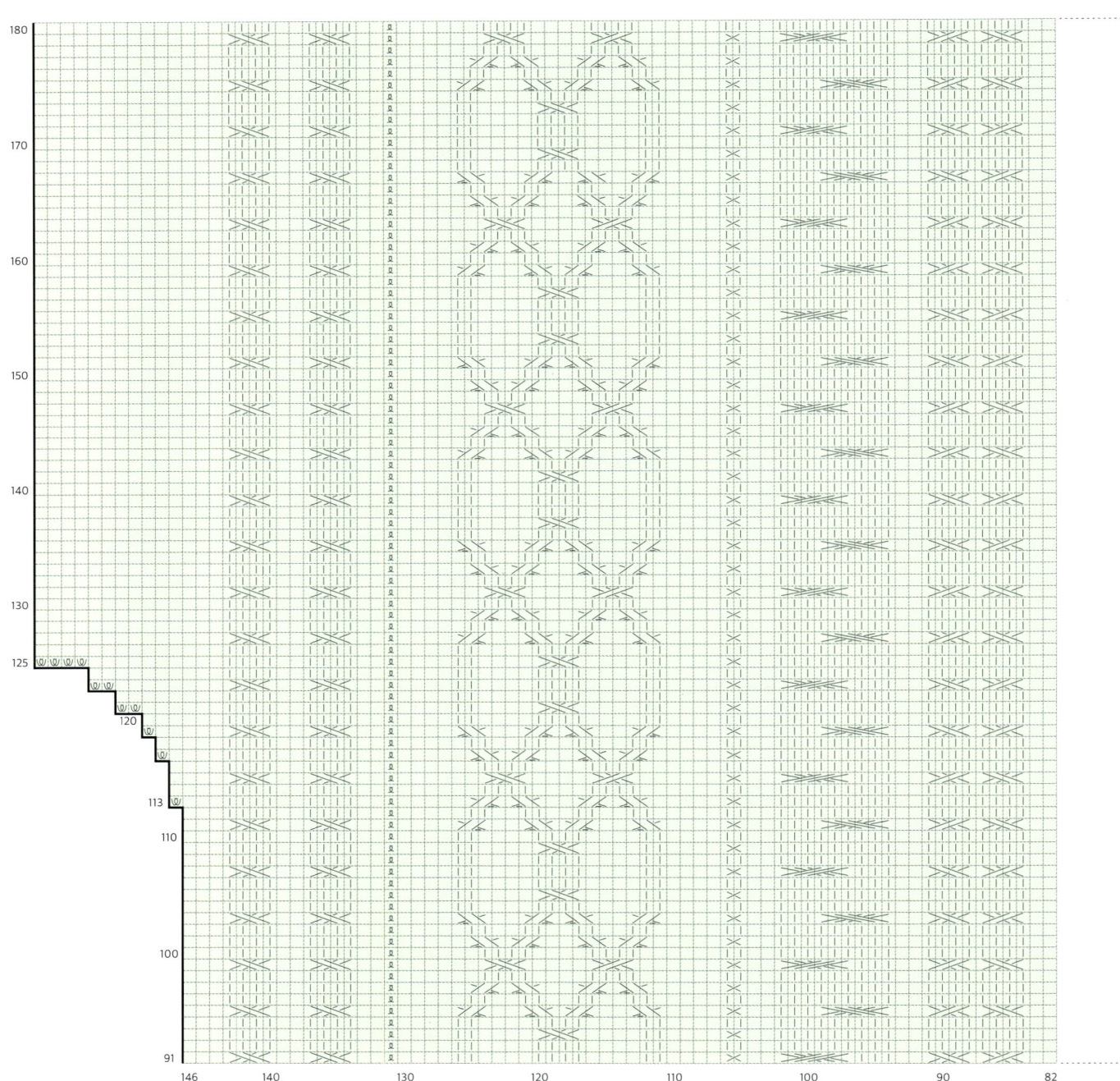

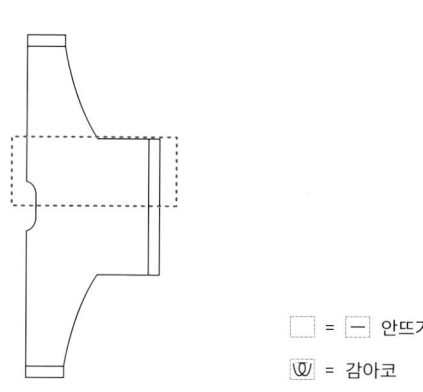

□ = — 안뜨기
W = 감아코

180단까지 뜬 후, 겉면에서 75코를 덮어씌워 코막음한다.
실은 자르지 않는다.

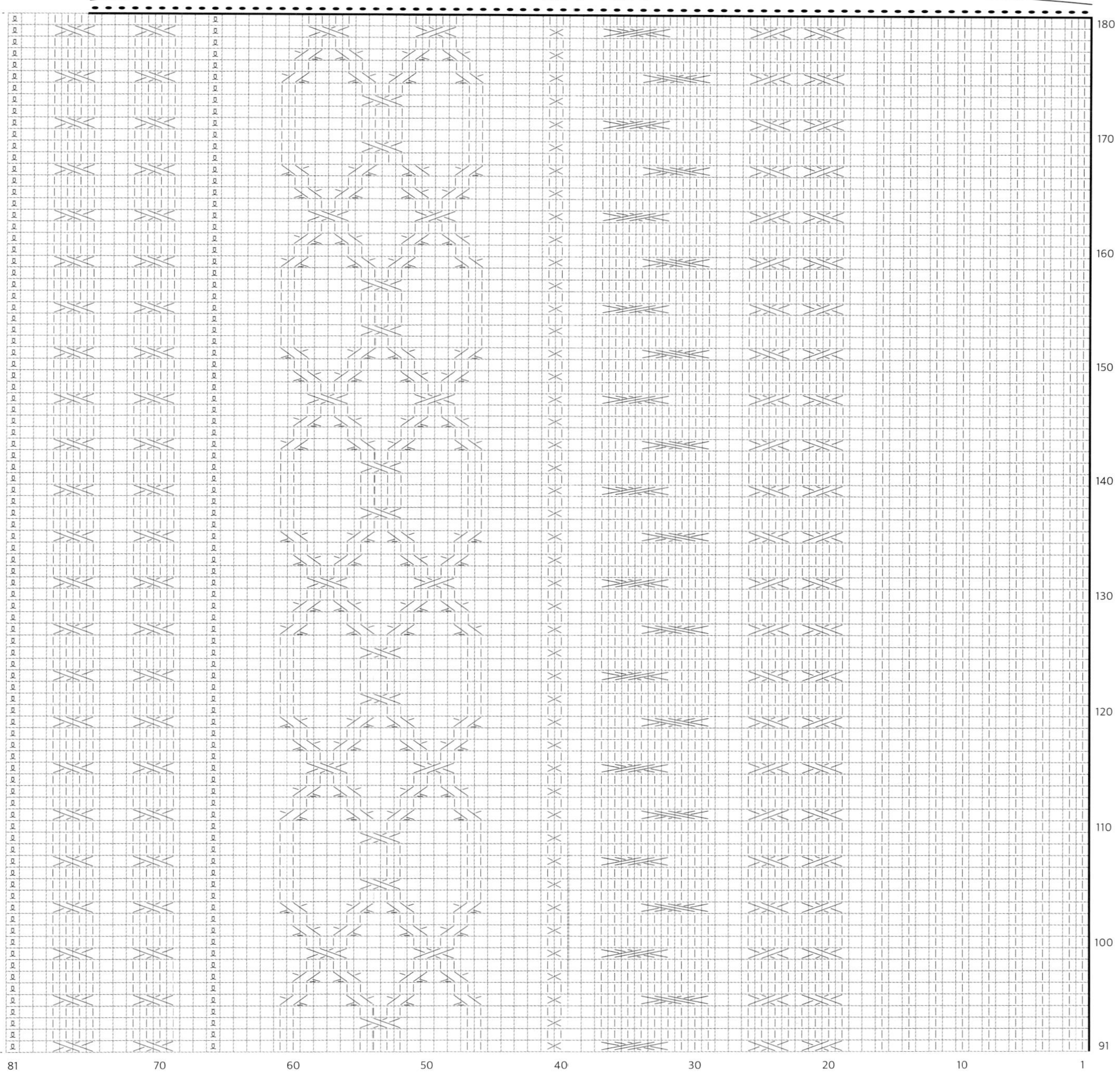

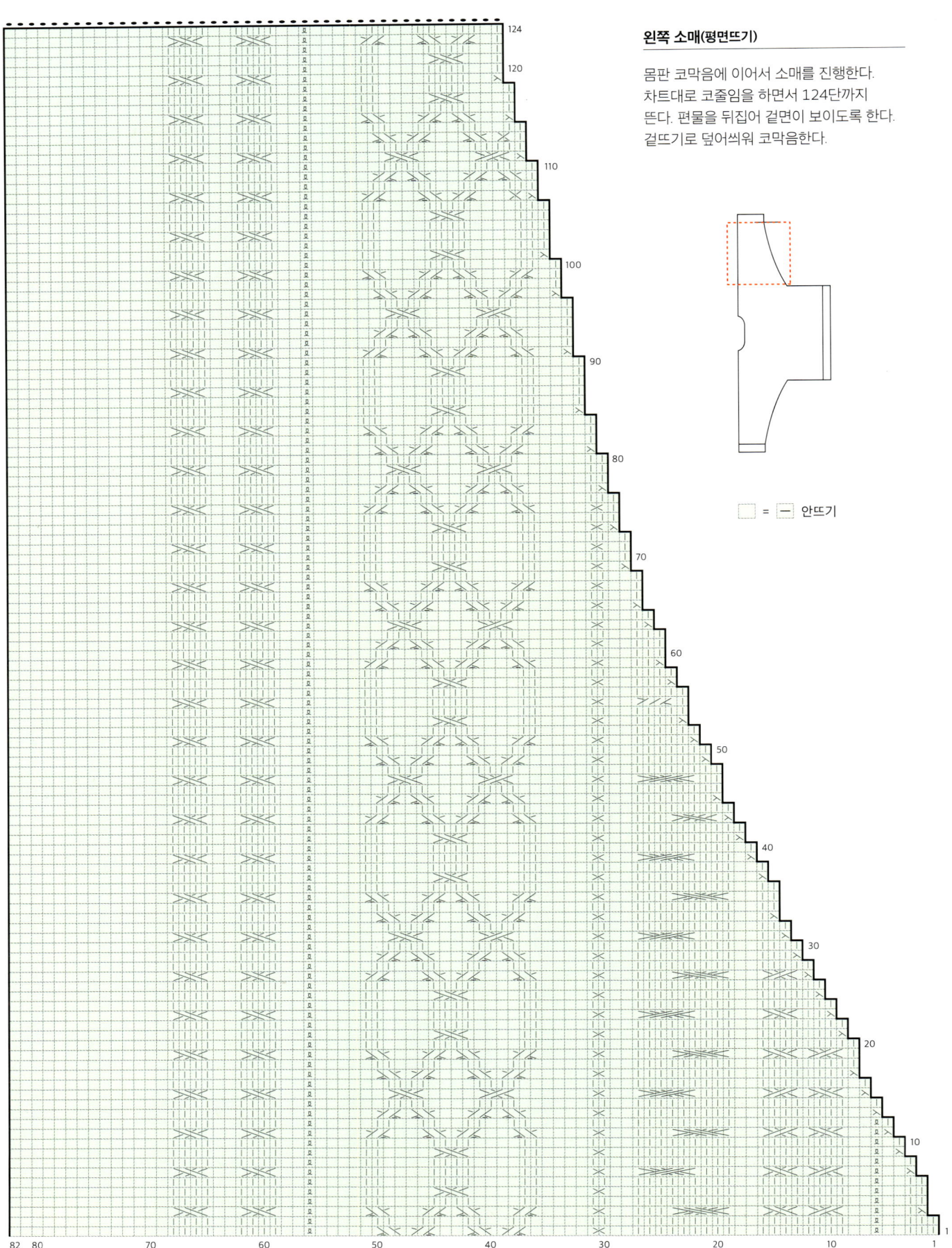

왼쪽 소매(평면뜨기)

몸판 코막음에 이어서 소매를 진행한다.
차트대로 코줄임을 하면서 124단까지
뜬다. 편물을 뒤집어 겉면이 보이도록 한다.
겉뜨기로 덮어씌워 코막음한다.

☐ = ─ 안뜨기

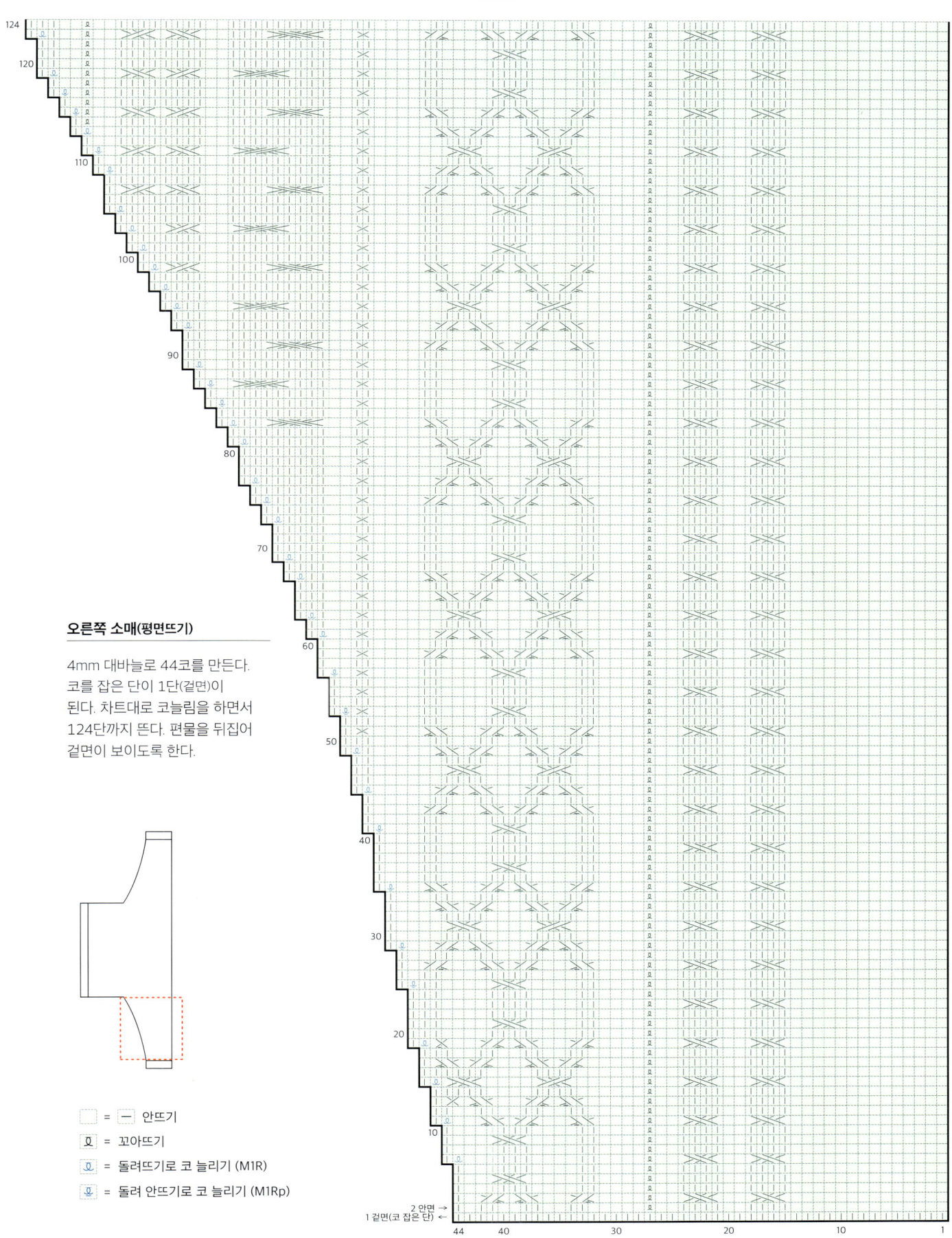

몸판 1(평면뜨기)

※ 하나의 차트를 반으로 나누어 양 페이지에 실었습니다.

1단의 82코까지 뜨고 감아코로 75코를 만든다(총 157코). 차트대로 진행한다. 57단의 시작코에 마커를 걸어 뒷목 시작점을 표시한다.

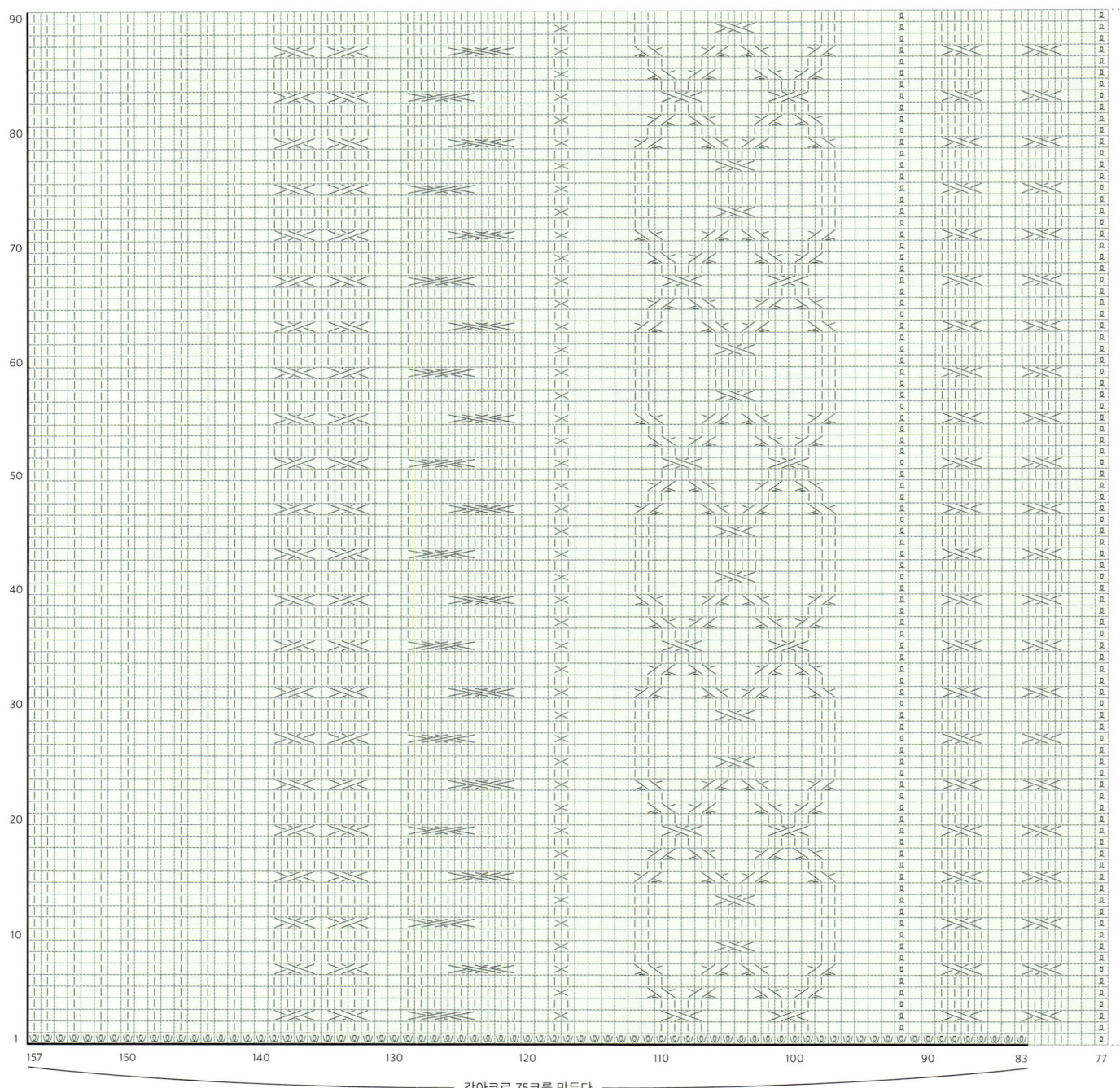

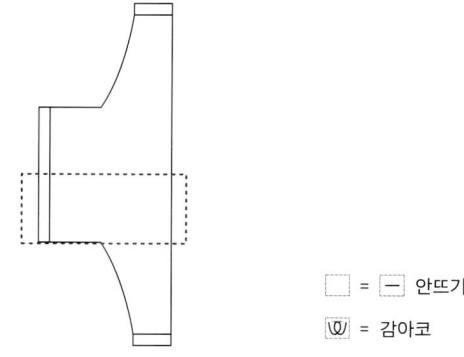

☐ = ― 안뜨기

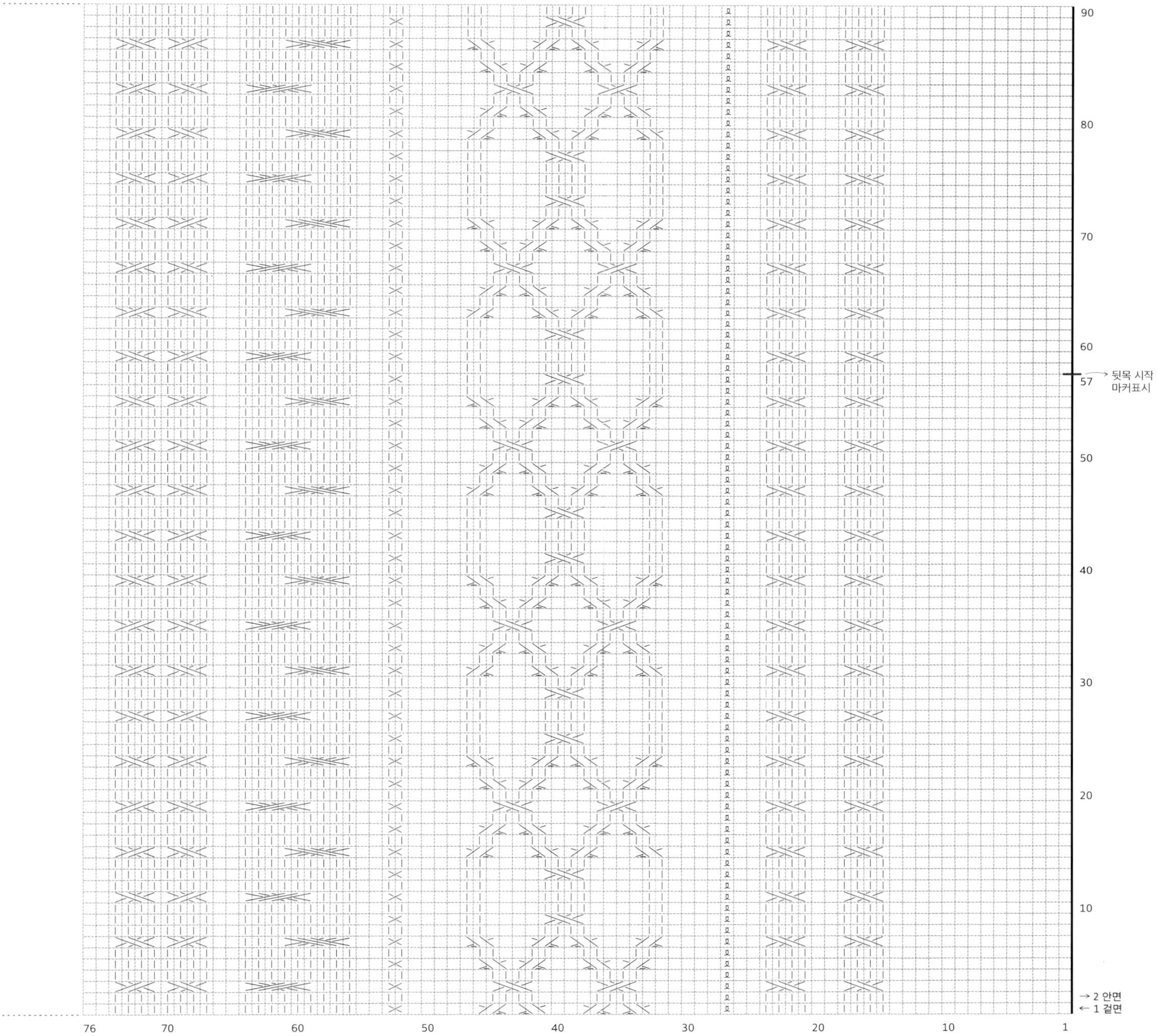

⑩ = 감아코

→ 2 안면
← 1 겉면

57 → 뒷목 시작 마커표시

몸판 2(평면뜨기)

※ 하나의 차트를 반으로 나누어 양 페이지에 실었습니다.

125단 첫 코에 마커를 걸어 뒷목 끝점을 표시한다. 179단(겉면)까지 뜬 후, 180단(안면)에서 75코를 안뜨기로 덮어씌워 코막음한다. 남은 82코는 차트대로 진행한다.

TIP
옆선이 깔끔하도록 179단에서는 교차뜨기를 진행하지 않습니다.

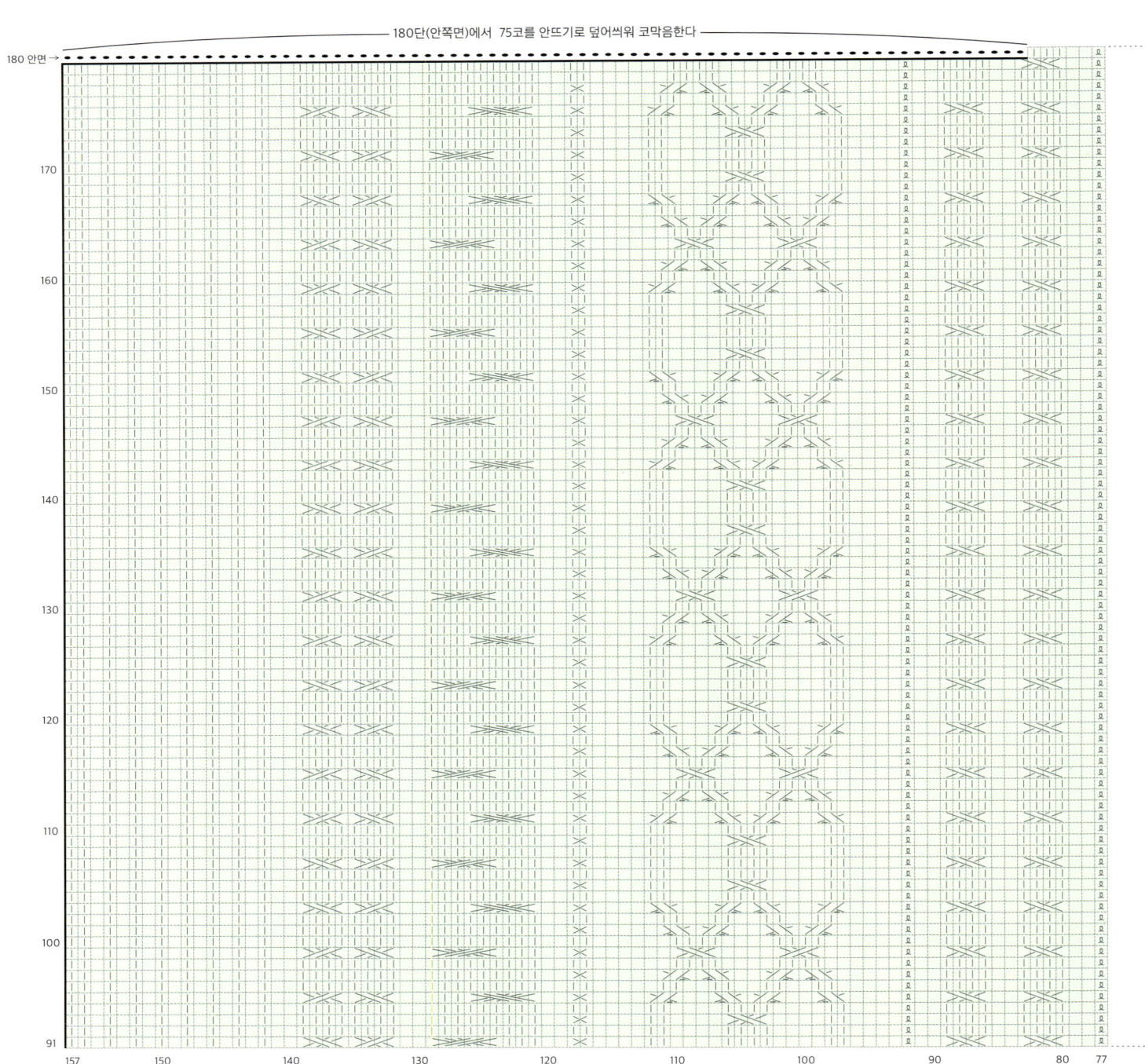

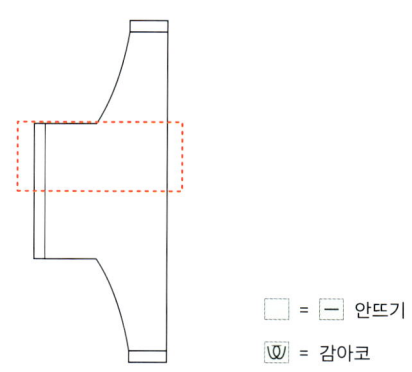

☐ = ─ 안뜨기

W = 감아코

← 뒷목 끝 마커표시

왼쪽 소매(평면뜨기)

차트대로 코줄임을 하면서 124단까지 뜬다.
겉면에서 겉뜨기로 덮어씌워 코막음한다.

☐ = ─ 안뜨기

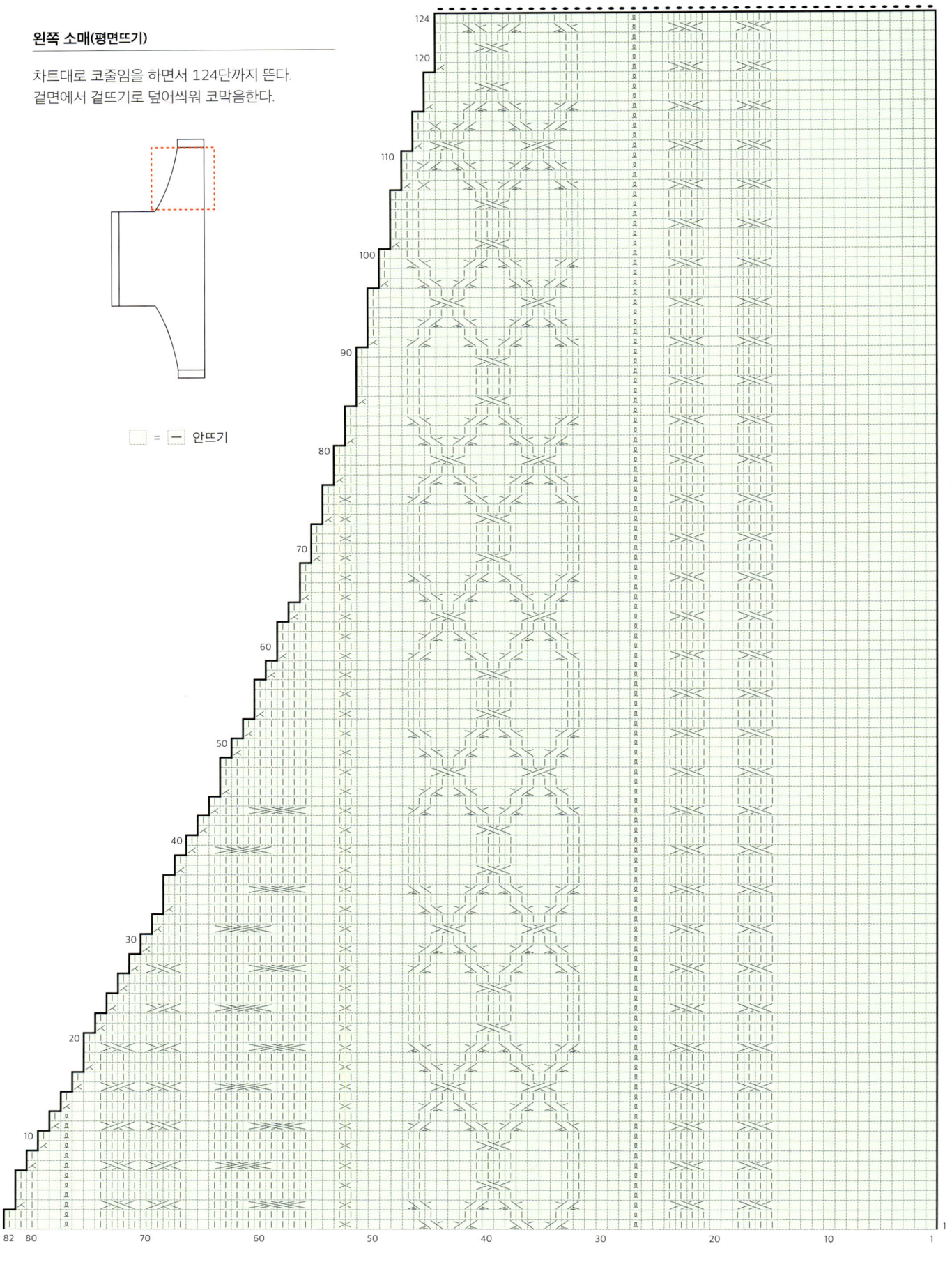

앞판, 뒤판 연결

완성된 앞판과 뒤판을 완성 치수에 맞춰서 블로킹한다. 앞판과 뒤판을 안면끼리 맞대고 돗바늘로 연결한다.

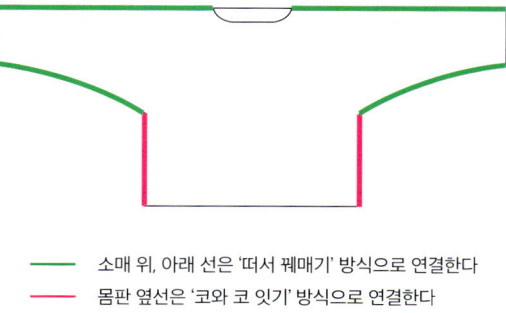

— 소매 위, 아래 선은 '떠서 꿰매기' 방식으로 연결한다
— 몸판 옆선은 '코와 코 잇기' 방식으로 연결한다

소매 끝단

3.5mm 대바늘로 소맷부리에서 74코를 줍는다.
'7코 줍고 1코 건너뛰기' x 7회 - '6코 줍고 1크 건너뛰기' x 3회 - 7코 줍기
1코 고무뜨기 15단(5cm) 혹은 원하는 길이만큼 뜨고 돗바늘로 마무리한다.

넥밴드

3.5mm 대바늘로 앞목에서 70코, 뒷목에서 54코를 주워 총 124코를 줍는다. 1코 고무뜨기 8단(2.5cm) 혹은 원하는 길이만큼 뜨고 돗바늘로 마무리한다.

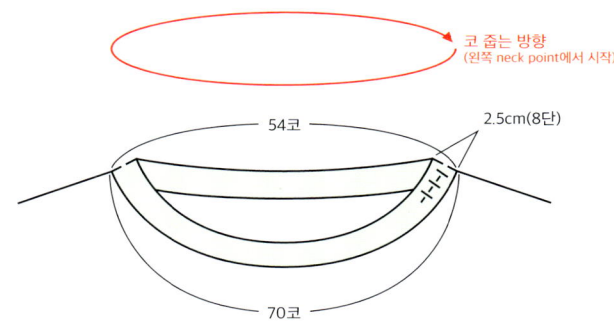

Lace Raglan Pullover

레이스 래글런 풀오버

레이스 무늬가 전체적으로 들어가는 래글런 풀오버입니다.
소매를 봉긋하게 만들어 페미닌하게 연출했어요.
아래에서 떠 올라가는 방식으로, 앞판, 뒤판, 소매를 평면뜨기로 떠 연결합니다.
크롭 기장을 원한다면 몸판의 처음 12단을 생략하고 13단부터 떠 보세요.
소매도 같은 방법으로 길이를 줄일 수 있습니다.

실
카마로즈 미드넷솔(9514)
[S] 9볼 [M] 10볼
(실 2가닥을 함께 잡고 뜬다)

바늘
4mm, 4.5mm 대바늘, 모사용 코바늘 7호

게이지
무늬 A 15코(7.5cm)×26단(10cm)
무늬 B 9코(4cm)×26단(10cm)

사이즈
[S] 가슴 단면 52cm
    총장 52cm
    소매 64cm
[M] 가슴 단면 54cm
    총장 54cm
    소매 66cm

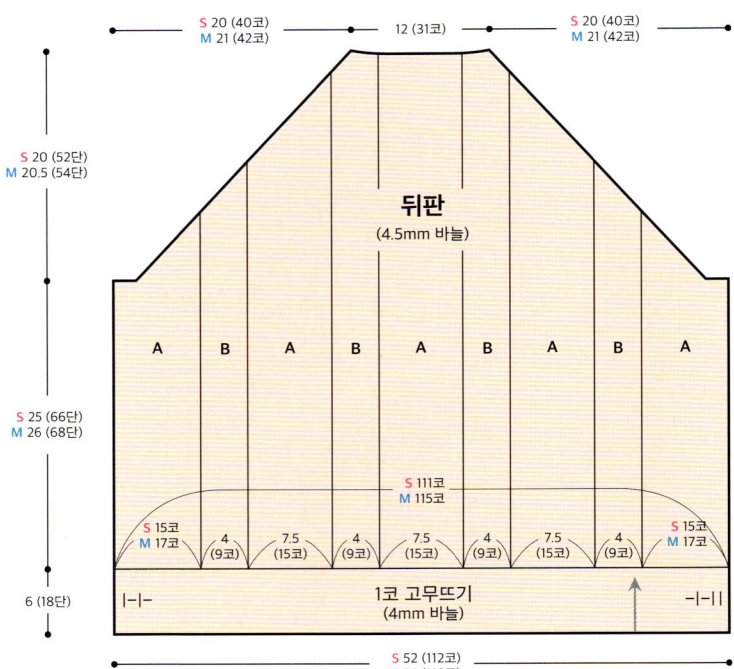

밑단(평면뜨기)

4mm 대바늘로 112(116)코를 잡는다. 겉면 기준으로 겉뜨기 2코로 시작해서 겉뜨기 1코로 끝나는 1코 고무뜨기 18단을 뜬다. 마지막 단에서 마지막 두 코는 왼코 겹쳐 2코 모아 안뜨기로 떠 1코를 줄인다.

몸판(평면뜨기)

※ 겉 = 겉뜨기 / 안 = 안뜨기

4.5mm 대바늘로 바꾸고 무늬뜨기 기호도를 참고해 몸판을 66(68)단 뜬다.

[S] 겉면(홀수 단) : 무늬 A - '무늬 B, 무늬 A' x 4회

    안면(짝수 단) : 무늬 A - '무늬 B, 무늬 A' x 4회

[M] 겉면(홀수 단) : 겉 1코 - 안 1코 - 무늬 A - '무늬 B, 무늬 A' x 4회 - 안 1코 - 겉 1코

    안면(짝수 단) : 안 1코 - 겉 1코 - 무늬 A - '무늬 B, 무늬 A' x 4회 - 겉 1코 - 안 1코

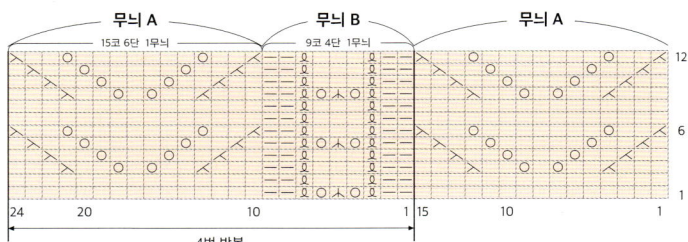

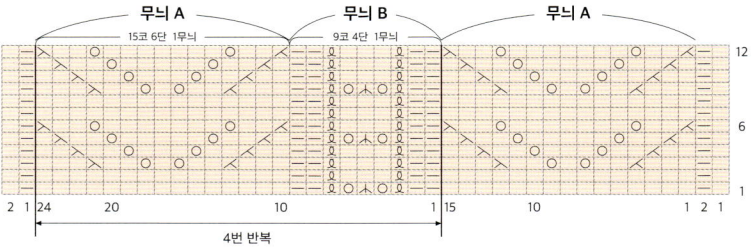

래글런 코 줄이기(S, 평면뜨기)

1단(겉면) 5코를 겉뜨기로 덮어씌워서 코를 막는다. 나머지 코들은 차트대로 진행한다.

2단(안면) 5코를 안뜨기로 덮어씌워서 코를 막는다. 나머지 코들은 차트대로 진행한다.

3~52단 양 끝의 7코는 래글런 선 부분의 장식 패턴으로 코줄임 없이 쭉 진행한다. 나머지 가운데 코들은 차트대로 코줄임을 한다.

52단까지 뜬 후, 남은 31코는 겉면에서 겉뜨기로 덮어씌워서 코막음한다.

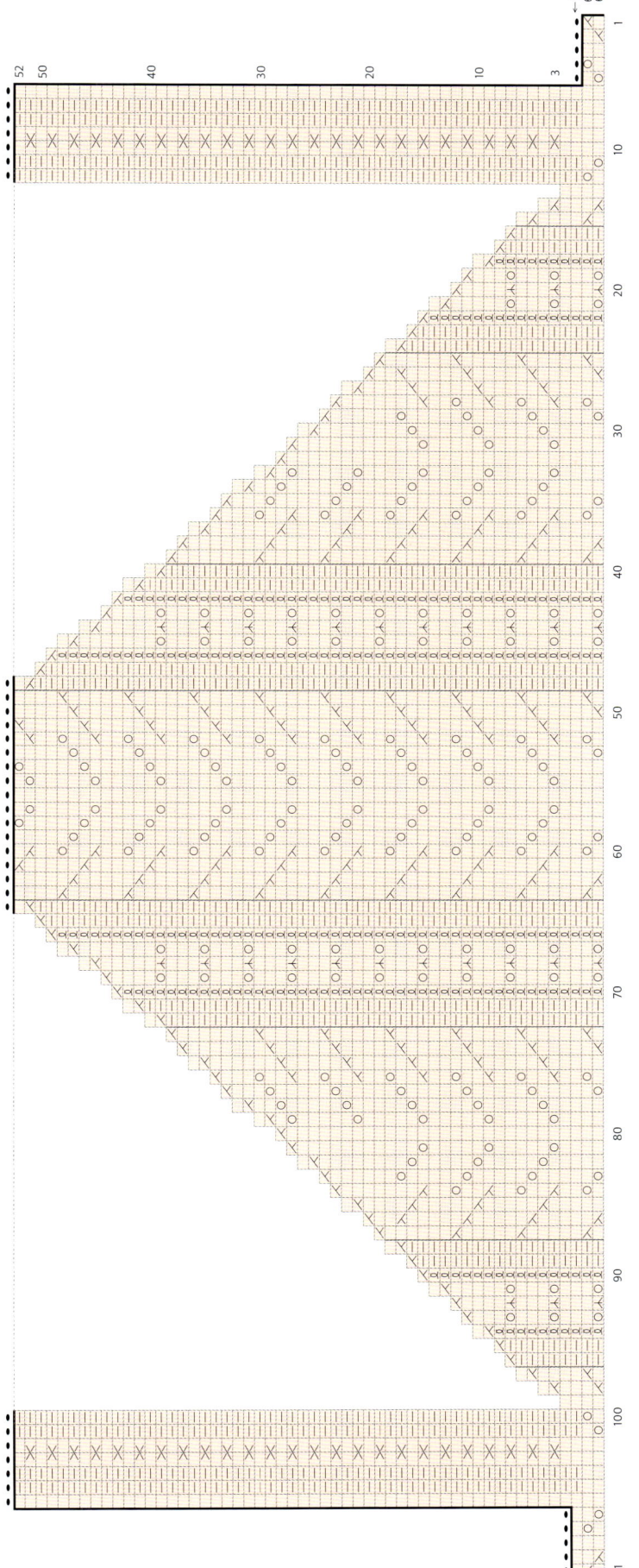

래글런 코 줄이기(M, 평면뜨기)

1단(겉면) 5코를 겉뜨기로 덮어씌워서 코를 막는다.
나머지 코들은 차트대로 진행한다.

2단(안면) 5코를 안뜨기로 덮어씌워서 코를 막는다.
나머지 코들은 차트대로 진행한다.

3~54단 양 끝의 7코는 래글런 선 부분의 장식
패턴으로 코줄임 없이 쭉 진행한다.
나머지 가운데 코들은 차트대로
코줄임을 한다.

54단까지 뜬 후, 남은 31코는 겉면에서 겉뜨기로
덮어씌워서 코막음한다.

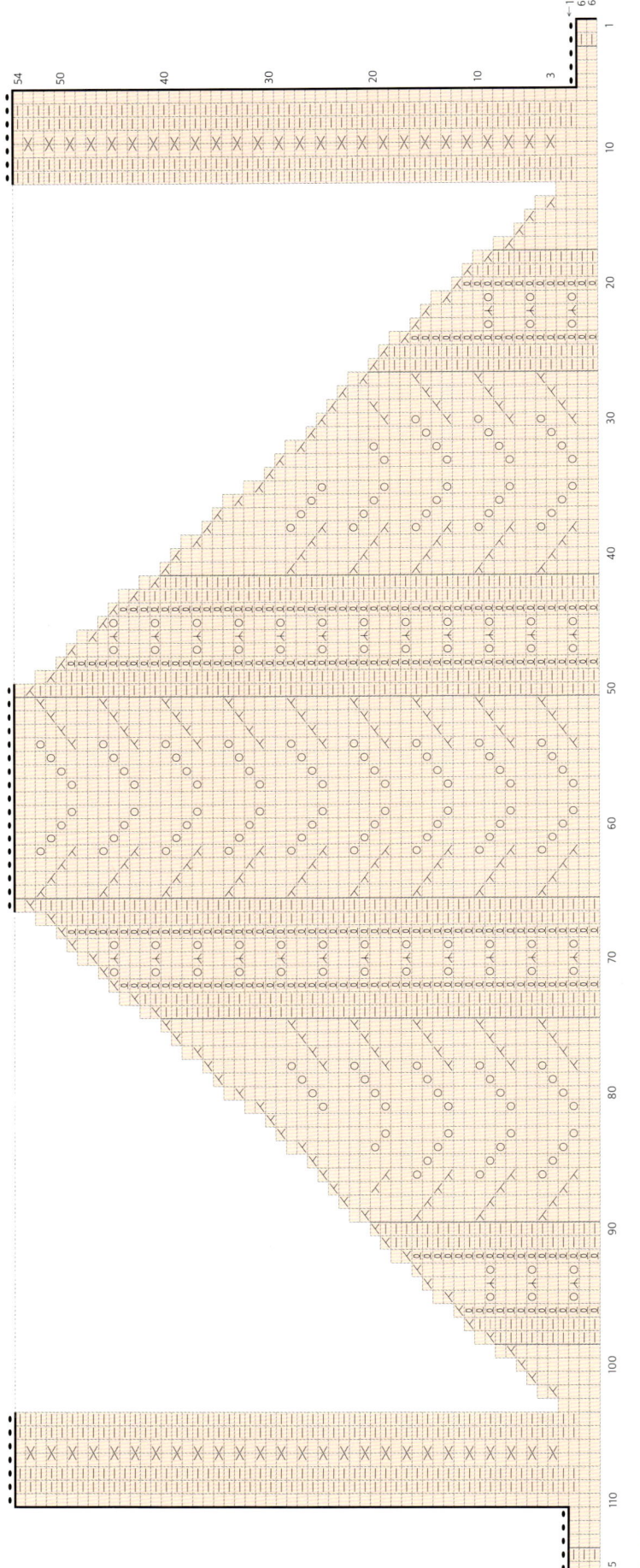

앞판

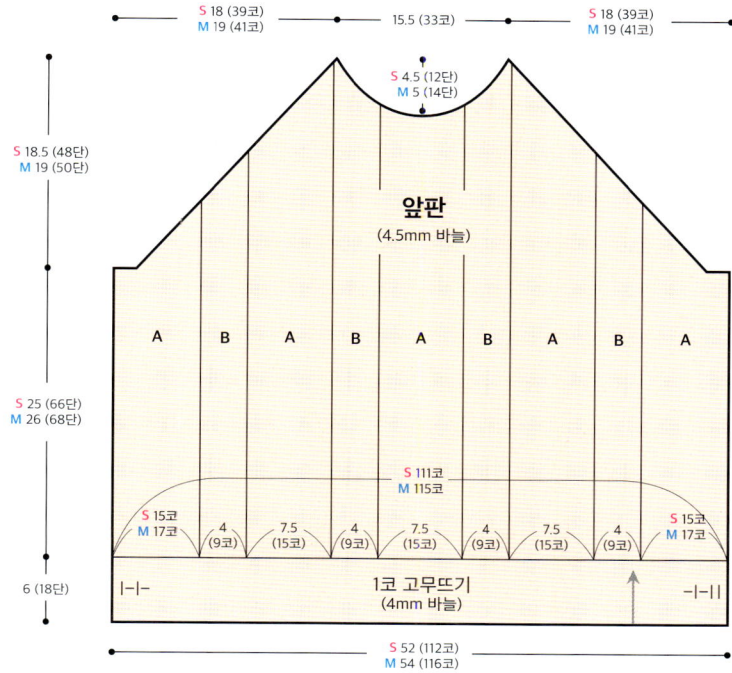

| 밑단(평면뜨기) | 4mm 대바늘로 112(116)코를 잡는다. 겉면 기준으로 겉뜨기 2코로 시작해서 겉뜨기 1코로 끝나는 1코 고무뜨기 13단을 뜬다. 마지막 단에서 마지막 두 코는 왼코 겹쳐 2코 모아 안뜨기로 떠 1코를 줄인다. |

몸판(평면뜨기)

※ 겉 = 겉뜨기 / 안 = 안뜨기

4.5mm 대바늘로 바꾸고 무늬뜨기 기호도를 참고해 몸판을 66(68)단 뜬다.

S 겉면(홀수 단) : 무늬 A - '무늬 B, 무늬 A' x 4회

안면(짝수 단) : 무늬 A - '무늬 B, 무늬 A' x 4회

M 겉면(홀수 단) : 겉 1코 - 안 1코 - 무늬 A - '무늬 B, 무늬 A' x 4회 - 안 1코 - 겉 1코

안면(짝수 단) : 안 1코 - 겉 1코 - 무늬 A - '무늬 B, 무늬 A' x 4회 - 겉 1코 - 안 1코

사이즈 S

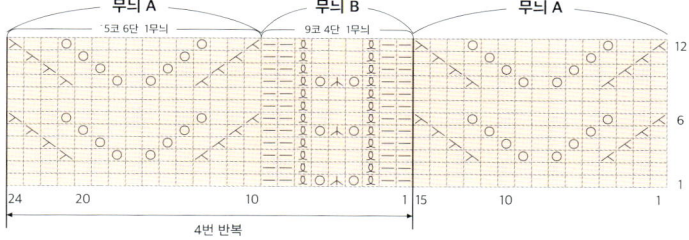

사이즈 M

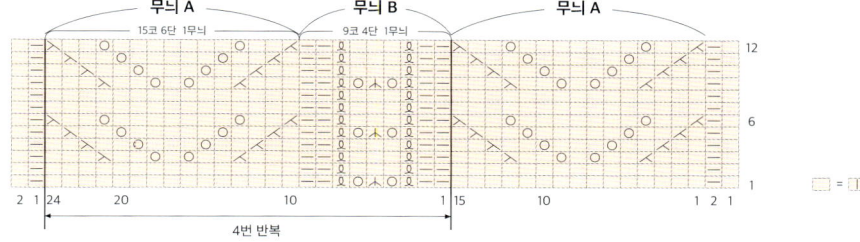

래글런 코 줄이기(S, 평면뜨기)

1단(겉면) 5코를 겉뜨기로 덮어씌워서 코를 막는다. 나머지 코들은 차트대로 진행한다.

2단(안면) 5코를 안뜨기로 덮어씌워서 코를 막는다. 나머지 코들은 차트대로 진행한다.

3~36단 양 끝의 7코는 래글런 선 부분의 장식 패턴으로 코줄임 없이 쭉 진행한다. 나머지 가운데 코들은 차트대로 코줄임을 한다.

37단에서 22코를 뜨고 편물을 뒤집는다. 5코를 코막음하며 차트상 오른쪽 앞목 파임을 진행한다.

43단부터는 장식 패턴의 7코도 차트대로 코줄임을 한다. 48단까지 뜬 후, 남은 2코는 겉면에서 겉뜨기로 덮어씌워서 코막음한다.

새로 실을 걸어서 가운데 7코를 코막음하고 왼쪽 앞목 파임을 진행한다.

43단부터는 장식 패턴의 7코도 차트대로 코줄임을 한다. 48단까지 뜬 후, 남은 2코를 겉면에서 겉뜨기로 덮어씌워서 코막음한다.

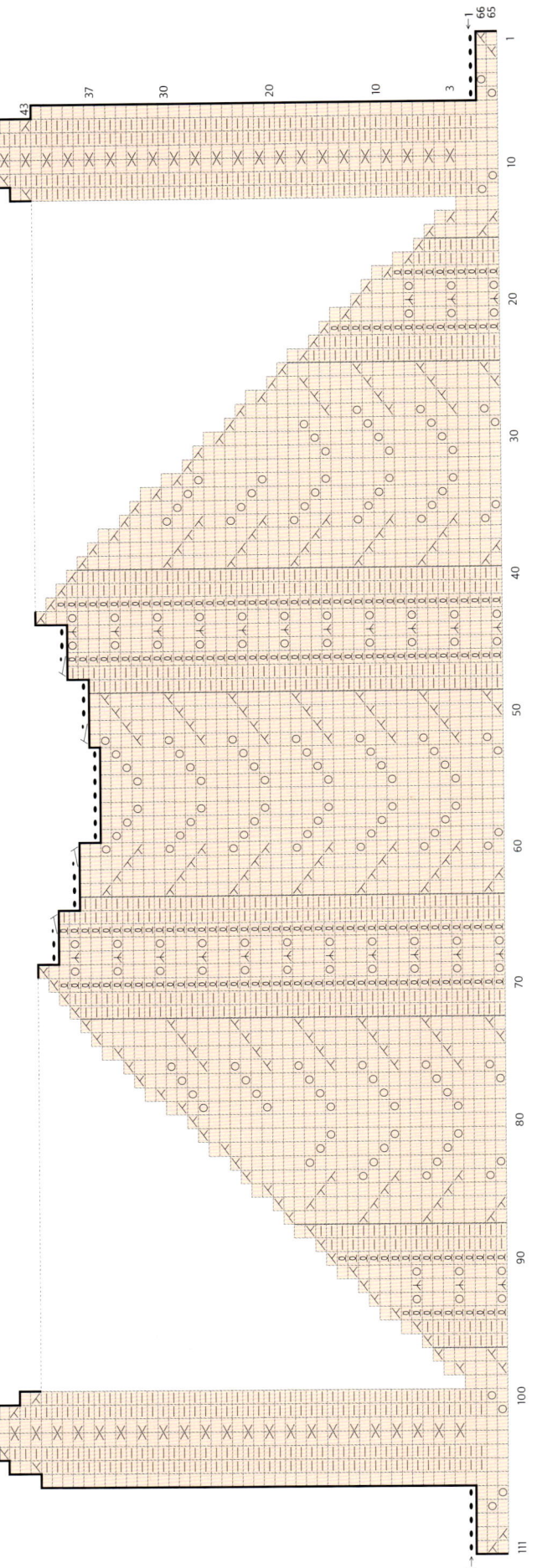

래글런 코 줄이기(M, 평면뜨기)

1단(겉면) 5코를 걷뜨기로 덮어씌워서 코를 막는다. 나머지 코들은 차트대로 진행한다.

2단(안면) 5코를 안뜨기로 덮어씌워서 코를 막는다. 나머지 코들은 차트대로 진행한다.

3~36단 양 끝의 7코는 래글런 선 부분의 장식 패턴으로 코줄임 없이 쭉 진행한다. 나머지 가운데 코들은 차트대로 코줄임을 한다.

37단에서 23코를 뜨고 편물을 뒤집는다. 4코를 코막음하며 차트상 오른쪽 앞목 파임을 진행한다.

45단부터는 장식 패턴의 7코도 차트대로 코줄임을 한다. 50단까지 뜬 후, 남은 2코는 겉면에서 걷뜨기로 덮어씌워서 코막음한다.

새로 실을 걸어서 가운데 7코를 코막음하고 오른쪽 앞목 파임을 진행한다.

45단부터는 장식 패턴의 7코도 차트대로 코줄임을 한다. 50단까지 뜬 후, 남은 2코는 겉면에서 걷뜨기로 덮어씌워서 코막음한다.

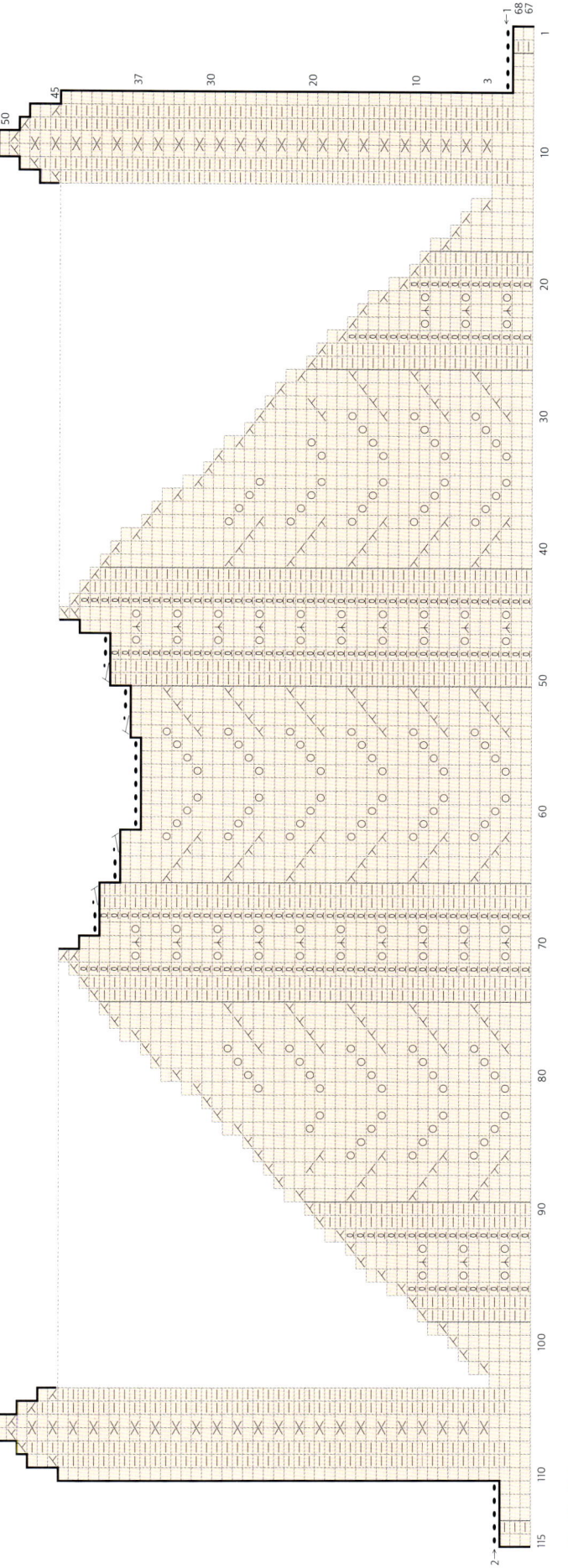

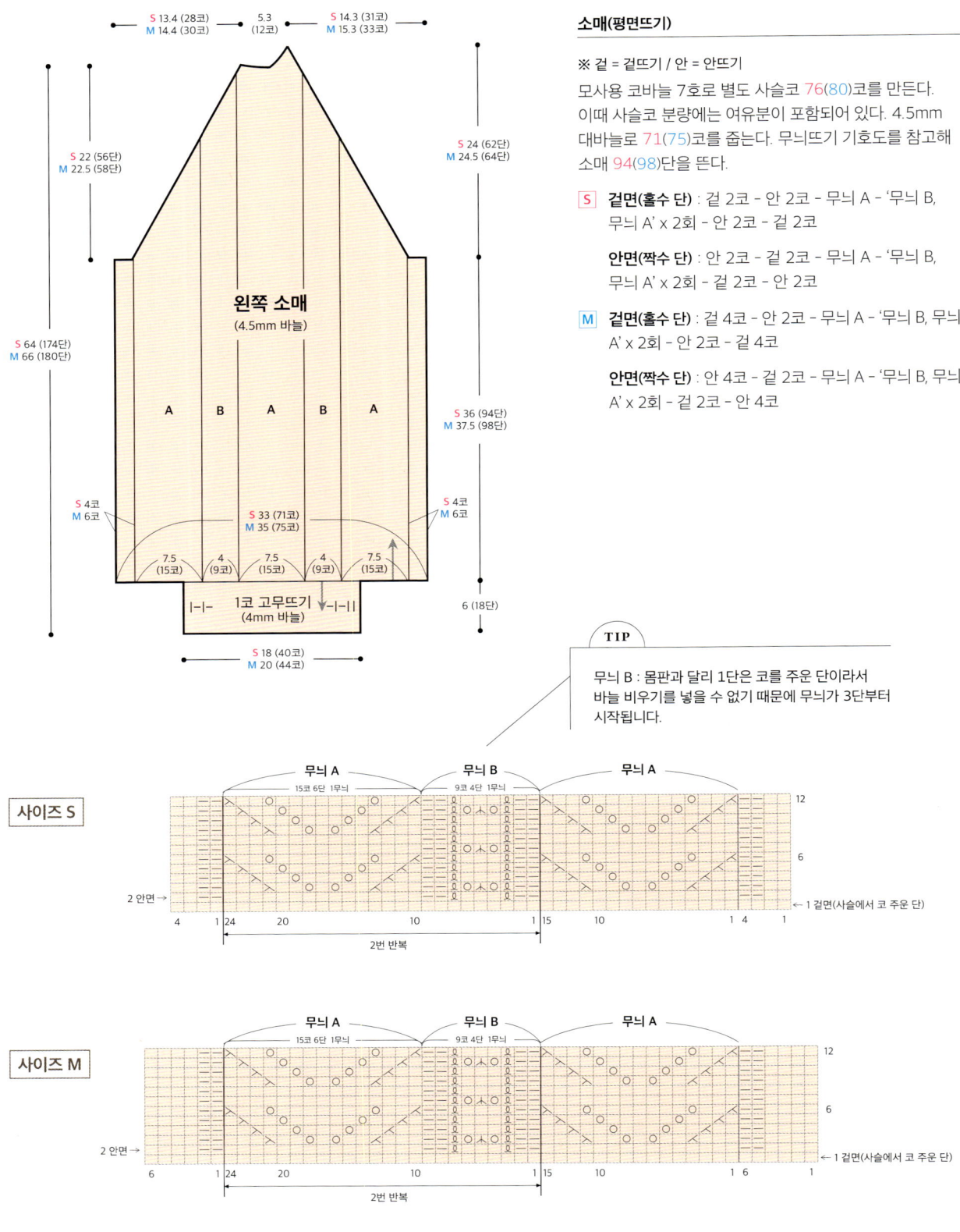

왼쪽 소매

오른쪽 소매

□ = □ 겉뜨기

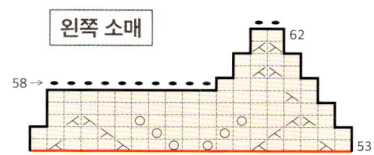

소매 래글런(S, 평면뜨기)

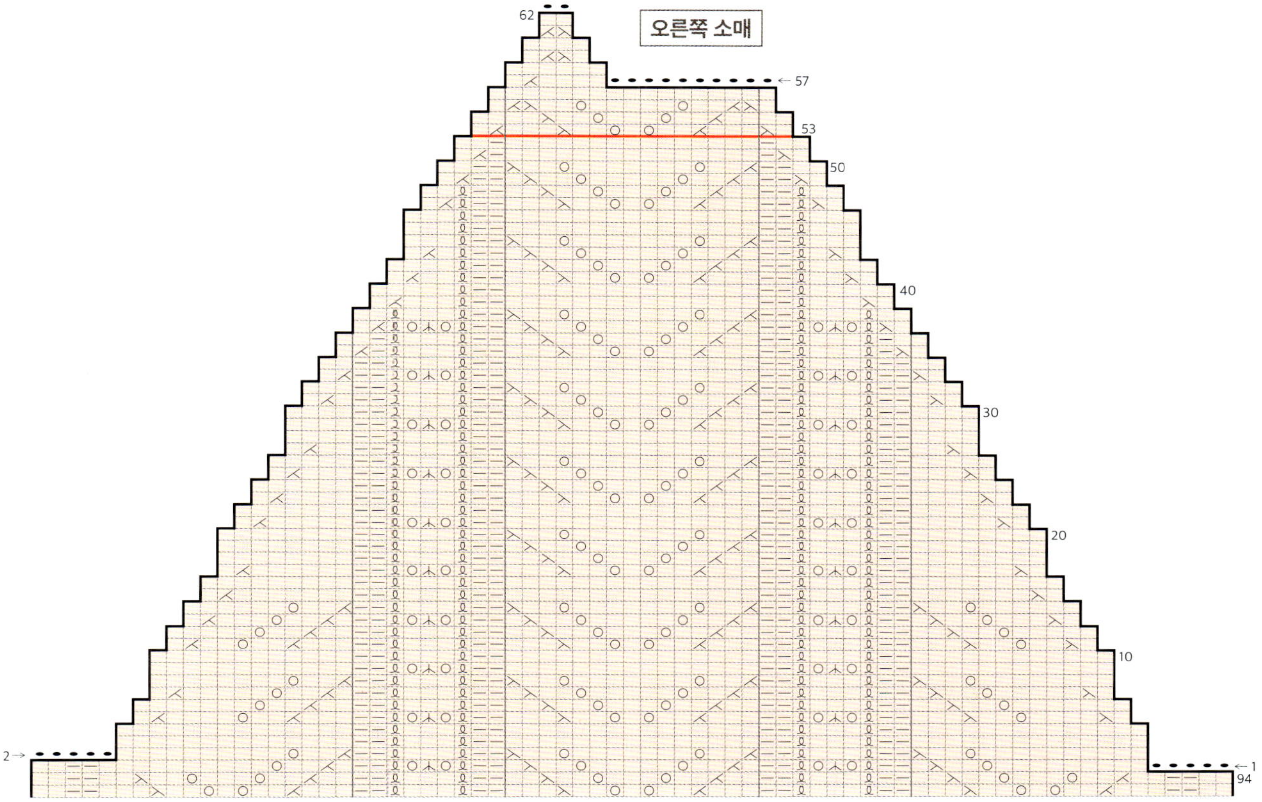

소매를 94단까지 뜨고 소매 래글런 코줄임을 시작한다.

오른쪽 소매

차트대로 코줄임을 하며 소매산을 56단 뜬다. 57단에서 10코를 겉뜨기로 덮어씌워 코막음한다. 차트대로 62단까지 뜨고 남은 2코를 겉뜨기로 덮어씌워서 코막음한다.

왼쪽 소매

52단까지는 오른쪽 소매와 동일하게 뜨고 53단부터는 왼쪽 소매 도안을 따라 뜬다. 58단에서 10코를 안뜨기로 덮어씌워 코막음한다. 차트대로 62단까지 뜨고 남은 2코를 겉뜨기로 덮어씌워서 코막음한다.

소매 끝단(S, 평면뜨기, 오른쪽, 왼쪽 공통)

※ 겉 = 겉뜨기 / 안 = 안뜨기

편물의 안면이 보이도록 한다. 소매 첫 코의 별도 사슬코부터 1코씩 풀어내며 코들을 4mm 대바늘에 옮긴다. 편물을 뒤집는다.

1단(겉면) 겉 4코 - 왼코 겹치기 x 31회 - 겉 5코 (총 40코)

2단(안면) 안 2코 - '겉 1코, 안 1코'를 끝까지 반복

3단 '겉 1코, 안 1코'를 2코 남을 때까지 반복 - 겉 2코

4단 안 2코 - '겉 1코, 안 1코'를 끝까지 반복

3~4단을 반복해서 끝단을 18단(6cm) 혹은 원하는 길이만큼 뜨고 돗바늘로 마무리한다.

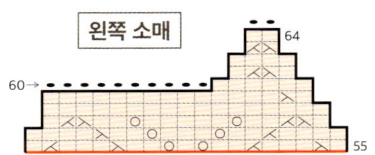

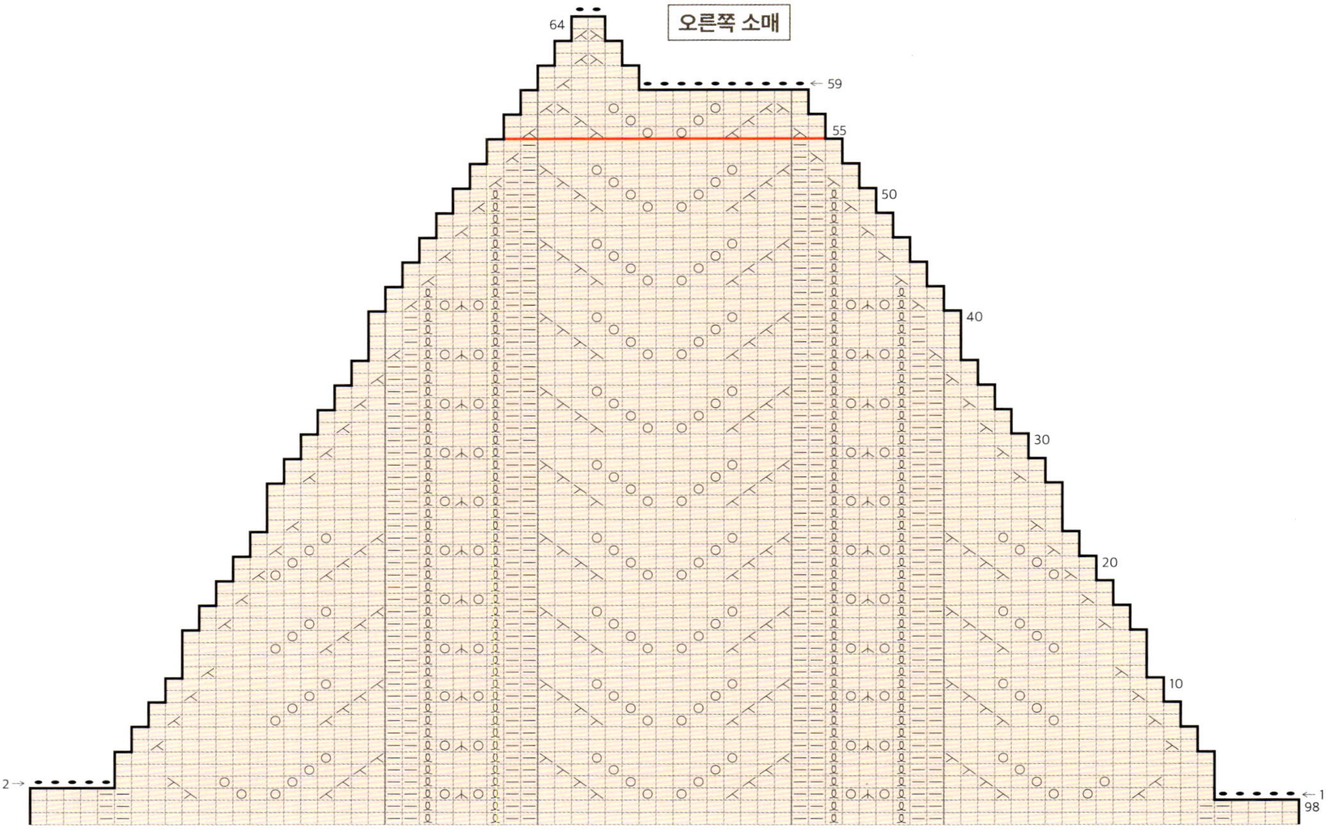

□ = □□ 겉뜨기

소매 래글런(M, 평면뜨기)

소매를 98단까지 뜨고 소매 래글런 코줄임을 시작한다.

오른쪽 소매
차트대로 코줄임을 하며 소매산을 58단 뜬다. 59단에서 10코를 겉뜨기로 덮어씌워 코막음한다. 차트대로 64단까지 뜨고 남은 2코를 겉뜨기로 덮어씌워서 코막음한다.

왼쪽 소매
54단까지는 오른쪽 소매와 동일하게 뜨고 55단부터는 왼쪽 소매 도안을 따라 뜬다. 60단에서 10코를 안뜨기로 덮어씌워 코막음한다. 차트대로 64단까지 뜨고 남은 2코를 겉뜨기로 덮어씌워서 코막음한다.

소매 끝단(M, 평면뜨기 오른쪽, 왼쪽 공통)

※ 겉 = 겉뜨기 / 안 = 안뜨기

편물의 안면이 보이도록 한다. 소매 첫 코의 별도 사슬코부터 1코씩 풀어내며 코들을 4mm 대바늘에 옮긴다. 편물을 뒤집는다.

1단(겉면) 겉 7코 - 왼코 겹치기 x 31회 - 겉 6코 (총 44코)

2단(안면) 안 2코, - '겉 1코, 안 1코'를 끝까지 반복

3단 '겉 1코, 안 1코'를 2코 남을 때까지 반복 - 겉 2코

4단 안 2코 - '겉 1코, 안 1코'를 끝까지 반복

3~4단을 반복해서 끝단을 18단(6cm) 혹은 원하는 길이만큼 뜨고 돗바늘로 마무리한다.

몸판, 소매 연결하기

래글런 연결

몸판과 소매의 래글런 선을 돗바늘로 연결한다. 이때 왼쪽 소매와 오른쪽 소매를 잘 구분해서 몸판에 단다. 그림처럼 같은 색상으로 표시된 부분끼리 연결한다.

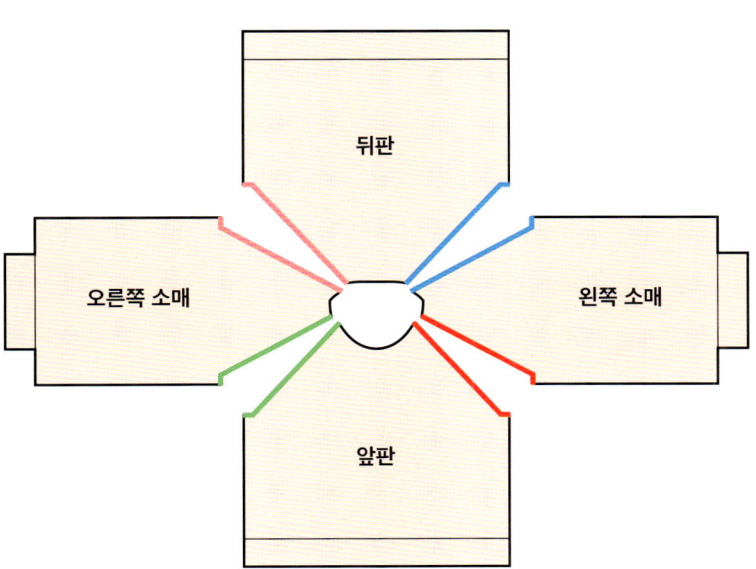

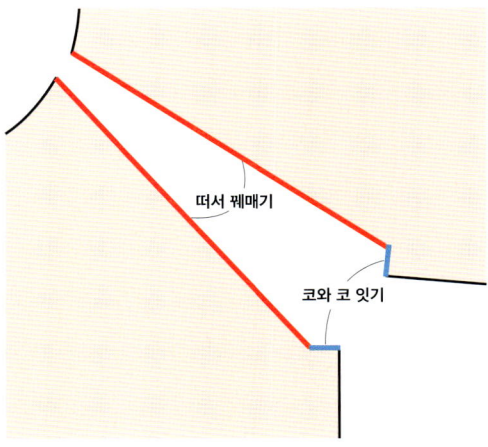

사선으로 된 래글런 부분은 '떠서 꿰매기' 방법으로, 직선으로 된 언더암 부분은 '코와 코 잇기' 방법으로 연결한다.

옆선 연결

래글런을 연결한 후, 앞판과 뒤판의 옆선을 '떠서 꿰매기' 방법으로 꿰맨다. 각 소매의 옆선도 '떠서 꿰매기' 방법으로 연결한다.

넥밴드(원통뜨기)

편물의 겉면이 보이도록 한다. 왼쪽 소매 중심부터 4mm 대바늘로 앞 목둘레에서 50(52)코, 뒷 목둘레에서 38코를 주워 총 88(90)코를 줍는다. 원통뜨기로 1코 고무뜨기 고무단을 8단(2.5cm) 혹은 원하는 길이만큼 뜨고 돗바늘로 마무리한다.

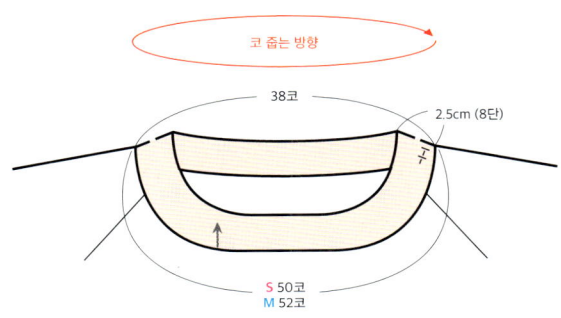

CAR
DI

03
카디건

GAN

Heart Cable Crop Cardigan

하트 케이블 크롭 가디건

크롭 기장으로 발랄한 느낌의 케이블 카디건입니다.
하트 모양의 케이블 무늬와 레이스 트리밍을 덧댄 것 같은 작은 케이블을 조합해 사랑스러워요.
소매는 가운데에만 무늬를 넣어 부해 보이지 않도록 신경 썼습니다.
앞판의 오른쪽 앞단을 뜰 때 단춧구멍 만드는 걸 잊지 마세요.

실
[S][M] 로완 펠티드 트위드 DK(217) 7볼

바늘
3.5mm, 4mm 대바늘

게이지
메리야스뜨기 22코×30단
무늬 A 28코(10.5cm)×30단(10cm)
무늬 B 18코(7cm)×30단(10cm)

사이즈
[S] 어깨 38cm
  가슴 단면 48cm
  총장 51cm
  소매 56cm
[M] 어깨 40cm
  가슴 단면 50cm
  총장 53cm
  소매 57cm

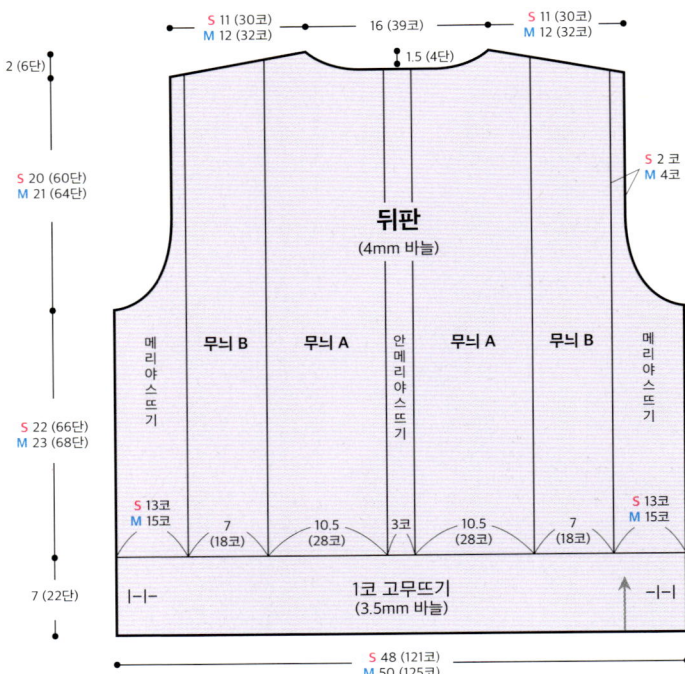

밑단(평면뜨기) 3.5mm 대바늘로 121(125)코를 잡는다. 겉면 기준으로 겉뜨기 1코로 시작해서 겉뜨기 1코로 끝나는 1코 고무뜨기 22단을 뜬다.

몸판(평면뜨기) 4mm 대바늘로 바꾸고 무늬뜨기 기호도를 참고해 몸판을 66(68)단 뜬다.
겉면(홀수 단) : 13(15)코 겉뜨기 - 무늬 B - 무늬 A - 3코 안뜨기 - 무늬 A - 무늬 B - 13(15)코 겉뜨기
안면(짝수 단) : 13(15)코 안뜨기 - 무늬 B - 무늬 A - 3코 겉뜨기 - 무늬 A - 무늬 B - 13(15)코 안뜨기

무늬뜨기 기호도

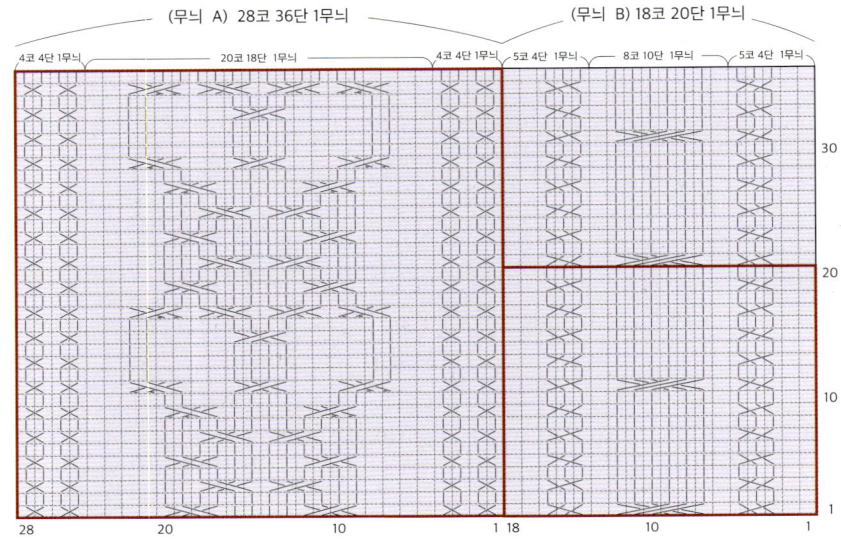

암홀, 목과 어깨 - S 사이즈

암홀(평면뜨기)

1단의 첫 3코는 겉뜨기로 덮어씌운다. 2단의 첫 3코는 안뜨기로 덮어씌워서 코막음한다. 차트를 따라 진동 줄임을 한다.

뒷목 파임과 어깨 경사(평면뜨기)

60단(안면)에서 왼쪽 바늘에 7코가 남았을 때 편물을 뒤집어 경사뜨기를 시작한다. 오른쪽 어깨를 먼저 뜨고 한쪽 어깨 너비의 4배 길이만큼 실을 남기고 자른다. 뜬 코들을 어깨핀에 옮겨 둔다. 새로 실을 걸어서 31코를 덮어씌우고 왼쪽 어깨를 뜬다. 실은 정리할 만큼의 여유분만 남기고 자른다. 뜬 코들을 어깨핀에 옮겨 둔다.

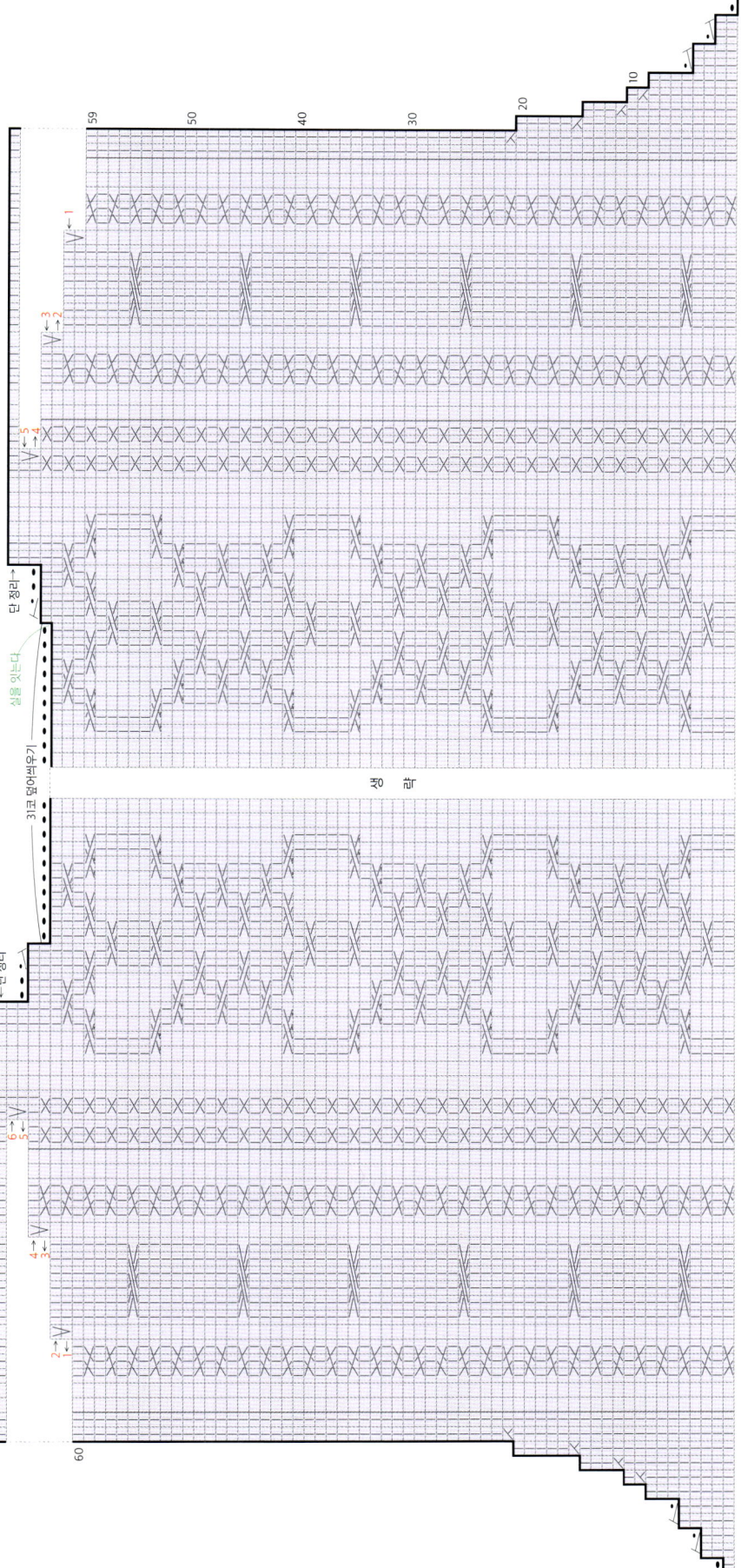

암홀, 목과 어깨 - M 사이즈

암홀(평면뜨기)

1단의 첫 3코는 겉뜨기로 덮어씌운다. 2단의 첫 3코는 안뜨기로 덮어씌워서 코막음한다. 차트를 따라 진동 줄임을 한다.

뒷목 파임과 어깨 경사(평면뜨기)

64단(안면)에서 왼쪽 바늘에 8코가 남았을 때 편물을 뒤집어 경사뜨기를 시작한다. 오른쪽 어깨를 먼저 뜨고 한쪽 어깨 너비의 4배 길이만큼 실을 남기고 자른다. 뜬 코들을 어깨핀에 옮겨 둔다. 새로 실을 걸어서 31코를 덮어씌우고 왼쪽 어깨를 뜬다. 실은 정리할 만큼의 여유분만 남기고 자른다. 뜬 코들을 어깨핀에 옮겨 둔다.

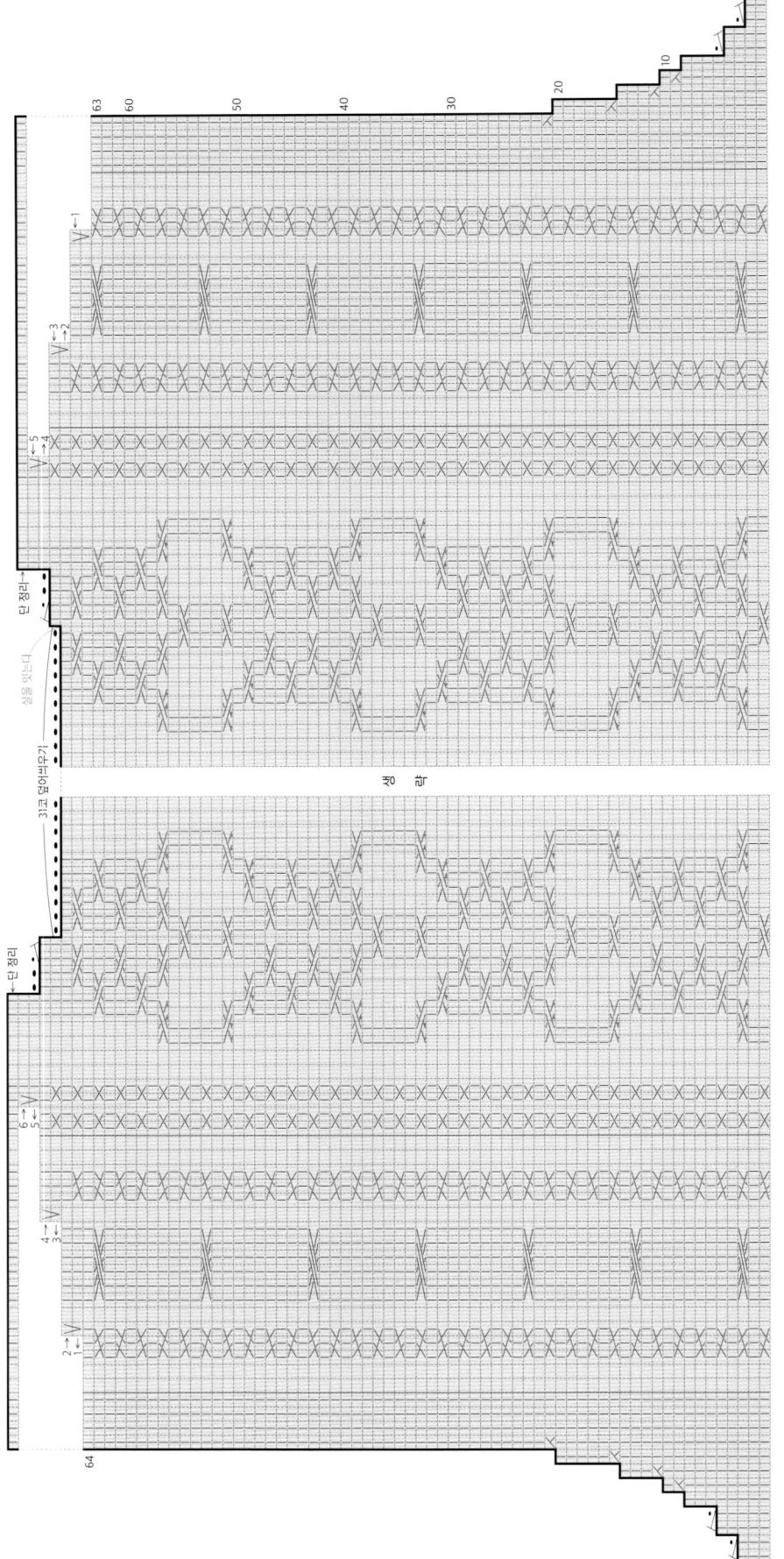

오른쪽 앞판

※ 앞단을 몸판과 이어서 뜬다. 오른쪽 앞판의 앞단은 단춧구멍을 만들면서 뜬다.

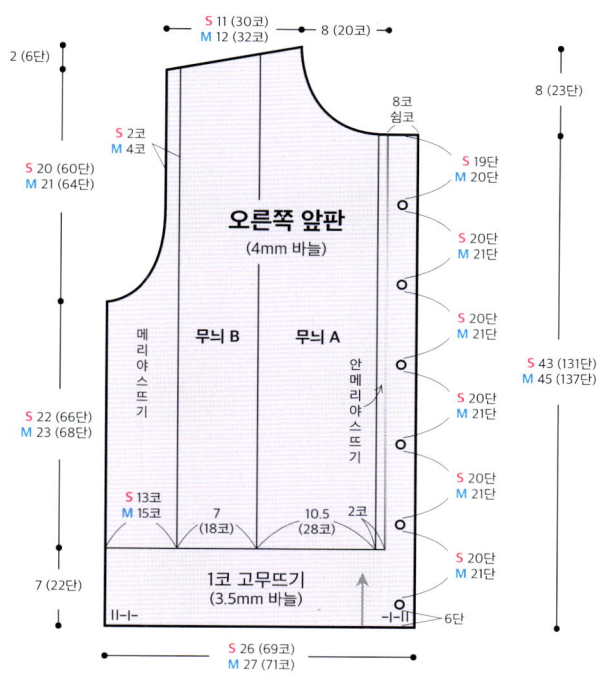

밑단(평면뜨기)

※ 겉 = 겉뜨기 / 안 = 안뜨기

3.5mm 대바늘로 69(71)코를 잡는다. 겉면 기준으로 겉뜨기 2코로 시작해서 겉뜨기 2코로 끝나는 1코 고무뜨기 6단을 뜬다. 이때 겉면(홀수 단)의 첫 코는 실을 바늘 뒤에 두고 안뜨기 방향으로 바늘을 넣어서 걸러뜬다.

S, M 모두 7단에서 첫 번째 단춧구멍을 만든다.

7단 첫 코 걸러뜨기 - 겉 1코 - 안 1코 - 겉 1코 - 바늘 비우기 - 왼코 겹치기 - '안 1코, 겉 1코' 반복 - 겉 1코

이어서 고무뜨기로 총 22단을 뜬다.

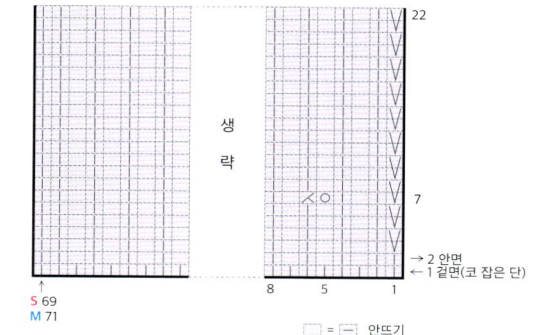

몸판(평면뜨기)

※ 겉 = 겉뜨기 / 안 = 안뜨기

4mm 대바늘로 바꾸고 차트를 참고해 암홀 전까지 66(68)단을 뜬다.

겉면 앞단(첫 코 걸러뜨기 - '겉 1코, 안 1코' × 3회 - 겉 1코) - 안 2코 - 무늬 A - 무늬 B - 겉 13(15)코

안면 안 13(15)코 - 무늬 B - 무늬 A - 겉 2코 - 앞단('안 1코, 겉 1코' × 3회 - 안 2코)

단춧구멍

S 6단, 27단, 48단에 단춧구멍을 만든다.

M 7단, 29단, 51단에 단춧구멍을 만든다.

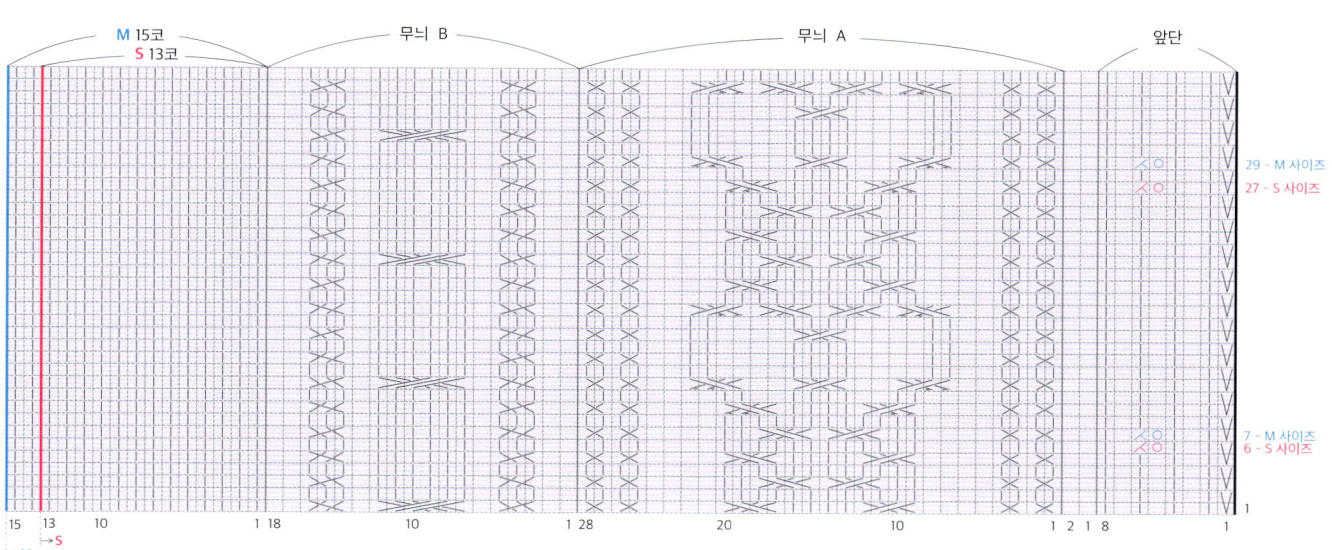

오른쪽 앞판(S, 평면뜨기)

1~42단	차트대로 진동 줄임을 진행한다(3단, 24단에서 단춧구멍을 만든다).
43단	앞단 8코를 뜨고 별실에 옮긴다. 다음 5코를 겉뜨기로 덮어씌워 코막음한다. 나머지 코들은 차트대로 진행한다.

차트대로 앞목 파임과 어깨 경사를 진행한다. 실은 정리할 만큼의 여유분만 남기고 자른다. 남은 코들은 어깨핀에 옮겨 둔다.

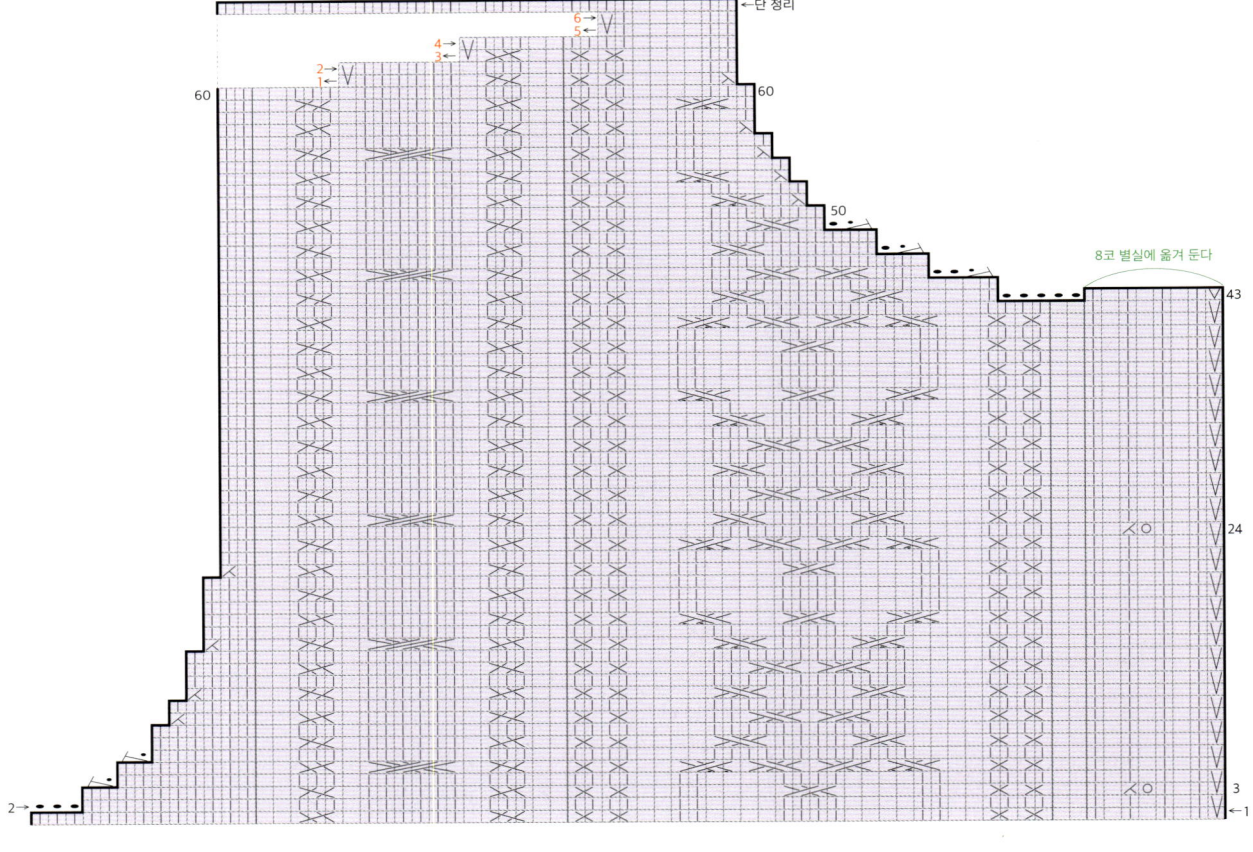

오른쪽 앞판(M, 평면뜨기)

1~46단   차트대로 진동 줄임을 진행한다(5단, 27단에서 단춧구멍을 만든다).

47단   앞단 8코를 뜨고 별실에 옮긴다. 다음 5코를 겉뜨기로 덮어씌워 코막음한다. 나머지 코들은 차트대로 진행한다.

차트대로 앞목 파임과 어깨 경사를 진행한다. 실은 정리할 만큼의 여유분만 남기고 자른다. 남은 코들은 어깨핀에 옮겨 둔다.

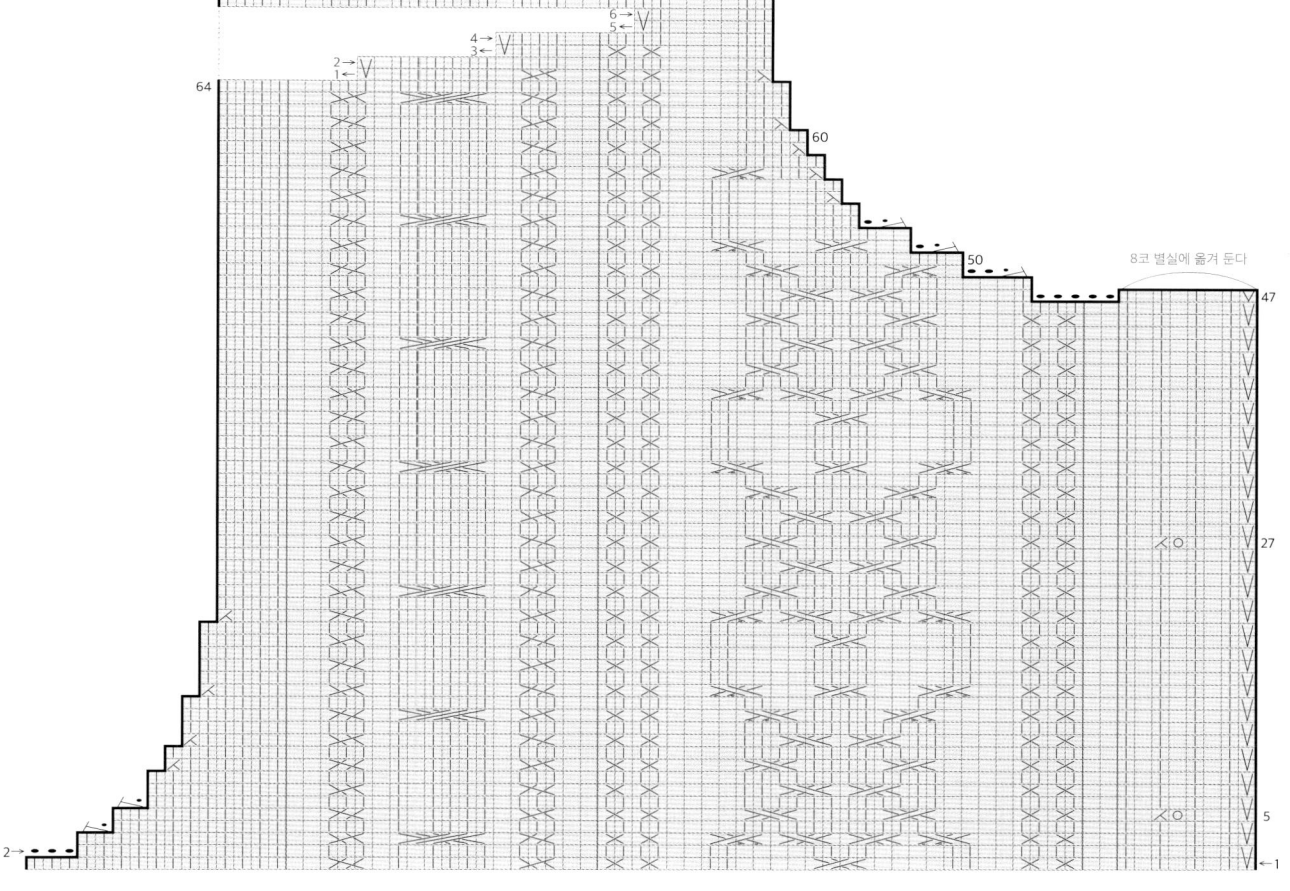

왼쪽 앞판 ※ 앞단을 몸판과 이어서 뜬다.

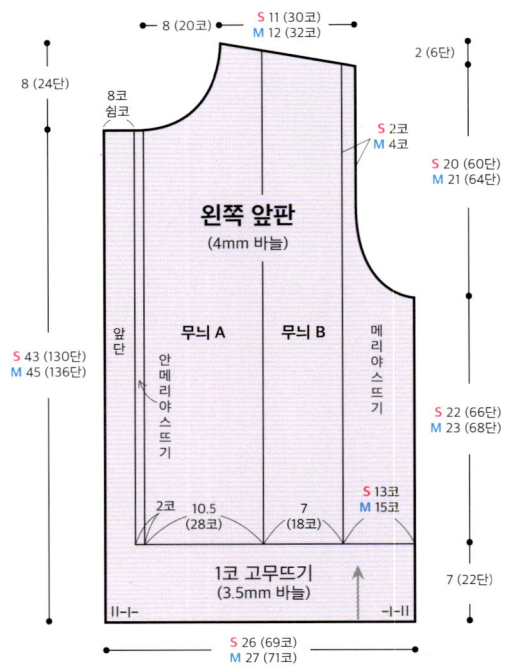

밑단(평면뜨기)

※ 겉 = 겉뜨기 / 안 = 안뜨기

3.5mm 대바늘로 69(71)코를 잡는다. 겉면 기준으로 겉뜨기 2코로 시작해서 겉뜨기 2코로 끝나는 1코 고무뜨기 22단을 뜬다. 이때 안면(짝수 단)의 첫 코는 실을 바늘 앞에 두고 안뜨기 방향으로 바늘을 넣어서 걸러뜬다.

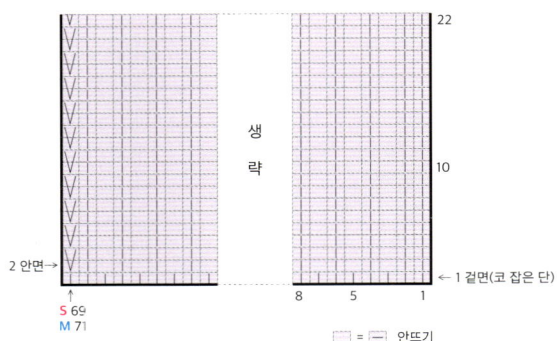

몸판 (평면뜨기) ※ 겉 = 겉뜨기 / 안 = 안뜨기

4mm 대바늘로 바꾸고 차트를 참고해 암홀 전까지 66(68)단을 뜬다.

겉면 겉 13(15)코 - 무늬 B - 무늬 A - 안 2코 - 앞단('겉 1코, 안 1코' × 3회 - 겉 2코)

안면 앞단(첫 코 걸러뜨기 - '안 1코, 겉 1코' × 3회 - 안 1코) - 겉 2코 - 무늬 A - 무늬 B - 안 13(15)코

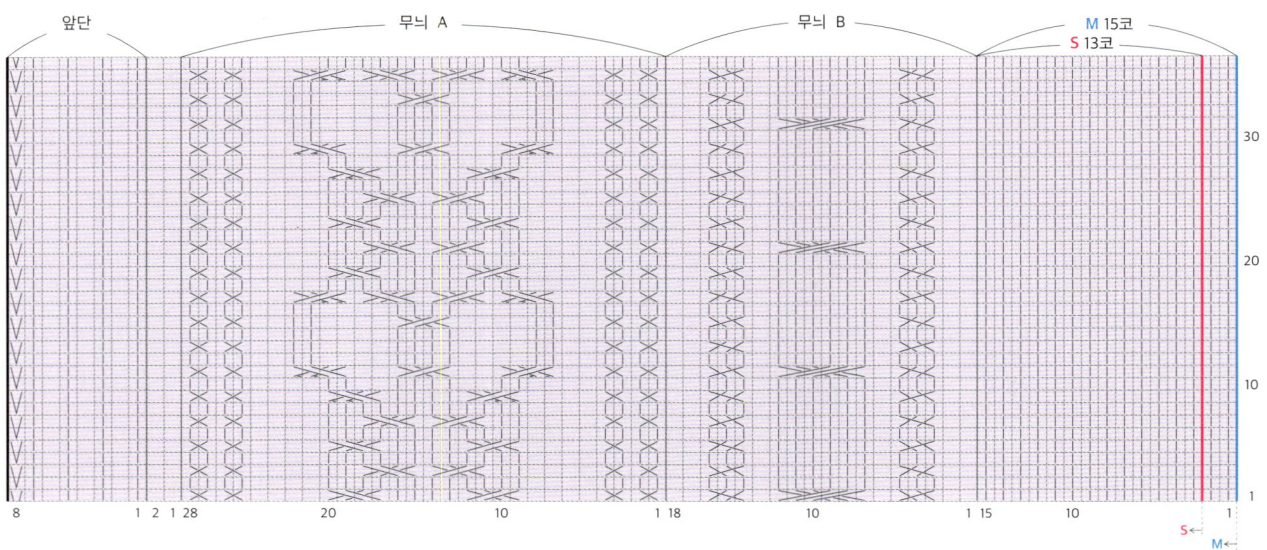

왼쪽 앞판(S, 평면뜨기)

1~41단   차트대로 진동 줄임을 진행한다.

42단   앞단 8코를 뜨고 별실에 옮긴다. 다음 5코를 안뜨기로 덮어씌워 코막음한다. 나머지 코들은 차트대로 진행한다.

차트대로 앞목 파임과 어깨 경사를 진행한다. 실은 한쪽 어깨 너비의 4배 길이만큼 남기고 자른다. 남은 코들은 어깨핀에 옮겨 둔다.

앞판과 뒤판의 옆선을 '떠서 꿰매기' 방법으로 연결한다. 앞판과 뒤판을 겉끼리 맞대고 '빼뜨기 잇기' 방법으로 어깨선을 연결한다. 앞단에 지름 15mm 단추 6개를 단다.

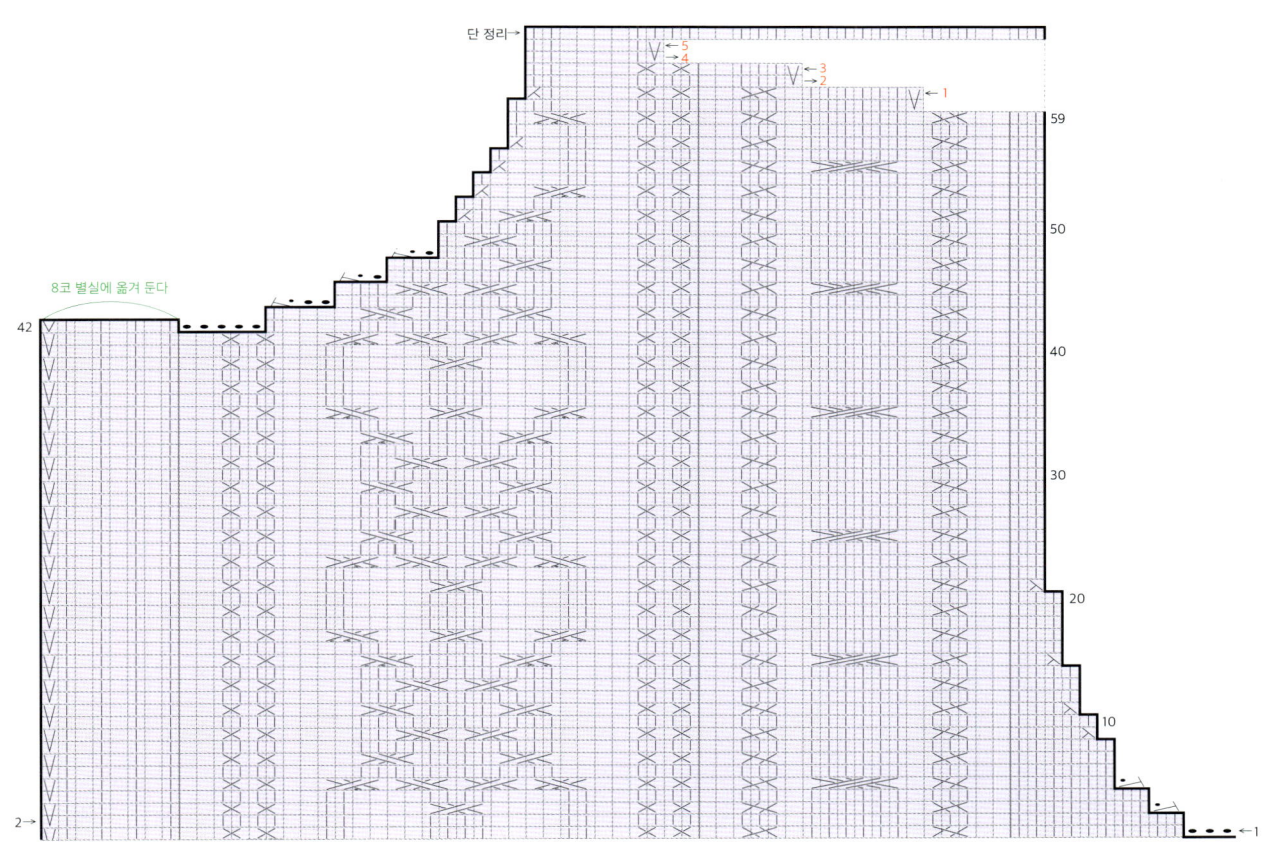

왼쪽 앞판(M, 평면뜨기)

1~45단 차트대로 진동 줄임을 진행한다.

46단 앞단 8코를 뜨고 별실에 옮긴다. 다음 5코를 안뜨기로 덮어씌워 코막음한다. 나머지 코들은 차트대로 진행한다.

차트대로 앞목 파임과 어깨 경사를 진행한다. 실은 한쪽 어깨 너비의 4배 길이만큼 남기고 자른다. 남은 코들은 어깨핀에 옮겨 둔다.

앞판과 뒤판의 옆선을 '떠서 꿰매기' 방법으로 연결한다. 앞판과 뒤판을 겉끼리 맞대고 '빼뜨기 잇기' 방법으로 어깨선을 연결한다. 앞단에 지름 15㎜ 단추 6개를 단다.

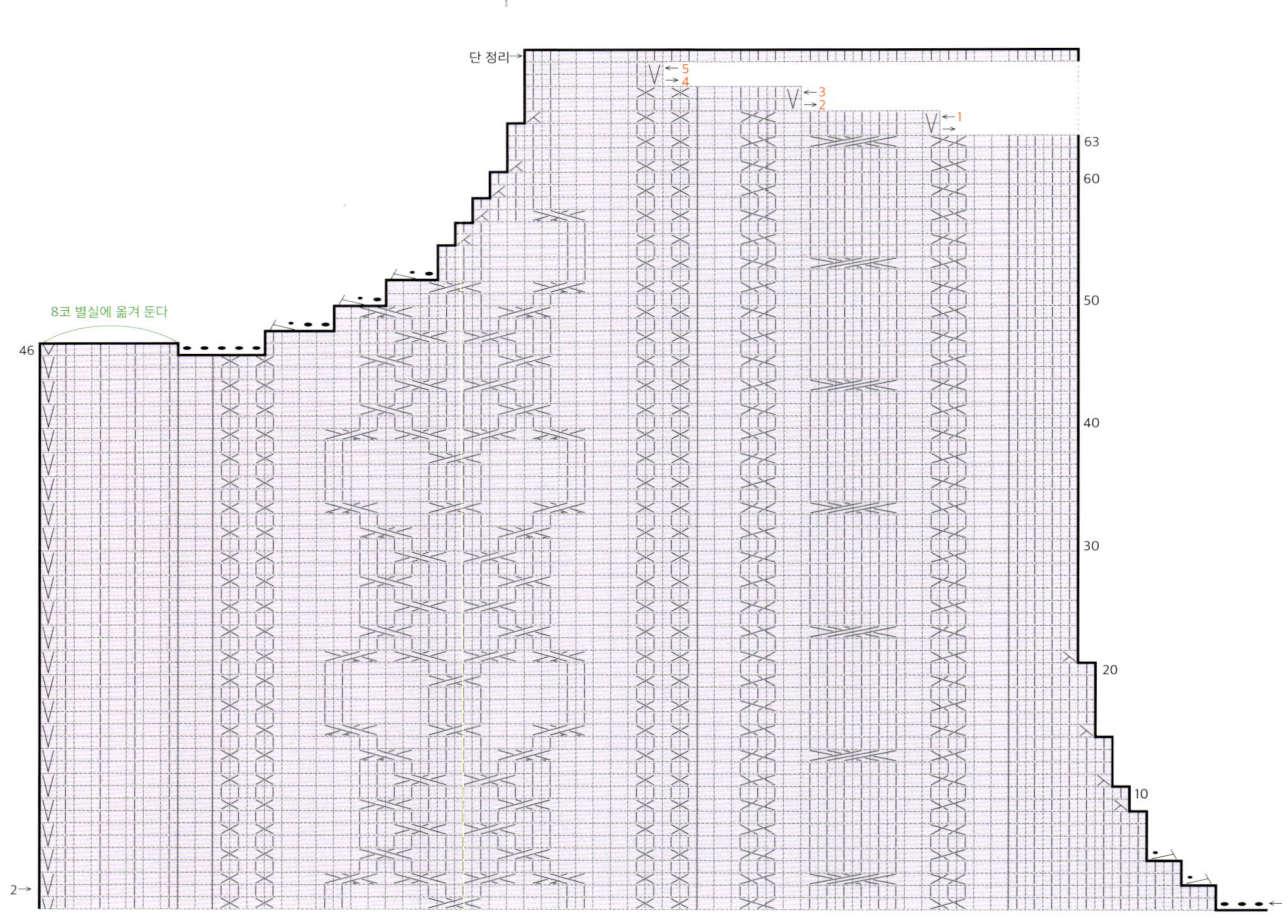

넥밴드(S, M 공통, 평면뜨기)

※ 겉 = 겉뜨기 / 안 = 안뜨기 / 걸러뜨기는 안뜨기 방향으로 걸러뜬다(겉면은 실을 바늘 뒤에 두고, 안면은 실을 바늘 앞에 두고 뜬다).

1단(겉면) 편물의 겉면이 보이도록 한다. 별실에 옮겨 둔 오른쪽 앞단의 8코를 3.5mm 대바늘의 오른쪽 바늘로 옮긴다. 오른쪽 앞판의 목둘레에서 33코, 뒤판의 목둘레에서 49코, 왼쪽 앞판의 목둘레에서 33코를 줍는다. 별실에 옮겨 둔 왼쪽 앞단의 8코를 왼쪽 바늘로 옮긴다. 이 8코를 '겉 1코, 안 1코'를 3회 반복하고 겉뜨기 2코를 뜬다.

2단(안면) 첫 코 걸러뜨기 - '안 1코, 겉 1코' 반복 - 안 2코

3단 첫 코 걸러뜨기 - 겉 1코 - 안 1코 - 겉 1코 - 바늘 비우기 - 왼코 겹치기 - '안 1코, 겉 1코' 반복 - 겉 1코

4~8단 고무단을 이어서 뜬다. 8단까지 뜨고 겉면에서 돗바늘로 코막음한다.

왼쪽 앞판의 넥밴드에 지름 15mm 단추를 단다.

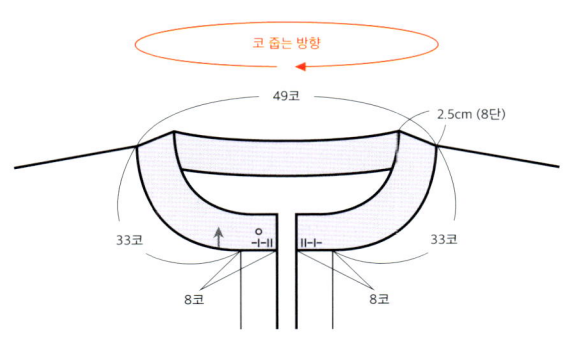

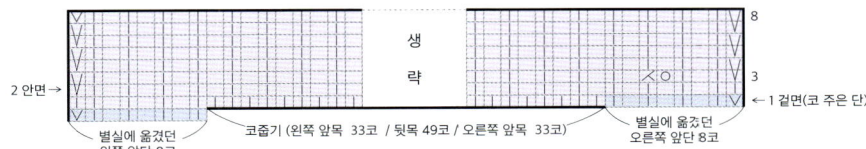

소매

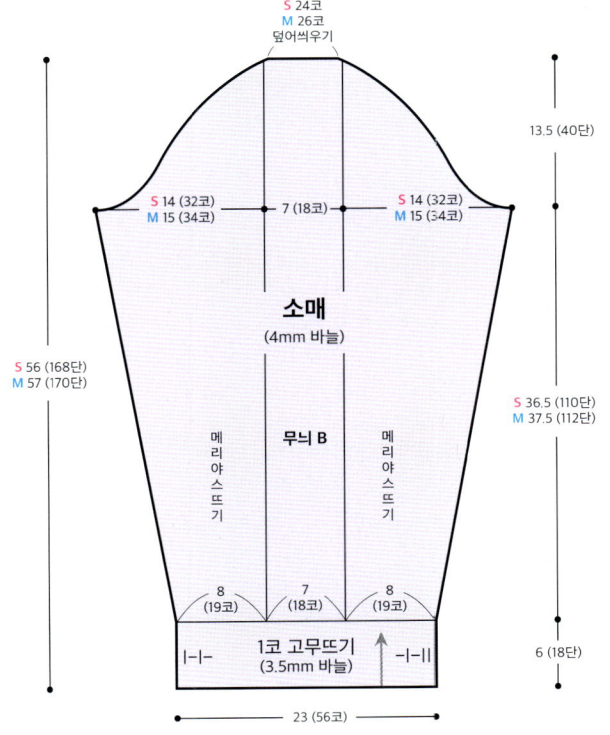

소매 끝단(평면뜨기)

3.5mm 대바늘로 56코를 잡고 겉면 기준으로 겉뜨기 2코로 시작해서 겉뜨기 1코로 끝나는 1코 고무뜨기 18단을 뜬다.

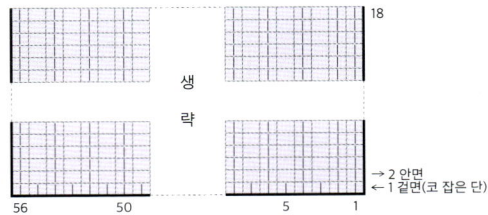

소매(평면뜨기)

4mm 대바늘로 바꿔서 겉뜨기 19코, 무늬 B, 겉뜨기 19코를 뜬다. 차트대로 코늘림을 진행하며 소매를 뜬다. 이때 차트상 오른쪽은 M1L로, 왼쪽은 M1R로 코늘림을 한다. 소매를 110(112)단 뜨고 나서 차트대로 코줄임을 진행한다. 소매산 40단 뜨고 24(26)코를 겉뜨기로 덮어씌워서 마무리한다. 소매의 옆선을 '떠서 꿰매기' 방법으로 꿰맨다. 소매산 부분을 몸판의 암홀에 '빼뜨기로 꿰매기' 방법으로 연결한다.

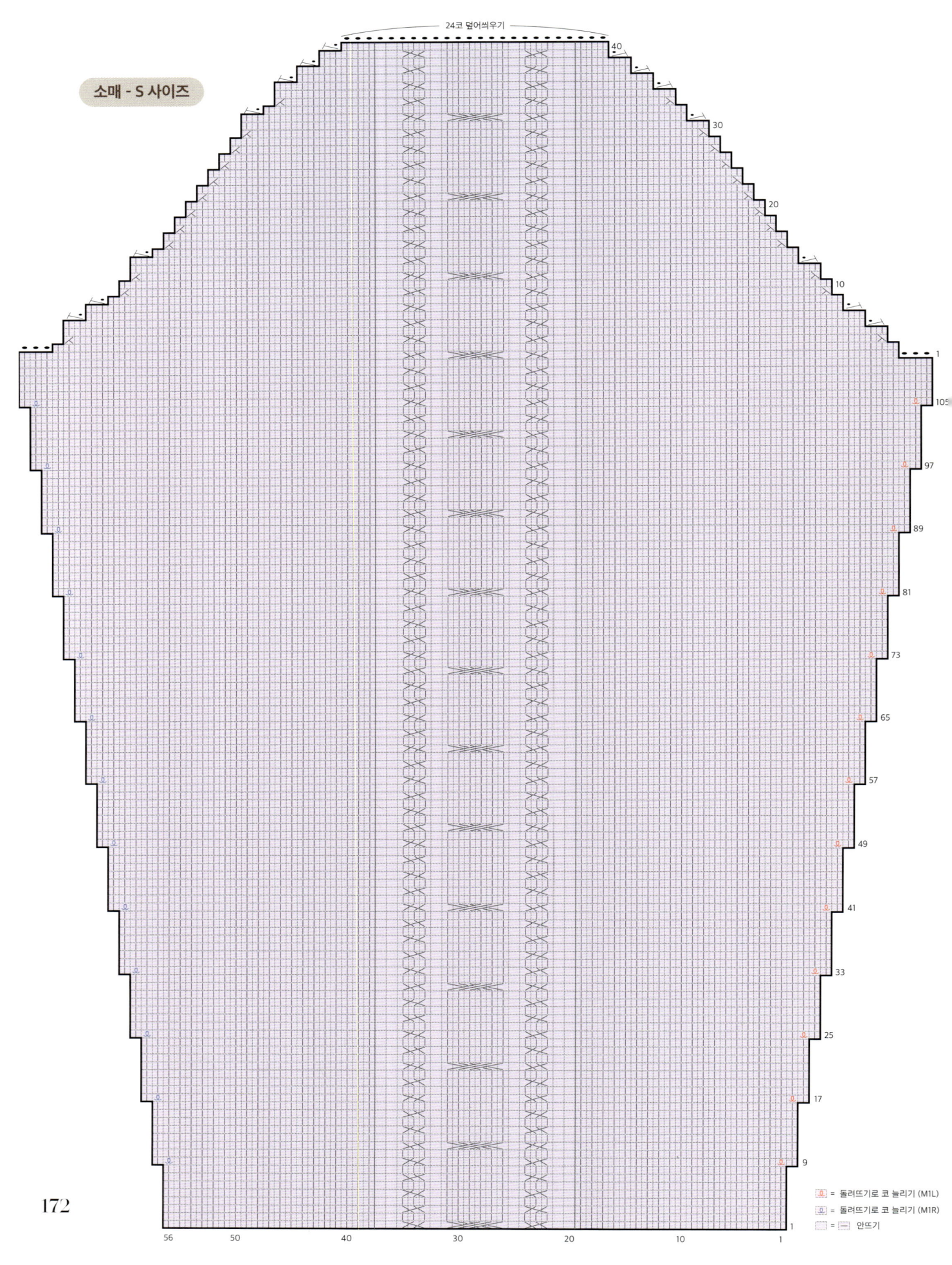

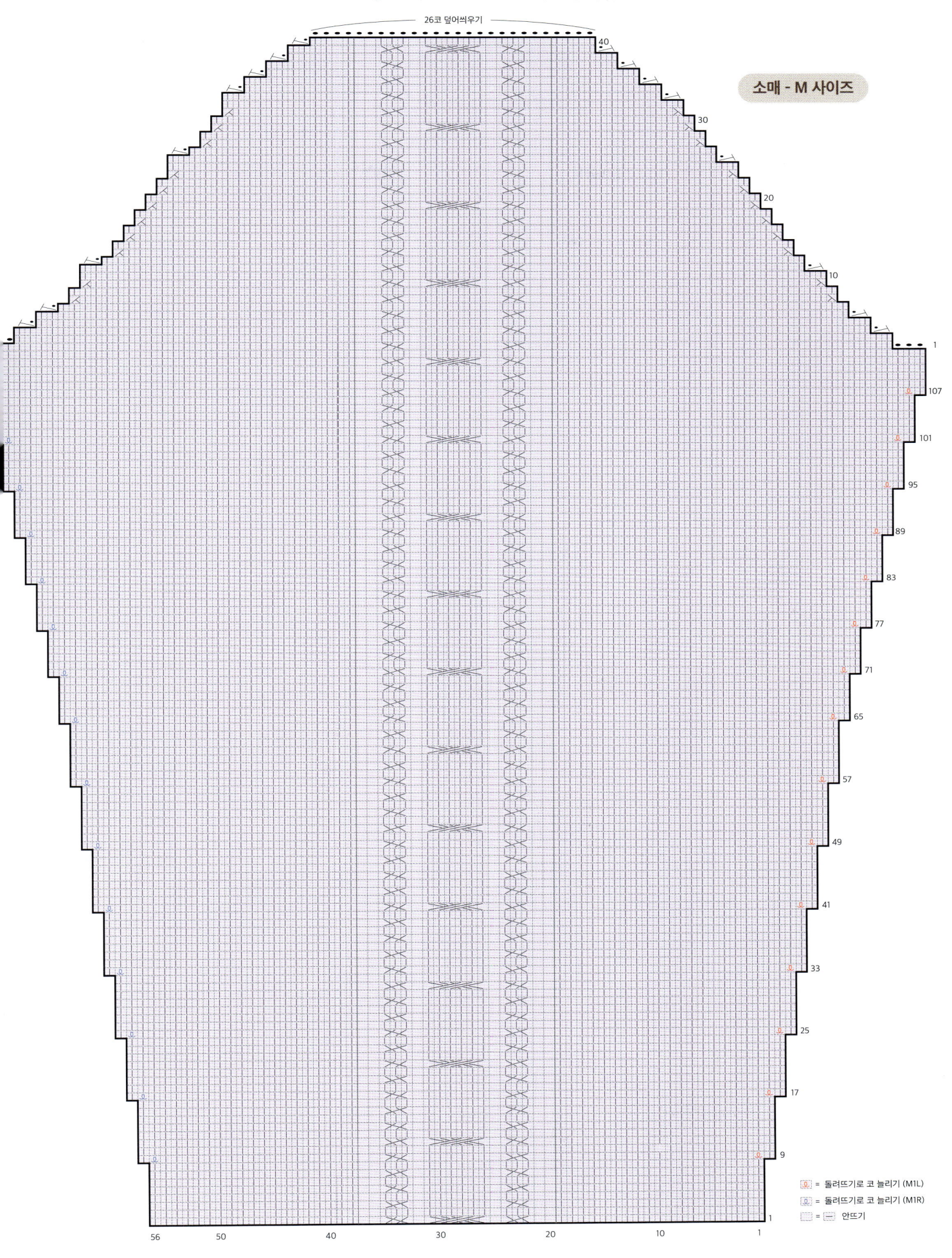

Lace Raglan Cardigan

레이스 래글런 카디건

레이스 래글런 풀오버와 같은 무늬의 카디건입니다.
소매 진행 방식과 래글런 선을 연결하는 방법은 풀오버와 같습니다.
더블니팅으로 기성복 같은 버튼밴드를 만들어 보세요.
카디건이지만 단추를 다 잠궈서 풀오버처럼 입어도 좋아요.

실
카마로즈 미드넷솔(9510)
S 10볼 M 11볼
(실 두 가닥을 함께 잡고 뜬다)

바늘
3.5mm, 4mm, 4.5mm 대바늘, 모사용 코바늘 7호

게이지
무늬 A 15코(7.5cm)×26단(10cm)
무늬 B 9코(4cm)×26단(10cm)

사이즈
S 가슴 단면 52cm
   총장 52cm
   소매 64cm
M 가슴 단면 54cm
   총장 54cm
   소매 66cm

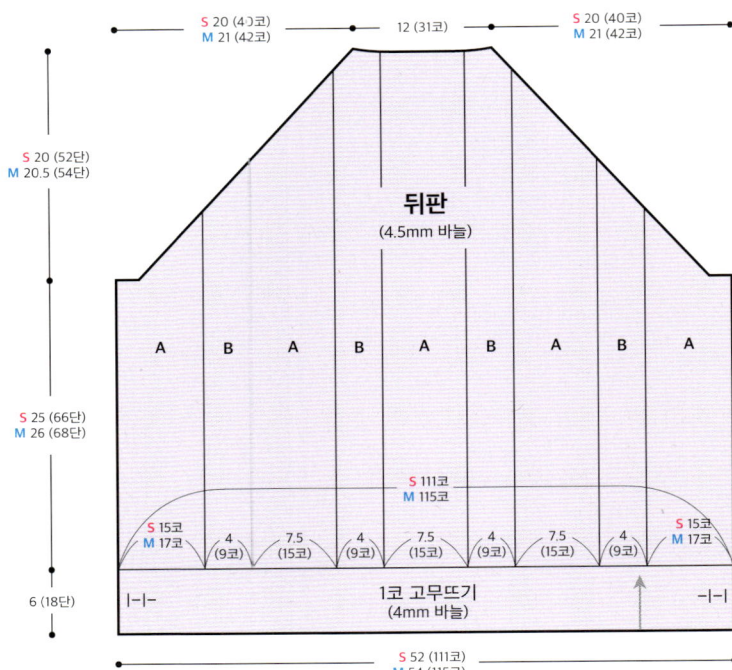

뒤판

밑단(평면뜨기)
4mm 대바늘로 111(115)코를 잡는다. 겉면 기준으로 겉뜨기 1코로 시작해서 겉뜨기 1코로 끝나는 1코 고무뜨기 18단을 뜬다.

몸판(평면뜨기)
※ 겉 = 겉뜨기 / 안 = 안뜨기

4.5mm 대바늘로 바꾸고 무늬뜨기 기호도를 참고해 몸판을 56(68)단 뜬다.

S 겉면(홀수 단) 무늬 A - '무늬 B, 무늬 A' x 4회

  안면(짝수 단) 무늬 A - '무늬 B, 무늬 A' x 4회

M 겉면(홀수 단) 겉 1코 - 안 1코 - 무늬 A - '무늬 B, 무늬 A' x 4회 - 안 1코 - 겉 1코

  안면(짝수 단) 안 1코 - 겉 1코 - 무늬 A - '무늬 B, 무늬 A' x 4회 - 겉 1코 - 안 1코

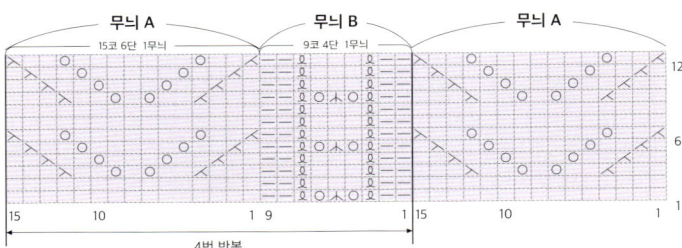

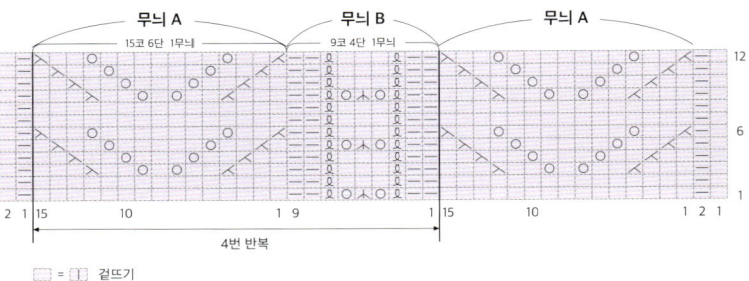

래글런 코 줄이기(S, 평면뜨기)

1단(겉면) 5코를 겉뜨기로 덮어씌워서 코를 막는다. 나머지 코들은 차트대로 진행한다.

2단(안면) 5코를 안뜨기로 덮어씌워서 코를 막는다. 나머지 코들은 차트대로 진행한다.

3~52단 양 끝의 7코는 래글런 선 부분의 장식 패턴으로 코줄임 없이 쭉 진행한다. 나머지 가운데 코들은 차트대로 코줄임을 한다.

52단까지 뜬 후, 남은 31코는 겉면에서 겉뜨기로 덮어씌워서 코막음한다.

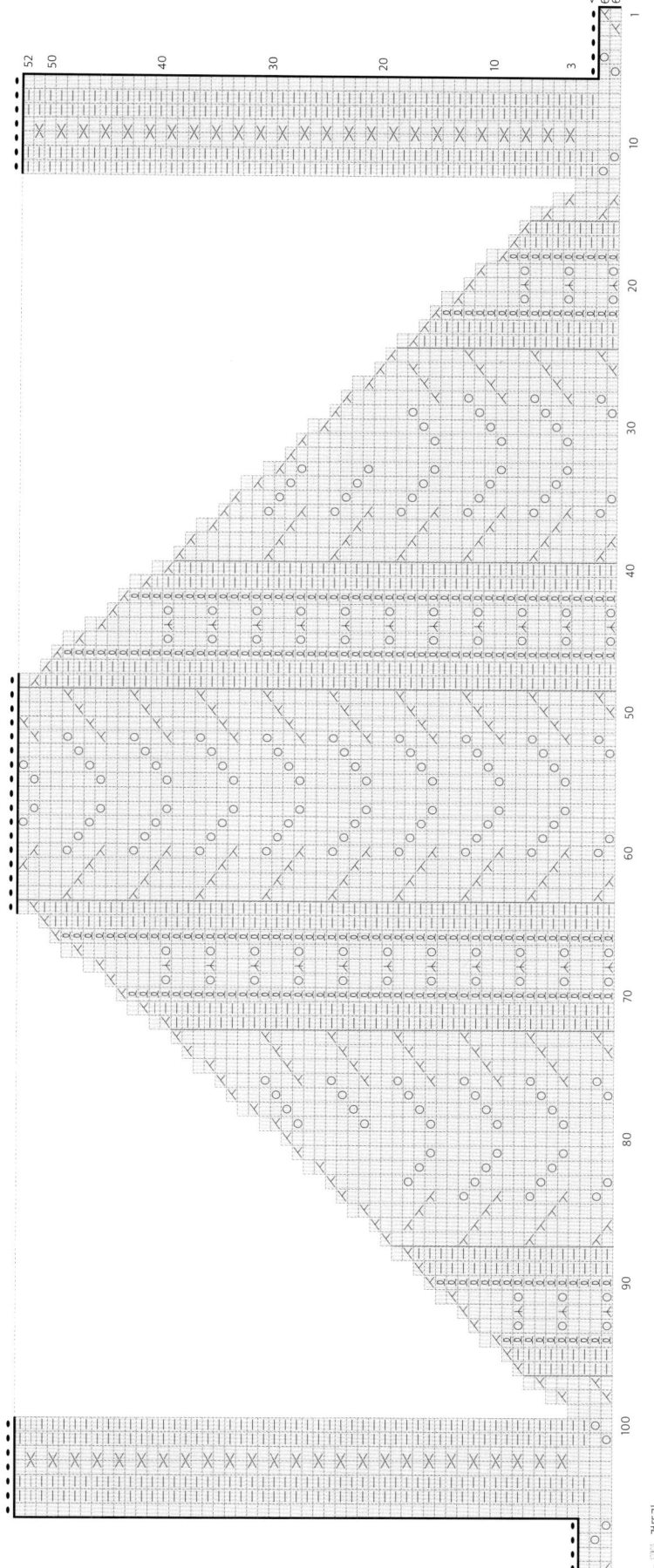

래글런 코 줄이기(M, 평면뜨기)

1단(겉면) 5코를 겉뜨기로 덮어씌워서 코를 막는다. 나머지 코들은 차트대로 진행한다.

2단(안면) 5코를 안뜨기로 덮어씌워서 코를 막는다. 나머지 코들은 차트대로 진행한다.

3~54단 양 끝의 7코는 래글런 선 부분의 장식 패턴으로 코줄임 없이 쭉 진행한다. 나머지 가운데 코들은 차트대로 코줄임을 한다.

54단까지 뜬 후, 남은 31코는 겉면에서 겉뜨기로 덮어씌워서 코막음한다.

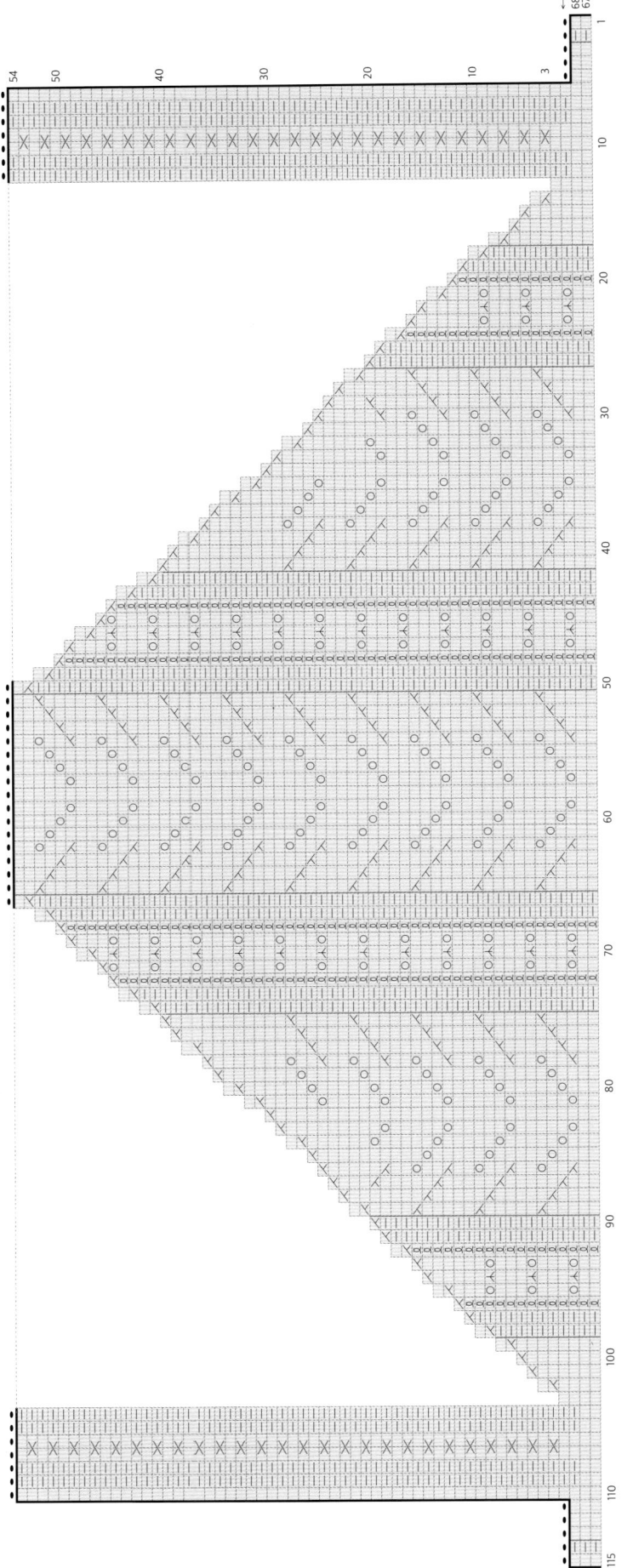

오른쪽 앞판

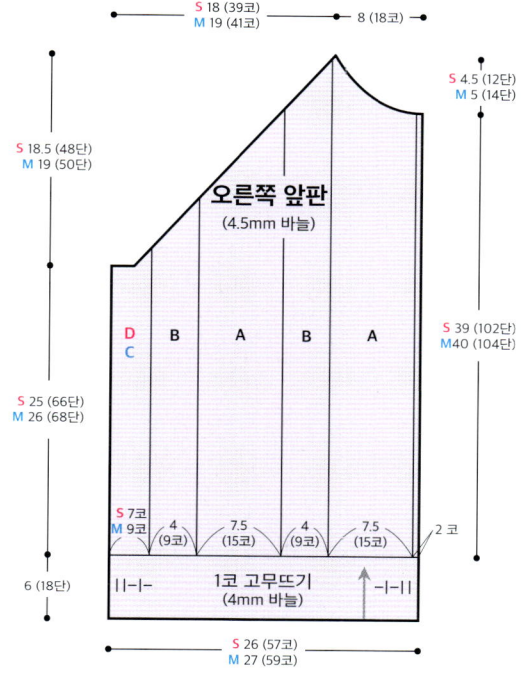

밑단(평면뜨기)

4mm 대바늘로 57(59)코를 잡는다. 겉면 기준으로 겉뜨기 2코로 시작해서 겉뜨기 2코로 끝나는 1코 고무뜨기 18단을 뜬다.

몸판(평면뜨기)

※ 겉 = 겉뜨기 / 안 = 안뜨기

4.5mm 대바늘로 바꾸고 무늬뜨기 기호도를 참고해 몸판을 66(68)단 뜬다.

S **겉면(홀수 단)** 겉 1코 - 안 1코 - '무늬 A, 무늬 B' x 2회 - 무늬 D

 안면(짝수 단) 무늬 D - '무늬 B, 무늬 A' x 2회 - 겉 1코 - 안 1코

M **겉면(홀수 단)** 겉 1코 - 안 1코 - '무늬 A, 무늬 B' x 2회 - 무늬 C

 안면(짝수 단) 무늬 C - '무늬 B, 무늬 A' x 2회 - 겉 1코 - 안 1코

사이즈 S

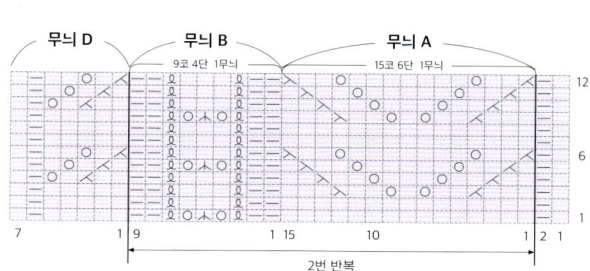

사이즈 M

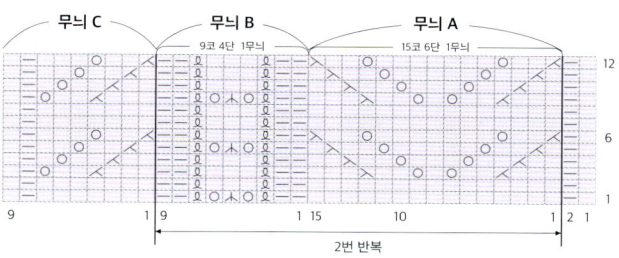

☐ = ☐ 겉뜨기

래글런 코 줄이기(평면뜨기)

1단(겉면) 차트대로 57(59)코를 뜬다.

2단(안면) 편물을 뒤집는다. 5코를 안뜨기로 덮어씌워서 코를 막는다. 나머지 코들을 차트대로 진행한다.

3~36단 왼쪽의 7코는 래글런 선 부분의 장식 패턴으로 코줄임 없이 쭉 진행한다. 나머지 코들은 차트대로 코줄임을 한다.

37단에서 5코를 코막음하고 앞목 파임을 진행한다.

43(45)단부터는 장식 패턴의 7코도 차트대로 코줄임을 한다. 48(50)단까지 뜬 후, 남은 2코를 겉면에서 겉뜨기로 덮어씌워서 코막음한다.

사이즈 S

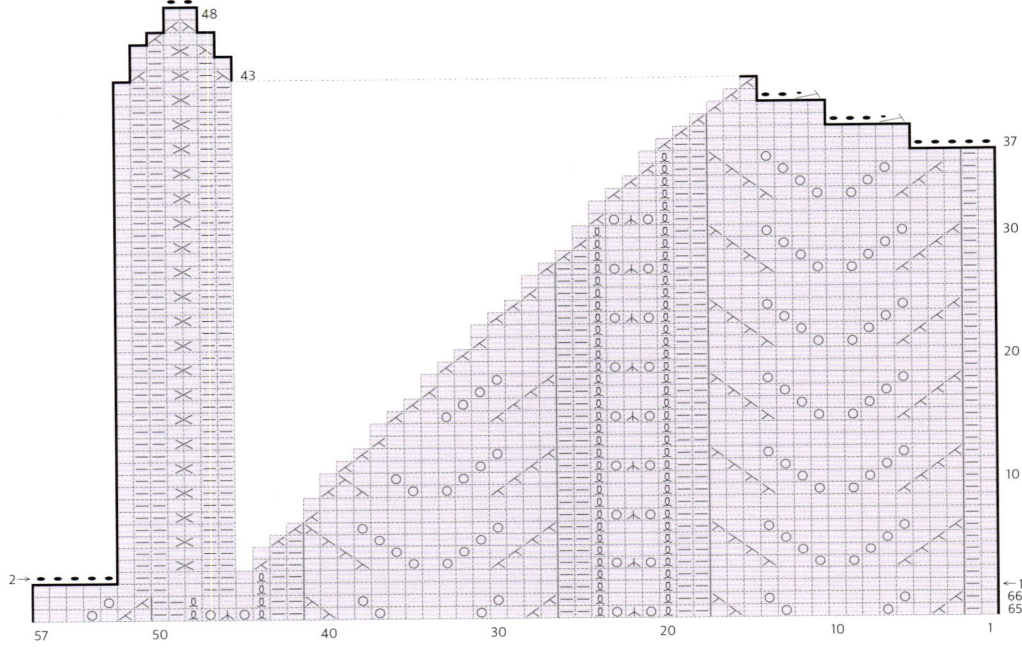

사이즈 M

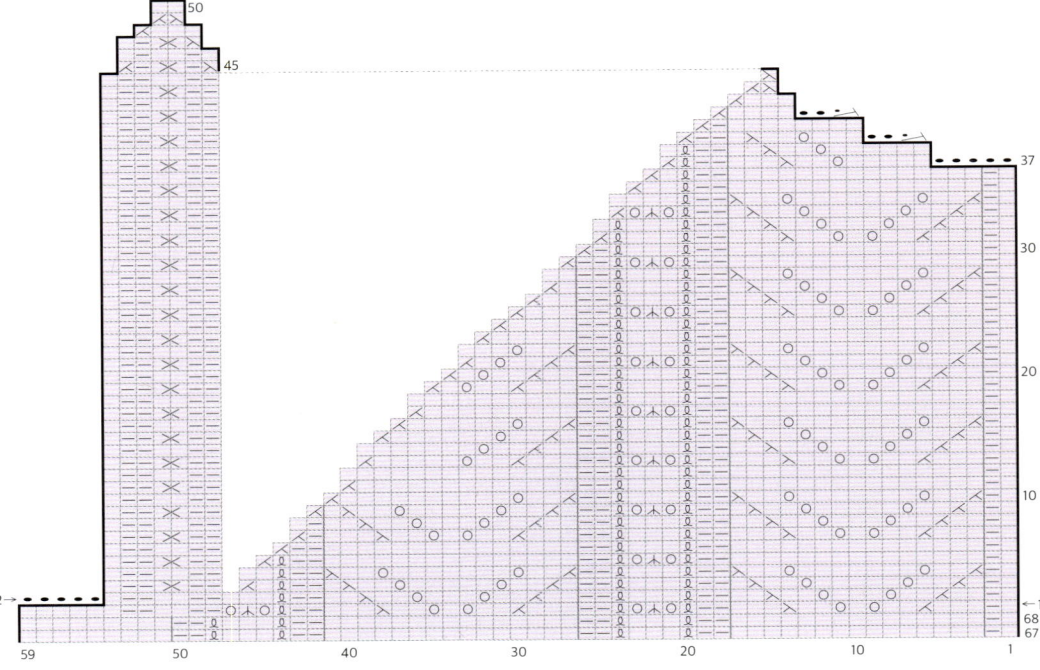

왼쪽 앞판

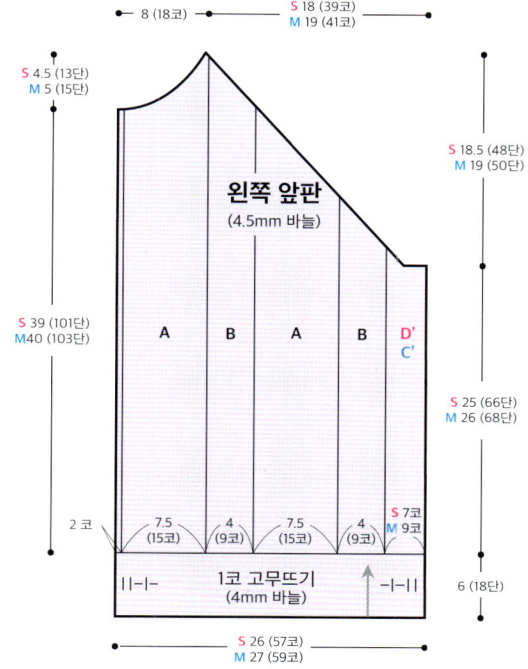

밑단(평면뜨기)

4mm 대바늘로 57(59)코를 잡는다. 겉면 기준으로 겉뜨기 2코로 시작해서 겉뜨기 2코로 끝나는 1코 고무뜨기 18단을 뜬다.

몸판(평면뜨기)

※ 겉 = 겉뜨기 / 안 = 안뜨기

4.5mm 대바늘로 바꾸고 무늬뜨기 기호도를 참고해 몸판을 66(68)단 뜬다.

S 겉면(홀수 단) 무늬 D' - '무늬 B, 무늬 A' x 2회 - 안 1코 - 겉 1코

안면(짝수 단) 안 1코 - 겉 1코 - '무늬 A, 무늬 B' x 2회 - 무늬 D'

M 겉면(홀수 단) 무늬 C' - '무늬 B, 무늬 A' x 2회 - 안 1코 - 겉 1코

안면(짝수 단) 안 1코 - 겉 1코 - '무늬 A, 무늬 B' x 2회 - 무늬 C'

사이즈 S

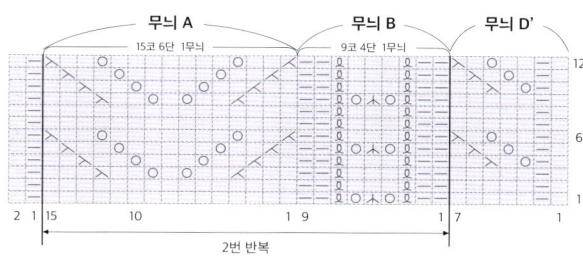

사이즈 M

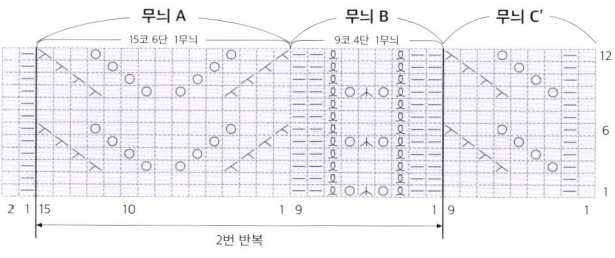

래글런 코 줄이기(평면뜨기)

1단(겉면) 5코를 겉뜨기로 덮어씌워서 코를 막는다. 나머지 코들을 차트대로 진행한다.

2단(안면) 편물을 뒤집는다. 차트대로 진행한다.

3~35단 오른쪽의 7코는 래글런 선 부분의 장식 패턴으로 코줄임 없이 쭉 진행한다. 나머지 코들은 차트대로 코줄임을 한다.

36단에서 5코를 막으면서 앞목 파임을 진행한다.

43(45)단부터는 장식 패턴의 7코도 차트대로 코줄임을 한다. 48(50)단까지 뜬 후, 남은 2코를 겉면에서 겉뜨기로 덮어씌워서 코막음한다.

사이즈 S

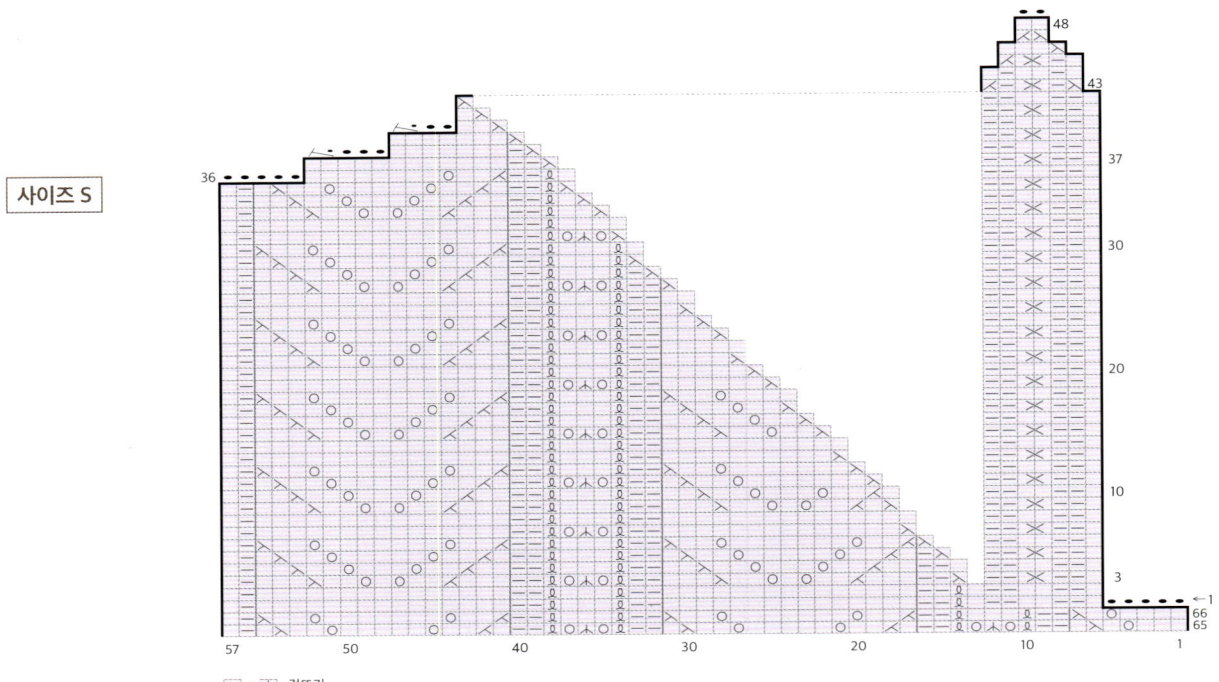

사이즈 M

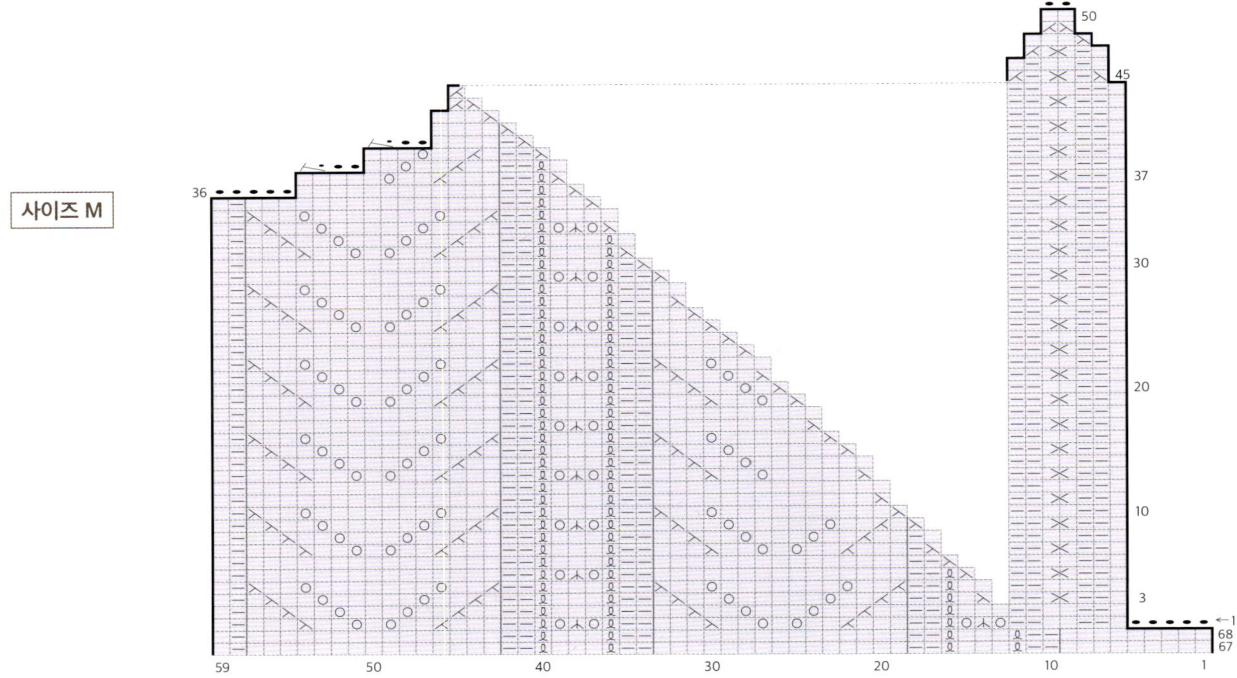

소매

소매(평면뜨기)

※ 겉 = 겉뜨기 / 안 = 안뜨기

모사용 코바늘 7호로 별도 사슬코를 76(80)코 만든다. 이때 사슬코 분량에는 여유분이 포함되어 있다. 4.5mm 대바늘로 사슬에서 71(75)코를 줍는다. 무늬뜨기 기호도를 참고해 소매 94(98)단을 뜬다.

- **S** 겉면(홀수 단) 겉 2코 - 안 2코 - 무늬 A - '무늬 B, 무늬 A' x 2회 - 안 2코 - 겉 2코

  안면(짝수 단) 안 2코 - 겉 2코 - 무늬 A - '무늬 B, 무늬 A' x 2회 - 겉 2코 - 안 2코

- **M** 겉면(홀수 단) 겉 4코 - 안 2코 - 무늬 A - '무늬 B, 무늬 A' x 2회 - 안 2코 - 겉 4코

  안면(짝수 단) 안 4코 - 겉 2코 - 무늬 A - '무늬 B, 무늬 A' x 2회 - 겉 2코 - 안 4코

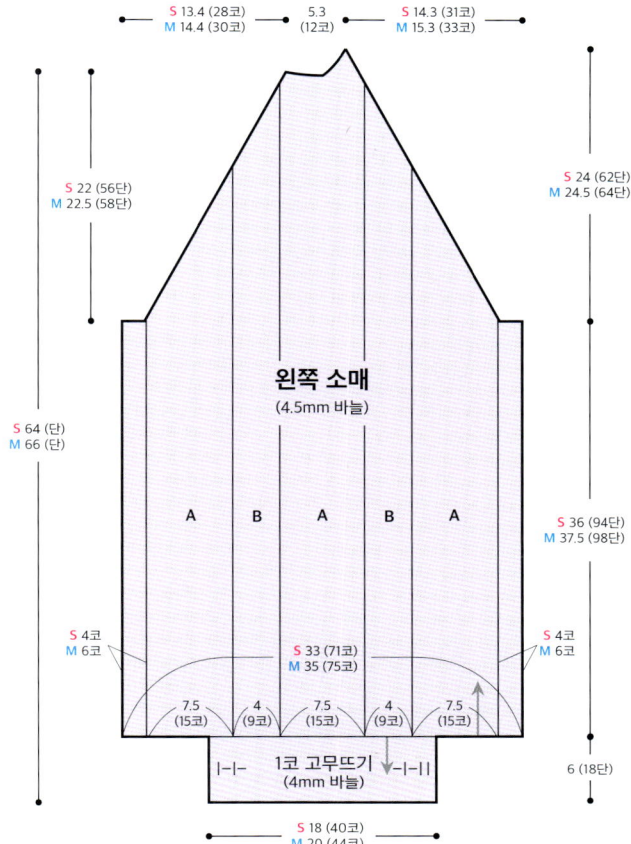

TIP
무늬 B : 몸판과 달리 1단은 코를 주운 단이라서 바늘 비우기를 넣을 수 없기 때문에 무늬가 3단부터 시작됩니다.

사이즈 S

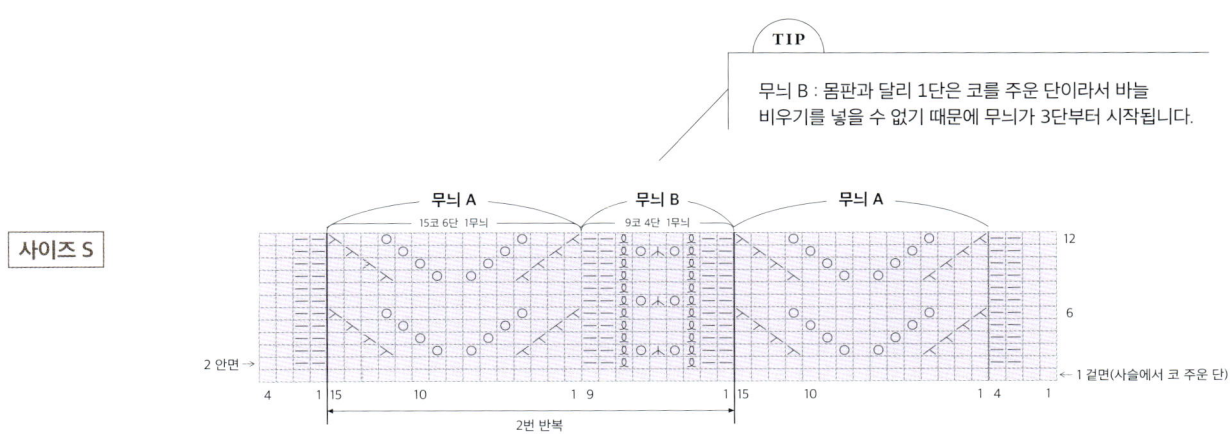

사이즈 M

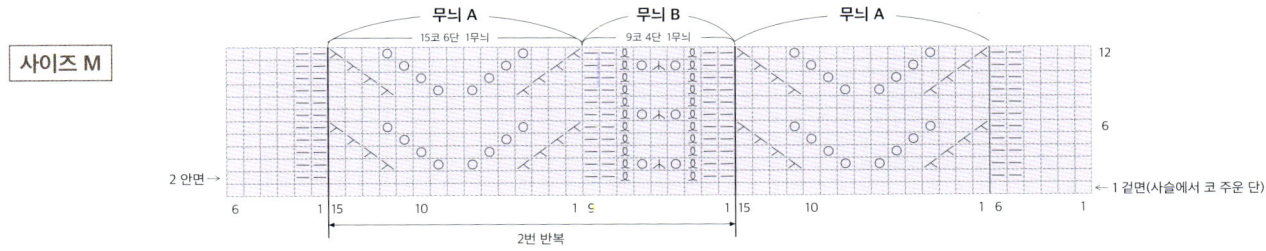

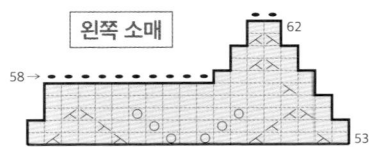

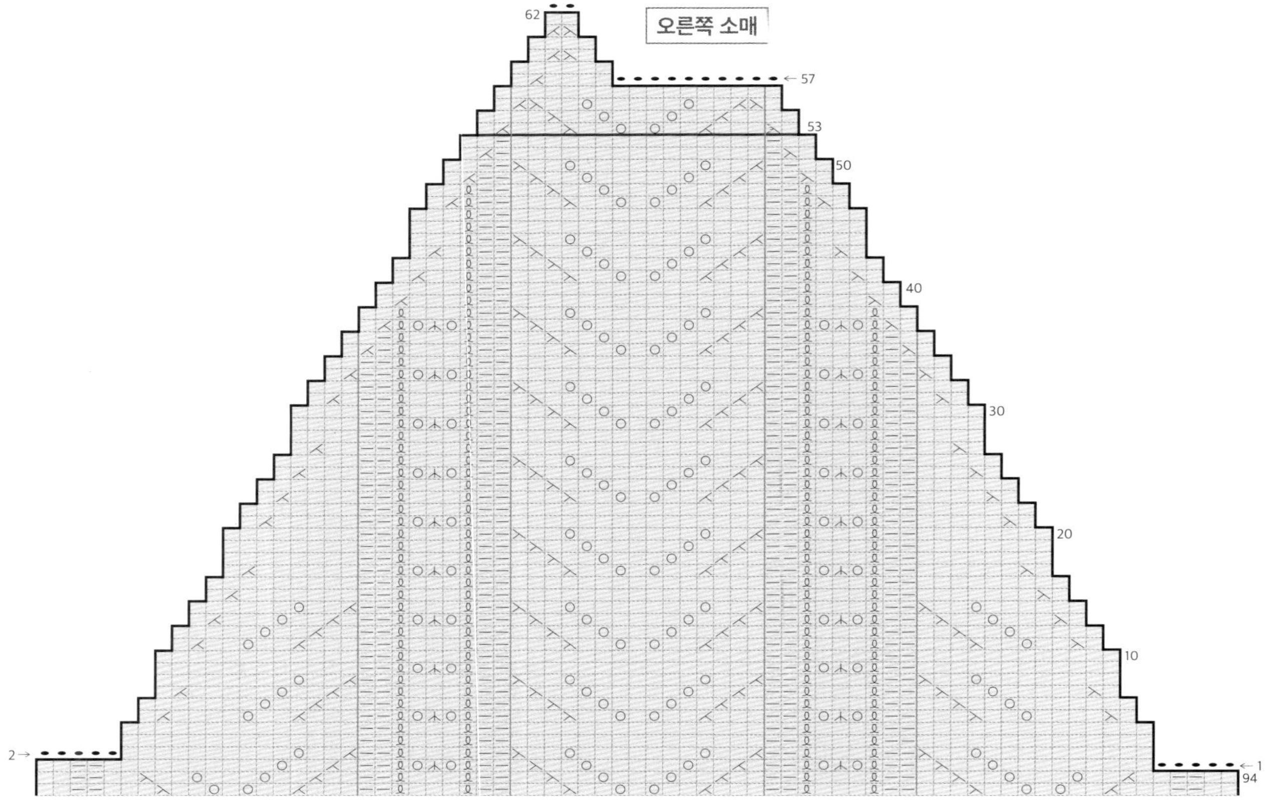

= 겉뜨기

소매 래글런(S, 평면뜨기)

소매를 94단까지 뜨고 소매 래글런 코줄임을 시작한다.

오른쪽 소매
차트대로 코줄임을 하며 소매산을 56단 뜬다. 57단에서 10코를 겉뜨기로 덮어씌워 코막음한다. 차트대로 62단까지 뜨고 남은 2코를 겉뜨기로 덮어씌워서 코막음한다.

왼쪽 소매
52단까지는 오른쪽 소매와 동일하게 뜨고 53단부터는 왼쪽 소매 도안을 따라 뜬다. 58단에서 10코를 안뜨기로 덮어씌워 코막음한다. 차트대로 62단까지 뜨고 남은 2코를 겉뜨기로 덮어씌워서 코막음한다.

소매 끝단(S, 평면뜨기, 오른쪽, 왼쪽 공통)

※ 겉 = 겉뜨기 / 안 = 안뜨기

편물의 안면이 보이도록 한다. 소매 첫 코의 별도 사슬코부터 1코씩 풀어내며 코들을 4mm 대바늘에 옮긴다. 편물을 뒤집는다.

1단(겉면) 겉 4코 - 왼코 겹치기 x 31회 - 겉 5코 (총 40코)

2단(안면) 안 2코 - '겉 1코, 안 1코'를 끝까지 반복

3단 '겉 1코, 안 1코'를 2코 남을 때까지 반복 - 겉 2코

4단 안 2코 - '겉 1코, 안 1코'를 끝까지 반복

3~4단을 반복해서 끝단을 18단(6cm) 혹은 원하는 길이만큼 뜨고 돗바늘로 마무리한다.

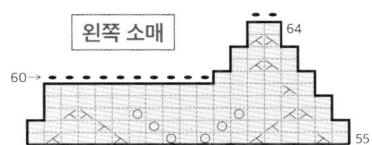

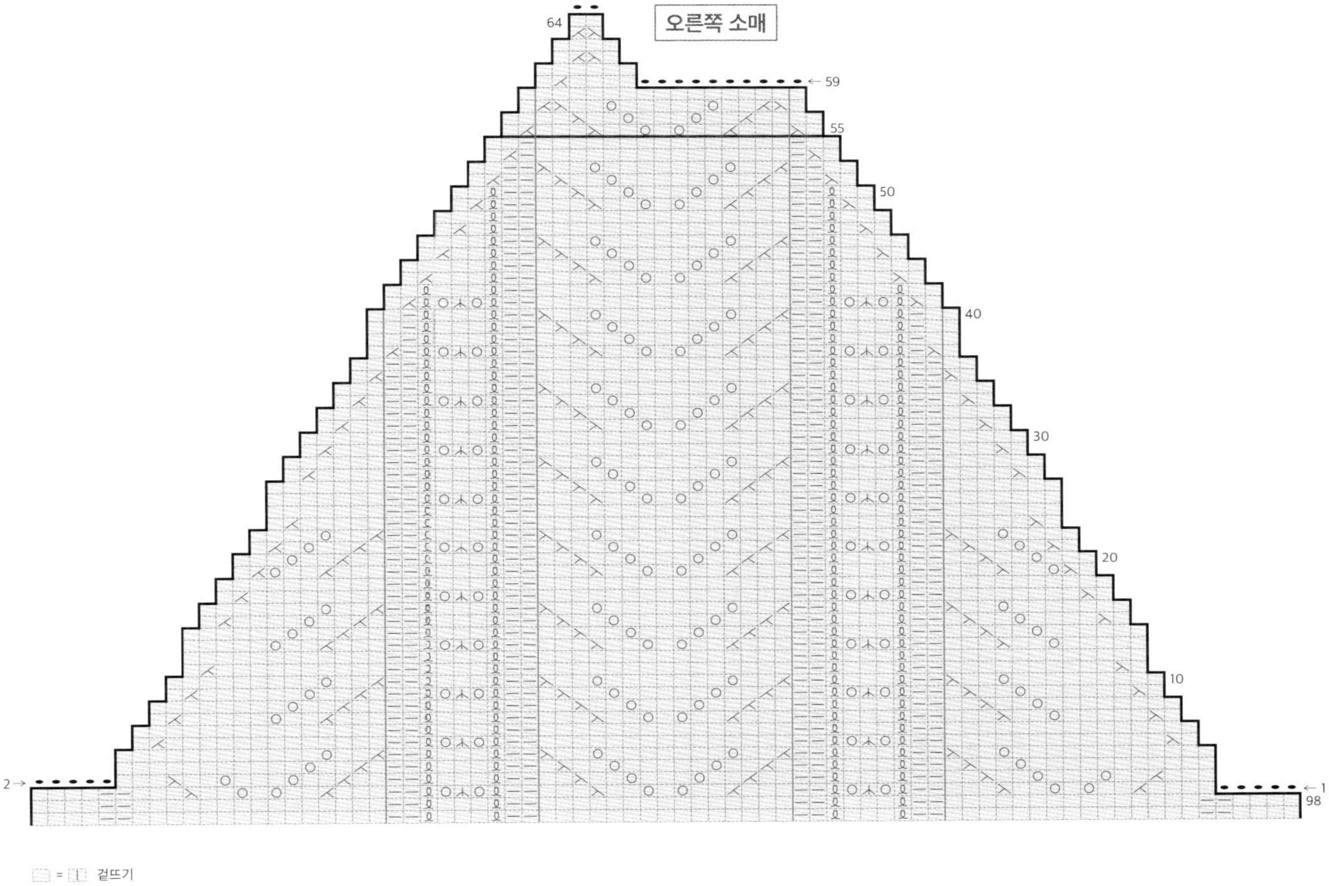

소매 래글런(M, 평면뜨기)

소매를 98단까지 뜨고 소매 래글런 코줄임을 시작한다.

오른쪽 소매
차트대로 코줄임을 하며 소매산을 58단 뜬다. 59단에서 10코를 겉뜨기로 덮어씌워 코막음한다. 차트대로 64단까지 뜨고 남은 2코를 겉뜨기로 덮어씌워서 코막음한다.

왼쪽 소매
54단까지는 오른쪽 소매와 동일하게 뜨고 55단부터는 왼쪽 소매 도안을 따라 뜬다. 60단에서 10코를 안뜨기로 덮어씌워 코막음한다. 차트대로 64단까지 뜨고 남은 2코를 겉뜨기로 덮어씌워서 코막음한다.

소매 끝단(M, 평면뜨기, 오른쪽, 왼쪽 공통)

※ 겉 = 겉뜨기 / 안 = 안뜨기

편물의 안면이 보이도록 한다. 소매 첫 코의 별도 사슬코부터 1코씩 풀어내며 코들을 4mm 대바늘에 옮긴다. 편물을 뒤집는다.

1단(겉면) 겉 7코 - 왼코 겹치기 x 31회 - 겉 6코 (총 44코)

2단(안면) 안 2코, - '겉 1코, 안 1코'를 끝까지 반복

3단 '겉 1코, 안 1코'를 2코 남을 때까지 반복 - 겉 2코

4단 안 2코, - '겉 1코, 안 1코'를 끝까지 반복

3~4단을 반복해서 끝단을 18단(6cm) 혹은 원하는 길이만큼 뜨고 돗바늘로 마무리한다.

몸판, 소매 연결하기

래글런 연결

몸판과 소매의 래글런 선을 돗바늘로 연결한다. 이때 왼쪽 소매와 오른쪽 소매를 잘 구분해서 몸판에 단다. 그림처럼 같은 색상으로 표시된 부분끼리 연결한다.

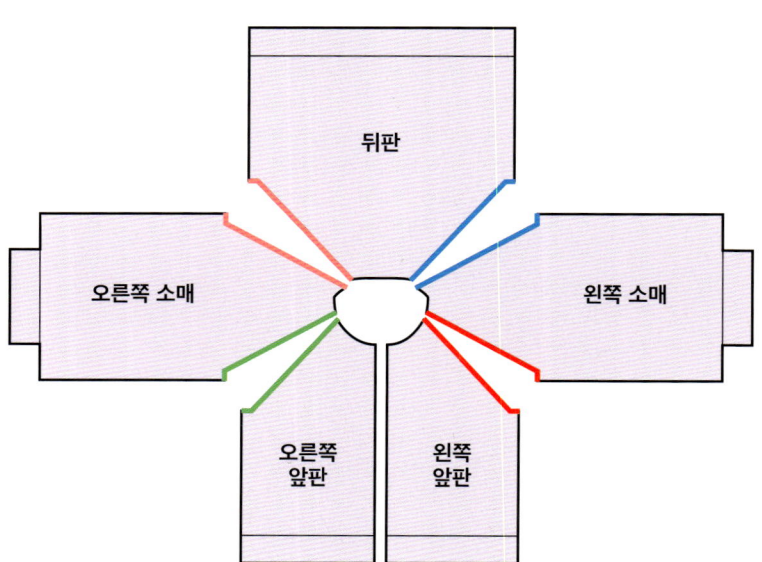

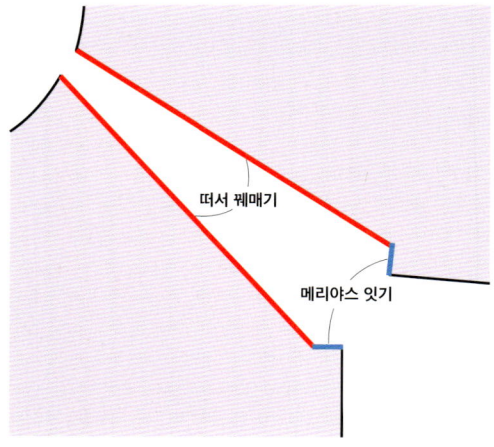

사선으로 된 래글런 부분은 '떠서 꿰매기' 방법으로, 직선으로 된 언더암 부분은 '코와 코 잇기' 방법으로 연결한다.

옆선 연결

래글런을 연결한 후, 앞판과 뒤판의 옆선을 '떠서 꿰매기' 방법으로 연결한다. 각 소매의 옆선도 같은 방법으로 연결한다.

넥밴드

편물의 겉면이 보이도록 한다. 오른쪽 앞판부터 4mm 대바늘로 오른쪽 소매의 중심까지 24(26)코, 오른쪽 소매의 나머지 절반과 뒷목 둘레, 왼쪽 소매의 중심까지 37코, 왼쪽 소매의 나머지 절반과 왼쪽 앞판에서 24(26)코를 주워서 총 85(89)코를 줍는다. 겉면 기준으로 겉뜨기 2코로 시작해서 겉뜨기 2코로 끝나는 1코 고무뜨기 고무단 8단을 뜨고 돗바늘로 마무리한다.

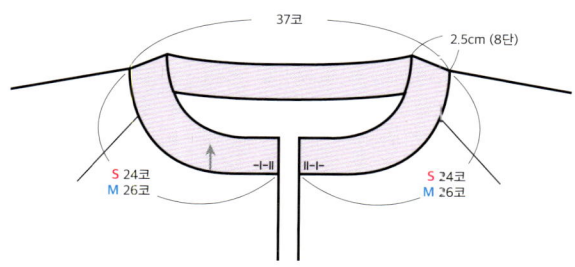

더블니팅 버튼밴드

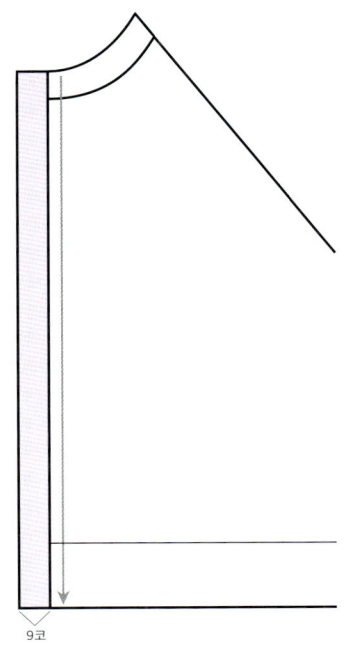

왼쪽 앞판 버튼밴드

왼쪽 앞판의 겉면에서 새 실을 걸고 넥밴드~허리 고무단 방향으로 3.5mm 대바늘로 코를 줍는다. 코를 모두 줍고 실을 자른다.

[S] 매 6단에서 5코씩 줍는다('5단은 단마다 1코를 줍고 1단 건너뛰기' x 7회). 다음 매 7단에서 6코씩 줍는다('6단은 단마다 1코를 줍고 1단 건너뛰기' x 11회). 7코를 더 주워 총 108코를 줍는다.

[M] 매 6단에서 5코씩 줍는다('5단은 단마다 1코를 줍고 1단 건너뛰기' x 5회). 다음 매 7단에서 6코씩 줍는다('6단은 단마다 1코를 줍고 1단 건너뛰기' x 13회). 7코를 더 주워 총 110코를 줍는다.

넥밴드쪽 바늘에 새로 실을 걸어서 흔들코로 9코(안, 겉, 안, 겉, 안, 겉, 안, 겉, 안)를 만들고 편물을 뒤집어 왼쪽 더블니팅을 진행한다.

왼쪽 더블니팅

※ 걸쳐 안뜨기 : 실을 바늘 앞에 둔 상태에서 바늘을 안뜨기 방향으로 넣어서 걸러뜬다

겉면 '겉뜨기, 걸쳐 안뜨기' x 4회, 마지막 코는 몸판의 코와 함께 돌려뜨기한다.

안면 '걸쳐 안뜨기, 겉뜨기' x 4회, 걸쳐 안뜨기

더블니팅은 겉면, 안면 한 세트가 한 단이 된다. 버튼밴드를 107(109)단 뜨고 마지막 단은 돗바늘로 마무리한다. 단춧구멍 간격에 맞춰서 지름 15mm 단추를 6개 단다.

더블니팅 버튼밴드

오른쪽 앞판 버튼밴드

오른쪽 앞판의 겉면에서 새 실을 걸고 허리 고무단~넥밴드 방향으로 3.5mm 대바늘로 코를 줍는다. 코를 모두 줍고 실을 자른다.

[S] 매 6단에서 5코씩 줍는다('5단은 단마다 1코를 줍고 1단 건너뛰기' x 13회). 다음 매 7단에서 6코씩 줍는다('6단은 단마다 1코를 줍고 1단 건너뛰기' x 6회). 7코를 더 주워 총 108코를 줍는다.

[M] 매 6단에서 5코씩 줍는다('5단은 단마다 1코를 줍고 1단 건너뛰기' x 11회). 다음 매 7단에서 6코씩 줍는다('6단은 단마다 1코를 줍고 1단 건너뛰기' x 8회). 7코를 더 주워 총 110코를 줍는다.

허리 고무단쪽 바늘에 새로 실을 걸어서 흔들코로 9코(안, 겉, 안, 겉, 안, 겉, 안, 겉, 안)를 만들고 편물을 뒤집어 오른쪽 더블니팅을 진행한다.

오른쪽 더블니팅

※ 걸쳐 안뜨기 : 실을 바늘 앞에 둔 상태에서 바늘을 안뜨기 방향으로 넣어서 걸러뜬다

겉면 '겉뜨기, 걸쳐 안뜨기' x 4회, 마지막 코는 몸판의 코와 함께 돌려뜨기한다.

안면 '걸쳐 안뜨기, 겉뜨기' x 4회, 걸쳐 안뜨기

더블니팅은 겉면, 안면 한 세트가 한 단이 된다. 버튼밴드를 6단 뜨고 영상을 참고해 간격을 맞춰 단춧구멍을 만든다. 마지막 단춧구멍을 만들고 3단을 더 뜬 후, 마지막 단은 돗바늘로 마무리한다.

더블니팅 버튼밴드
단춧구멍

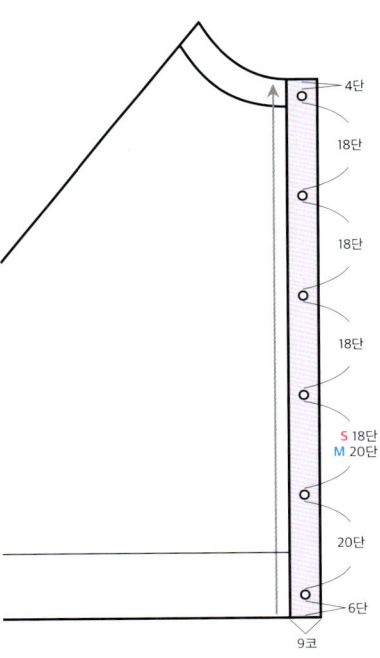

SMALL

04
소품

THINGS

Lace Neck Collar

레이스 넥칼라

요크 풀오버와 같은 무늬를 사용한 넥칼라입니다.
레이스무늬와 버블로 포인트를 주었어요.
목둘레부터 시작해서 아래로 떠 내려가는 방식으로
평면뜨기합니다.
심심한 디자인의 옷에 착용해 로맨틱한 무드를 더해 보세요.

실
로완 알파카 소프트 DK (221) 1볼

바늘
4mm 대바늘, 모사용 코바늘 4호

게이지
요크무늬(A, B) 바깥 둘레
26코(12cm)x32단(10.5cm)

완성치수
목둘레 42cm
폭 10.5cm

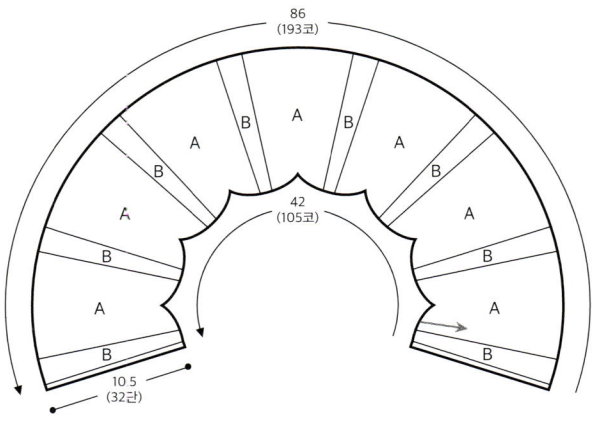

1. 4mm 대바늘로 '일반 코잡기' 방법을 사용하여 105코를 잡는다. 코를 잡은 단이 1단이 된다.
   2단부터 매 단의 첫 코는 안뜨기 방향(실을 바늘 뒤에 둔 상태)으로 걸러뜬다.

2. **안면(짝수 단)** 첫 코 걸러뜨기 - 겉뜨기 1코 - 무늬 B - 무늬 A - '무늬 B, 무늬 A' x 6회 - 무늬 B - 겉뜨기 2코
   겉면(홀수 단) 첫 코 걸러뜨기 - 안뜨기 1코 - 무늬 B - '무늬 A, 무늬 B' x 6회 - 무늬 A - 무늬 B - 안뜨기 2코
   차트대로 코늘림을 하면서 32단까지 뜨고 겉면에서 겉뜨기로 덮어씌워 마무리한다.
   ※ 무늬 A는 코늘림이 안면에서 진행되므로 실제로 뜰 때는 기호와 반대로 뜬다. (M1L은 M1Lp로, M1R은 M1Rp로 뜬다)

3. 코바늘로 사슬 6코를 뜨고 사슬 첫 코에 빼뜨기해 고리 모양을 만든다.

4. 단추를 단다.

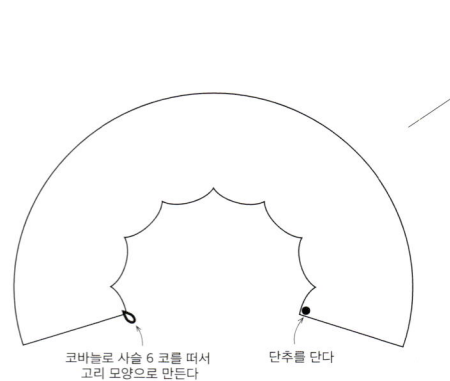

TIP 사용할 단추가 빡빡하게 통과할 수 있는 정도에 맞춰 사슬코의 갯수는 조절해 주세요.

코바늘로 사슬 6 코를 떠서 고리 모양으로 만든다

단추를 단다

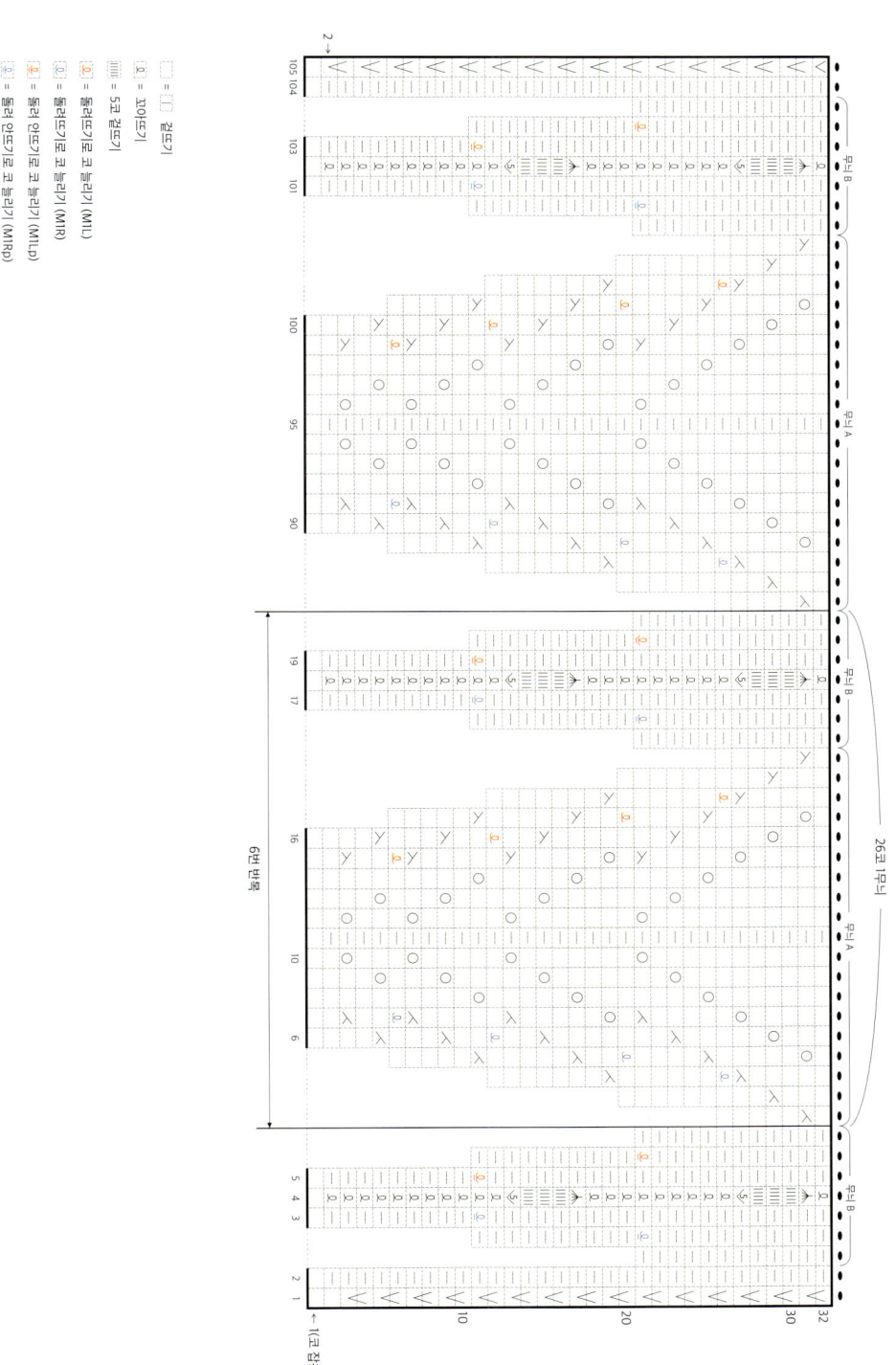

Cloud Hand Warmer

클라우드 핸드워머

장갑은 답답하고 손은 시려울 때 착용하기 좋은 핸드워머입니다.
손등에 케이블 무늬를 넣어 캐주얼한 느낌을 살렸습니다.
구름을 닮은 몽실한 하늘색 바탕에 흰색 배색을 넣어 귀여운 포인트를 줬어요.
무늬를 생략하고 싶다면 손등 콧수를 손바닥 콧수와 동일하게 16코로 뜨세요.

실
로완 키드 클래식 바탕 실(876) 2볼, 배색 실(828) 1볼

바늘
4.5mm, 5mm 대바늘

게이지
무늬 17코(7cm)×24단(10cm)
메리야스뜨기 18코×24단

완성치수
폭 8cm
길이 21cm

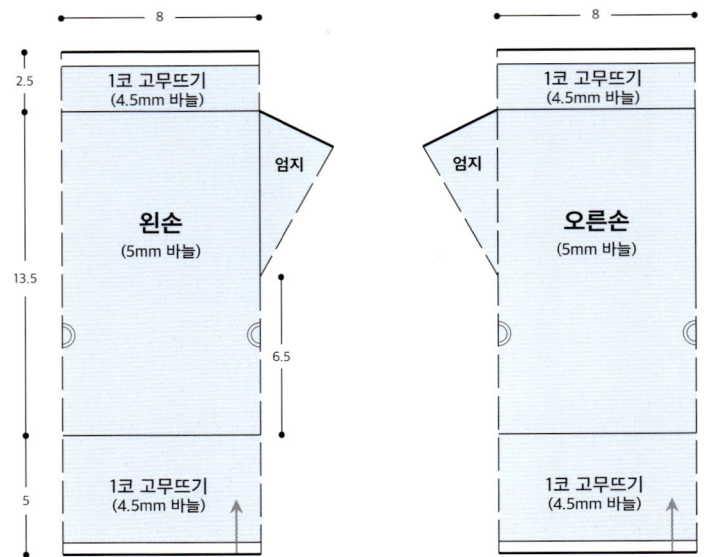

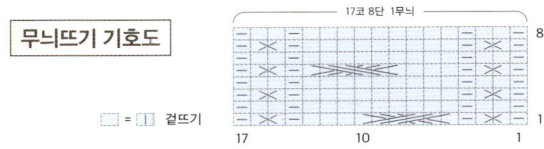

무늬뜨기 기호도

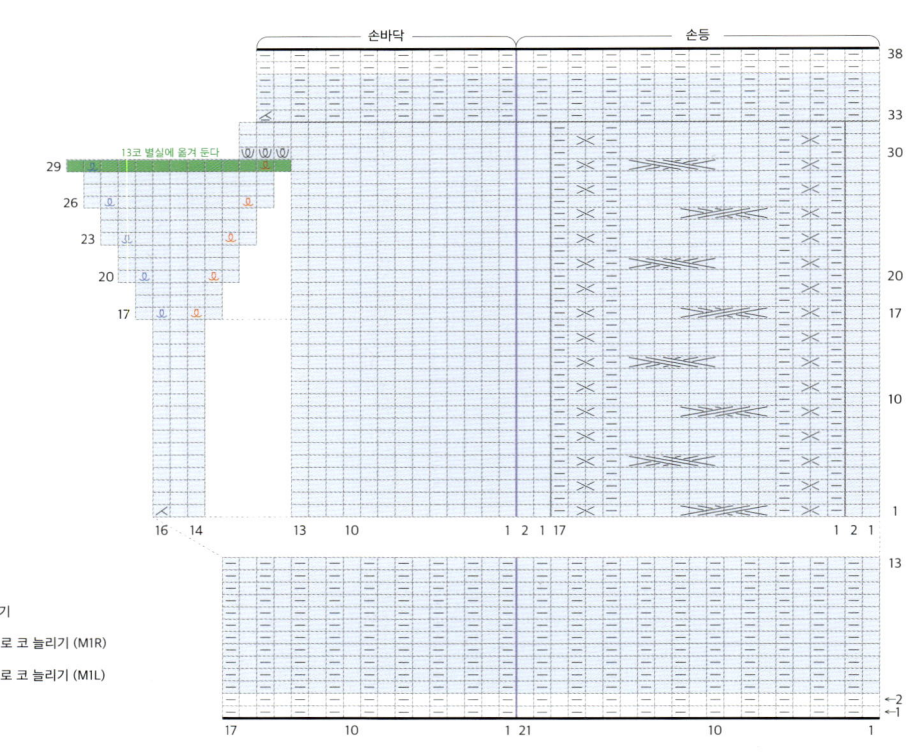

왼손

= 겉뜨기
= 돌려뜨기로 코 늘리기 (M1R)
= 돌려뜨기로 코 늘리기 (M1L)
= 감아코

밑단(원통뜨기)	1~2단	배색 실과 4.5mm 대바늘로 '별도 사슬로 만드는 1코 고무뜨기 기초코(원통뜨기)' 방법을 사용해 38코를 잡는다. 이는 고무뜨기 2단을 뜬 것과 같다.
	3~13단	시작 마커를 걸고 바탕 실로 1코 고무뜨기를 11단 뜬다.

손등, 손바닥(원통뜨기)

※ 겉 = 겉뜨기 / 안 = 안뜨기

(손등 → 손바닥 → 엄지손가락 코늘림 순서로 진행한다)

엄지손가락 뜨는 방법

1단	5mm 대바늘로 바꾼다. 겉 2 - 무늬뜨기 17코 - 겉 2코 - 겉 15코 - 왼코 겹치기 처음 21코는 손등, 나머지 16코는 손바닥이 된다.
2~16단	(손등) 겉 2코 - 무늬뜨기 17코 - 겉 2코 - (손바닥) 겉 16코
17단	(손등) 겉 2코 - 무늬뜨기 17코 - 겉 2코 - (손바닥) 시작 마커 3코 전까지 겉뜨기 - 겉 1코 - M1L - 겉 1코 - M1R - 겉 1코
18~19단	(손등) 겉 2코 - 무늬뜨기 17코 - 겉 2코 - (손바닥) 겉 18코
20단	(손등) 겉 2코 - 무늬뜨기 17코 - 겉 2코 - (손바닥) 시작 마커 5코 전까지 겉뜨기 - 겉 1코 - M1L - 겉 3코 - M1R - 겉 1코
21~22단	(손등) 겉 2코 - 무늬뜨기 17코 - 겉 2코 - (손바닥) 겉 20코
23단	(손등) 겉 2코 - 무늬뜨기 17코 - 겉 2코 - (손바닥) 시작 마커 7코 전까지 겉뜨기 - 겉 1코 - M1L - 겉 5코 - M1R - 겉 1코
24~25단	(손등) 겉 2코 - 무늬뜨기 17코 - 겉 2코 - (손바닥) 겉 22코
26단	(손등) 겉 2코 - 무늬뜨기 17코 - 겉 2코 - (손바닥) 시작 마커 9코 전까지 겉뜨기 - 겉 1코 - M1L - 겉 7코 - M1R - 겉 1코
27~28단	(손등) 겉 2코 - 무늬뜨기 17코 - 겉 2코 - (손바닥) 겉 24코
29단	(손등) 겉 2코 - 무늬뜨기 17코 - 겉 2코 - (손바닥) 시작 마커 11코 전까지 겉뜨기 - 겉 1코 - M1L - 겉 9코 - M1R - 겉 1코
30단	(손등) 겉 2코 - 무늬뜨기 17코 - 겉 2코 - (손바닥) 겉 13코 돗바늘에 별실을 걸어서 손바닥과 엄지손가락 시작 코 사이의 싱커 루프 ①, 엄지손가락 13코, 엄지손가락 마지막 코와 손등 사이의 싱커 루프 ②까지 총 15코를 별실에 옮긴다. 감아코로 3코를 만든다.
31~32단	(손등) 겉 2코 - 무늬뜨기 17코 - 겉 2코 - (손바닥) 겉 16코
33단	4.5mm 대바늘로 바꿔서 2코 남을 때까지 1코 고무뜨기 - 왼코 겹쳐 2코 모아 안뜨기
34~36단	1코 고무뜨기
37~38단	배색 실로 1코 고무뜨기한 후, 돗바늘로 마무리한다.

엄지손가락 마무리

별실에 옮긴 코들을 5mm 대바늘에 옮긴다. 새로 실을 걸어 감아코에서 V모양의 코의 ㄱ·운데에 바늘을 넣어서 코를 줍는다. 뜨는 방향이 달라져 코의 방향이 반대로 바뀌었기 때문에 양 끝에 반 코씩 늘어나 총 4코를 줍는다. 구멍이 생기는 것을 방지하기 위해 싱커 루프 ①코를 꼬아주고 엄지 첫 코와 '왼코 겹치기'로 함께 뜬다. 엄지의 마지막 코 전까지 겉뜨기로 뜬다. 엄지 마지막 코를 잠시 오른쪽 바늘에 옮긴다. 싱커 루프 ②코를 꼬아주고 엄지 마지막 코와 '오른코 겹치기'로 함께 뜬다. 엄지 손가락의 모든 코들을 겉뜨기로 덮어씌워서 코막음한다.

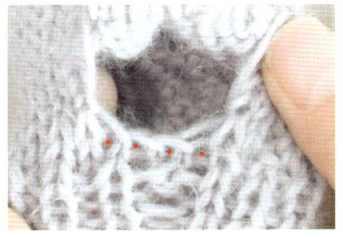

● = 코 줍는 위치

오른손

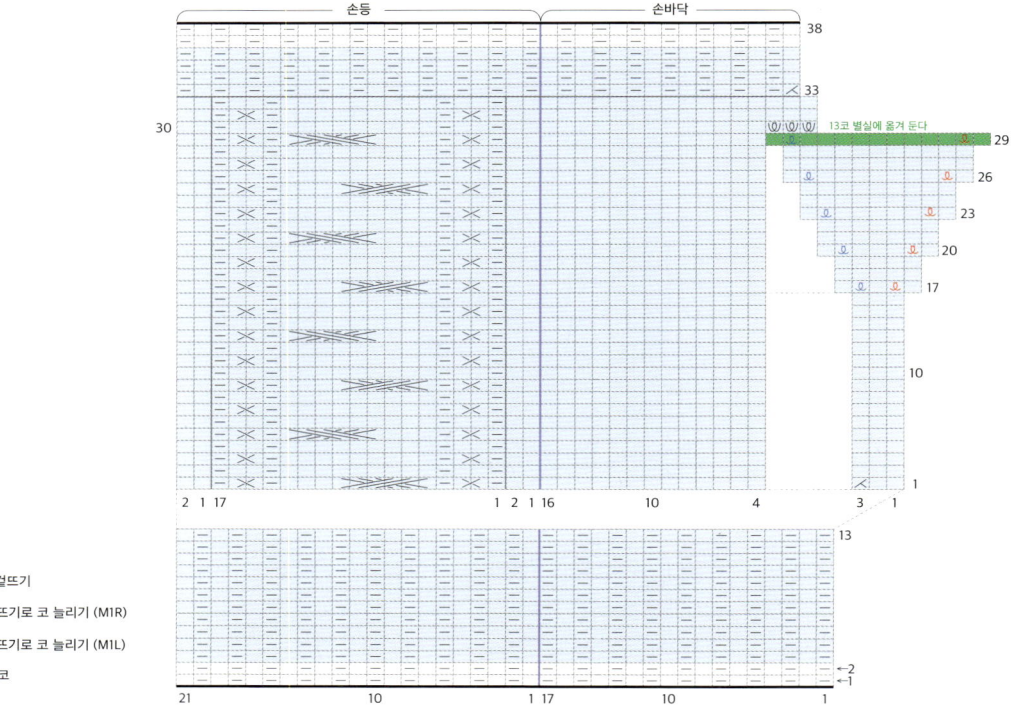

- □ = □ 겉뜨기
- = 돌려뜨기로 코 늘리기 (M1R)
- = 돌려뜨기로 코 늘리기 (M1L)
- = 감아코

밑단(원통뜨기)	1~2단	배색 실과 4.5mm 대바늘로 '별도 사슬로 만드는 1코 고무뜨기 기초코(원통뜨기)' 방법을 사용해 38코를 잡는다. 이는 고무뜨기 2단을 뜬 것과 같다.
	3~13단	시작 마커를 걸고 바탕 실로 1코 고무뜨기를 11단 뜬다.

손등, 손바닥(원통뜨기)

※ 겉 = 겉뜨기 / 안 = 안뜨기

(엄지손가락 코늘림 → 손바닥 → 손등 순서로 진행한다)

1단	5mm 대바늘로 바꾼다. 겉 2코 - 왼코 겹치기 - 겉 13코 - 겉 2코 - 무늬뜨기 17코 - 겉 2코 처음 16코는 손바닥, 나머지 21코는 손등이 된다.
2~16단	(손바닥) 겉 16코 - (손등) 겉 2코 - 무늬뜨기 17코 - 겉 2코
17단	(손바닥) 겉 1코 - M1L - 겉 1코 - M1R - 겉 14코 - (손등) 겉 2코 - 무늬뜨기 17코 - 겉 2코
18~19단	(손바닥) 겉 18코 - (손등) 겉 2코 - 무늬뜨기 17코 - 겉 2코
20단	(손바닥) 겉 1코 - M1L - 겉 3코 - M1R - 겉 14코 - (손등) 겉 2코 - 무늬뜨기 17코 - 겉 2코
21~22단	(손바닥) 겉 20코 - (손등) 겉 2코 - 무늬뜨기 17코 - 겉 2코
23단	(손바닥) 겉 1코 - M1L - 겉 5코 - M1R - 겉 14코 - (손등) 겉 2코 - 무늬뜨기 17코 - 겉 2코
24~25단	(손바닥) 겉 22코 - (손등) 겉 2코 - 무늬뜨기 17코 - 겉 2코
26단	(손바닥) 겉 1코 - M1L - 겉 7코 - M1R - 겉 14코 - (손등) 겉 2코 - 무늬뜨기 17코 - 겉 2코
27~28단	(손바닥) 겉 24코 - (손등) 겉 2코 - 무늬뜨기 17코 - 겉 2코
29단	(손바닥) 겉 1코 - M1L - 겉 9코 - M1R - 겉 14코 - (손등) 겉 2코 - 무늬뜨기 17코 - 겉 2코
30단	돗바늘에 별실을 걸어서 손등과 엄지손가락 시작 코 사이의 싱커루프 ①, 엄지손가락 13코, 엄지손가락 마지막 코와 손바닥 사이의 싱커루프 ②까지 총 15코를 별실에 옮긴다. 감아코로 3코를 만든다 - 겉 13코 - 겉 2코 - 무늬뜨기 17코 - 겉 2코
31~32단	(손바닥) 겉 16코 - (손등) 겉 2코 - 무늬뜨기 17코 - 겉 2코
33단	4.5mm 대바늘로 바꿔서 1코 고무뜨기 이때 첫 2코를 왼코 겹치기로 함께 떠서 한 코를 줄인다.
34~36단	1코 고무뜨기
37~38단	배색 실로 1코 고무뜨기한 후, 돗바늘로 마무리한다.

엄지손가락 마무리

별실에 옮긴 코들을 5mm 대바늘에 옮긴다. 새로 실을 걸어 감아코에서 V모양의 코의 가운데에 바늘을 넣어서 코를 줍는다. 뜨는 방향이 달라져 코의 방향이 반대로 바뀌었기 때문에 양 끝에 반 코씩 늘어나 총 4코를 줍는다. 구멍이 생기는 것을 방지하기 위해 싱커 루프 ①코를 꼬아주고 엄지 첫 코와 '왼코 겹치기'로 함께 뜬다. 엄지의 마지막 코 전까지 겉뜨기로 뜬다. 엄지 마지막 코를 잠시 오른쪽 바늘에 옮긴다. 싱커 루프 ②코를 꼬아주고 엄지 마지막 코와 '오른코 겹치기'로 함께 뜬다. 엄지 손가락의 모든 코들을 겉뜨기로 덮어씌워서 코막음한다.

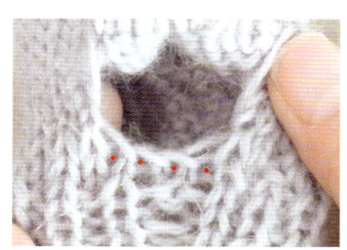

● = 코 줍는 위치

Cable Beanie

케이블 비니

케이블 무늬가 돋보이는 비니입니다.
케이블 부분을 먼저 뜨고 아랫부분에서 코를 주워 밑단을 뜹니다.
교차뜨기에서 안뜨기로 뜨는 코를 주의하며 떠 주세요.

실
로완 키드 클래식(Champane 898) 2볼

바늘
4.5mm, 5mm 대바늘, 모사용 코바늘 8호

게이지
무늬 A 16코(6cm)×27단(10cm)
무늬 B 8코(3.6cm)×27단(10cm)

완성치수
머리 둘레 48cm
깊이(접은 상태) 22.5cm

무늬뜨기(원통뜨기)

모사용 코바늘 8호로 별도 사슬코 135코를 만든다. 이때 사슬코 분량에는 여유분이 포함되어 있다. 5mm 대바늘로 사슬에서 130코를 줍는다. 시작 마커를 걸고 차트를 참고해 원통뜨기를 진행한다. 코줄임에 유의하며 46단을 뜬다. 돗바늘에 실을 꿰어 1코 걸러 1코씩 통과시켜 10코를 줄인다. 그리고 다시 남아 있는 10코에 실을 꿰어 조인다.

밑단(원통뜨기)

편물의 안면이 보이도록 한다. 무늬뜨기 첫 코의 별도 사슬부터 1코씩 풀어내며 코들을 4.5mm 대바늘에 옮긴다. 편물의 겉면이 보이도록 뒤집고 바늘에 시작 마커를 건다.

'겉뜨기 3코, 왼코 겹치기' x 14회, '겉뜨기 4코, 왼코 겹치기' x 10회 (총 106코)

'겉뜨기로 꼬아뜨기 1코, 안즈기 1코'를 반복하는 1코 고무뜨기를 30단(11cm) 뜬다. 돗바늘로 마무리하고 밑단을 겉면으로 반 접는다.

TIP
고무단을 꼬아뜨기로 뜨면 더 단단하게 고정됩니다. 완성 후, 겉으로 반 접으면 꼬아뜨기 부분은 보이지 않습니다.

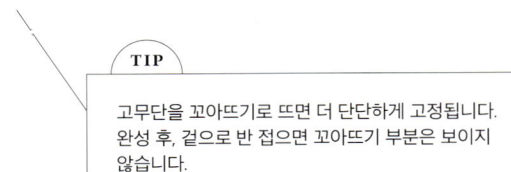

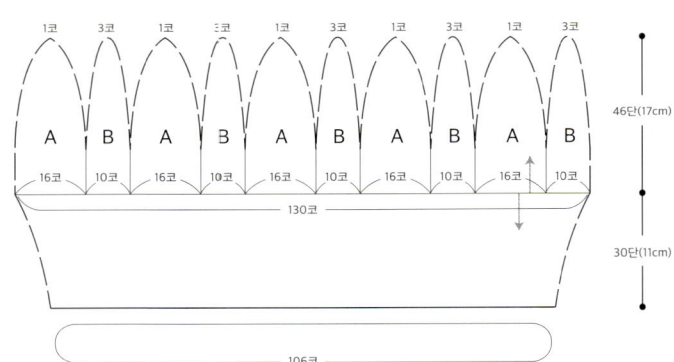

조여서 코 마무리

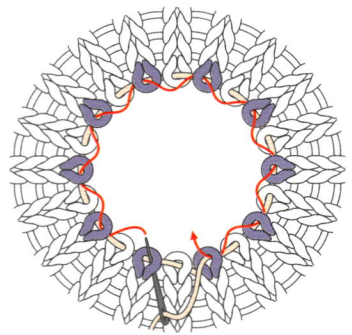

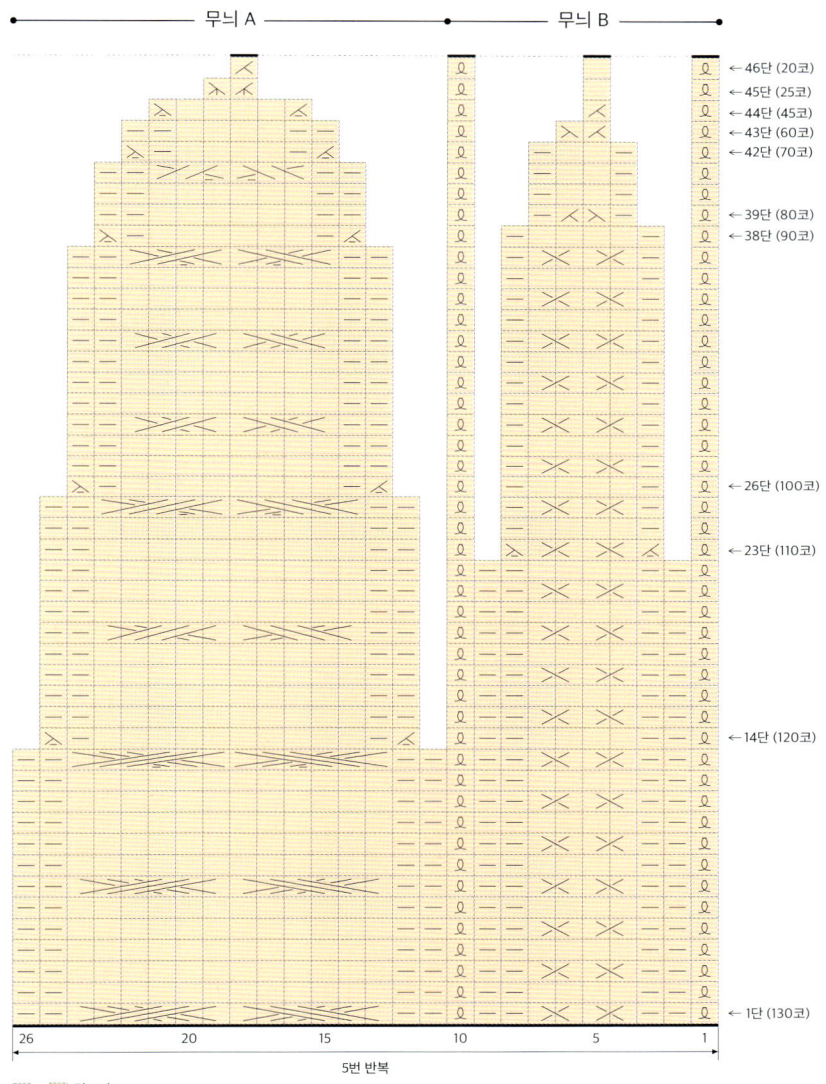

하트 케이블 크롭 카디건과 동일한 무늬로 만든 파우치입니다.
원통뜨기로 앞, 뒤판을 똑같이 뜨고 하단은 돗바늘로 이어서 마무리합니다.
화장품이나 뜨개 용품을 보관할 수 있어 유용해요.
안감과 지퍼 다는 방법만 익히면 여러 가지 디자인으로 응용할 수 있습니다.

Cable Pouch   케이블 파우치

실
로완 키드 클래식(828) 1볼

바늘
5mm 대바늘

게이지
메리야스뜨기 19코×25단
무늬 A 42코(18cm)×25단(10cm)

완성치수
가로 23cm
세로 15cm

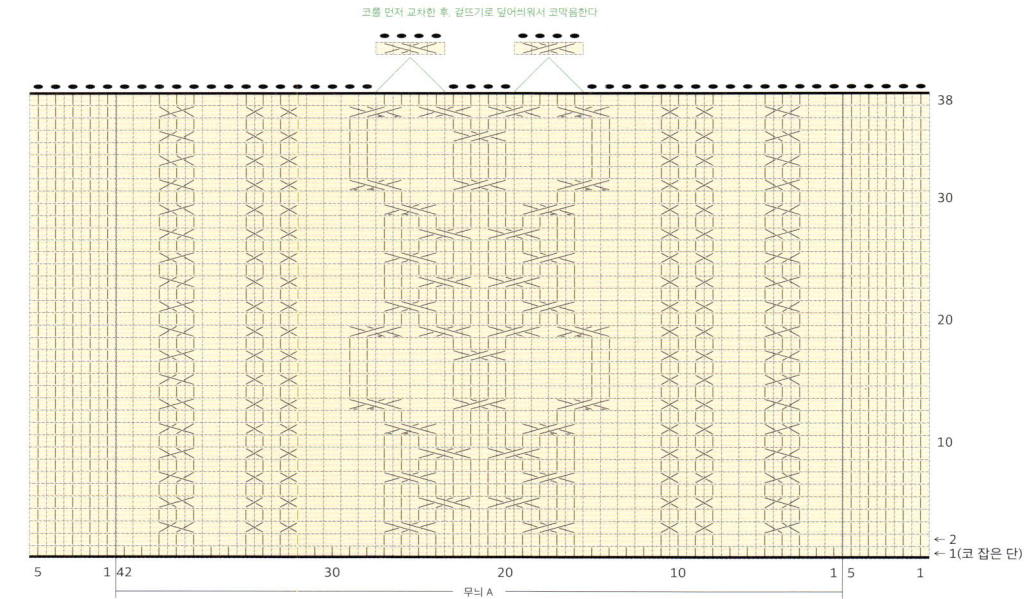

5mm 대바늘로 '일반 코잡기' 방법을 사용하여 104코를 잡는다. 코를 잡은 단이 1단이 된다. 마커를 걸고 원통뜨기를 시작한다. 매 단마다 '겉뜨기 5코, 무늬 A, 겉뜨기 5코'를 2회씩 뜨면서 38단까지 뜬다. 겉뜨기로 덮어씌우며 코막음한다. 이때 별도 표시한 부분은 코를 교차한 후, 겉뜨기로 덮어씌운다. 아랫부분을 '코와 코 잇기' 방법으로 연결한다.

안감 다는 방법

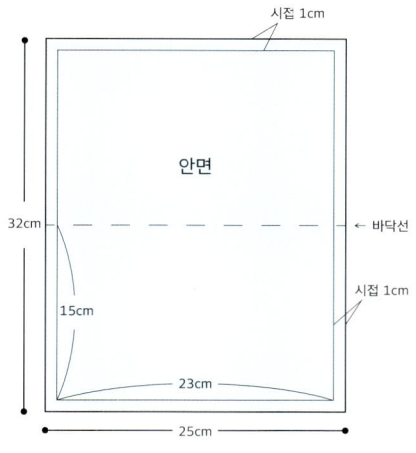

1. 완성한 편물의 실제 사이즈에서 사방으로 시접 1cm를 더해서 안감을 재단한다.

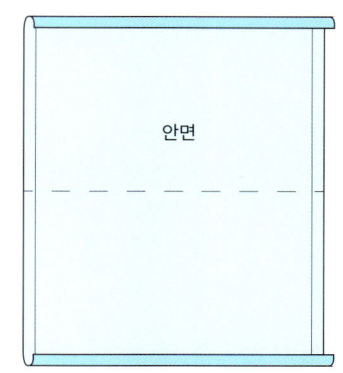

2. 위, 아래를 시접 분량만큼 안면으로 접어서 다림질한다.

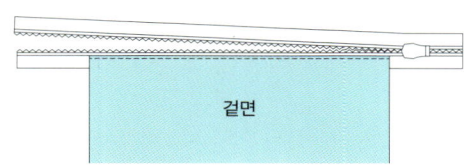

3. 지퍼의 뒷면에 안감의 겉면이 보이도록 올려두고 꿰맨다.

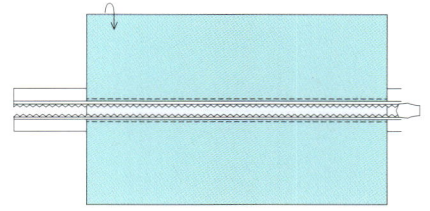

4. 안감을 반 접어서 같은 방법으로 지퍼의 반대쪽에 꿰맨다.

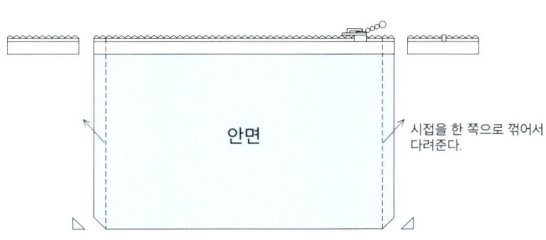

5. 안감의 안면이 보이도록 뒤집고 양 옆의 시접선에 맞춰서 꿰맨다. 이때 지퍼 머리를 바느질 선 안쪽으로 옮겨 두고 꿰맨다. 안감 바닥 양쪽 끝 모서리를 45도로 자르고 지퍼도 안감에 맞춰 자른다.

6. 뜨개 편물 안쪽으로 안감을 넣는다.

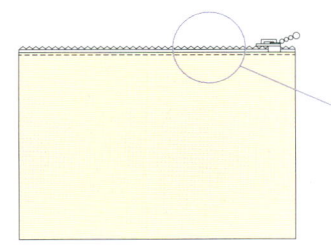
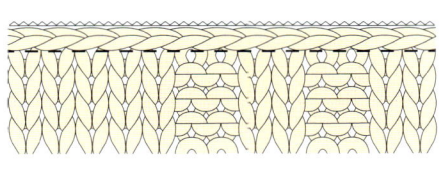

7. 덮어씌우기한 코머리 바로 아래를 꿰매 편물과 안감을 고정한다.

안감 다는 법

Epilogue

"나의 속도에 맞게, 조바심 내지 않고 순간을 즐기기."

뜨개는 경쟁이 아니에요. 손이 빠른 사람도, 손이 느린 사람도 있지요. 남과 비교하지 말고 나만의 템포에 맞춰 한 코, 한 단씩 집중해서 뜨다 보면 어느샌가 작품이 완성되어 있을 거예요.

뜨개에는 정답이 없습니다. 코를 잡는 방법, 코를 늘리거나 줄이는 방법, 편물을 마무리하는 방법도 다양한 방법들이 존재합니다. 이 책에 소개된 방법 말고도 본인에게 익숙한 방법을 사용하셔도 괜찮아요.

평범한 주부였던 제가 뜨개 작가가 되기까지 곁에서 물심양면으로 도와준 남편, 양가 부모님께 깊은 감사의 말씀을 전합니다.

작품에 어울리는 예쁜 실들 제공해주신 니트카페 최정선 대표님, 바쁘신 가운데 시간을 내어 테스트 니팅에 참여해주신 원영 언니, 주연 언니, 성경이, 수아, 이화용 님, 제민정 님, 정정윤 님, 안양희 님, 박은정 님, 주민애 님, 이민정 님, 신보미 님 - 이분들의 도움이 없었다면 이 책은 나오지 못했을 거예요.

그리고 막막했던 제게 항상 잘할 수 있다는 믿음을 주시고 막히는 부분이 생길 때마다 해답을 주신 티스푼 공방 김자영 선생님 감사합니다.

멋진 책이 완성되도록 애써주신 한스미디어 이나리 팀장님과 장윤선 편집자님, 한정수 포토 실장님, 김신정 스타일리스트님과 모든 스태프분께도 고마움을 전합니다.

마지막으로, 집필하는 동안 "엄마 지금 일해야 해", "나중에", "미안해"라는 말을 달고 살았는데 묵묵히 곁에서 기다려준 우리 솔이와 준이 고맙고 사랑해.

Index
인덱스

감아코 27

걸러뜨기 28

겉뜨기 21

덮어씌워 코막음(겉면을 보며 뜨는 단) 32

덮어씌워 코막음(안면을 보며 뜨는 단) 32

독일식 경사뜨기(German Short Raw) 41

돌려 안뜨기로 코 늘리기(M1Lp) 26

돌려 안뜨기로 코 늘리기(M1Rp) 27

돌려뜨기(꼬아뜨기) 25

돌려뜨기로 코 늘리기(M1L) 26

돌려뜨기로 코 늘리기(M1R) 26

두 코 덮어씌워 코막음(겉면을 보며 뜨는 단) 33

두 코 덮어씌워 코막음(안면을 보며 뜨는 단) 33

떠서 꿰매기 44

바늘 비우기(걸기코) 27

별도 사슬로 만드는 기초코 15

별도 사슬로 만드는 1코 고무뜨기 기초코 16

   - 양 끝 모두 겉뜨기 1코일 때 18

   - 양 끝 모두 겉뜨기 2코일 때 19

   - 오른쪽 끝이 겉뜨기 2코, 왼쪽 끝이 겉뜨기 1코일 때 16

   - 원통뜨기일 때 20

별도 사슬을 풀어서 코 줍는 방법 15

빼뜨기 잇기 45

빼뜨기로 꿰매기 45

안뜨기 21

오른코 겹쳐 2코 모아 안뜨기 23

오른코 겹쳐 2코 모아뜨기(오른코 겹치기) 22

오른코 겹쳐 3코 모아뜨기(오른코 중심 3코 모아뜨기) 24

오른코 교차뜨기 29

오른코 위 2코 교차뜨기 30

왼코 겹쳐 2코 모아 안뜨기 23

왼코 겹쳐 2코 모아뜨기(왼코 겹치기) 22

왼코 겹쳐 3코 모아뜨기(왼코 중심 3코 모아뜨기) 24

왼코 교차뜨기 29

왼코 위 2코 교차뜨기 30

일반 코잡기 14

일본식 경사뜨기 38

중심 3코 모아뜨기 25

중심 5코 모아뜨기 31

케이블 캐스트 온(Cable cast-on) 28

코와 코 잇기 43

코와 단 잇기 44

1코 고무뜨기의 코 마무리(양 끝 모두 겉뜨기 2코일 때) 34

1코 고무뜨기의 코 마무리(양 끝 모두 겉뜨기 3코일 때) 35

1코 고무뜨기의 코 마무리(원통뜨기일 때) 36

2코 고무뜨기의 코 마무리(원통뜨기일 때) 37

5코 만들기 31

유월의 솜의
투데이즈 니트

1판 1쇄 인쇄	2023년 11월 30일
1판 1쇄 발행	2023년 12월 8일

지은이	손아영
펴낸이	김기옥

실용본부장	박재성
편집 실용 2팀	이나리, 장윤선
마케터	이지수
지원	고광현, 김형식, 임민진

사진	한정수(studio etc. 010-6232-8725)
스타일링	김신정(melt studios)
헤어·메이크업	조유리
모델	에이블에이전시

디자인	onmypaper
인쇄·제본	민언 프린텍

펴낸곳　　　한스미디어(한즈미디어(주))
주소 121-839 서울시 마포구 양화로 11길 13(서교동, 강원빌딩 5층)
전화 02-707-0337 | 팩스 02-707-0198 | 홈페이지 www.hansmedia.com
출판신고번호 제313-2003-227호 | 신고일자 2003년 6월 25일

ISBN 979-11-6007-995-1 13590

이 책은 저작권법에 따라 보호받는 저작물이므로 무단 전재와 무단 복제를 금지하며,
책의 전부 또는 일부를 사용하려면 반드시 저작권자와 한스미디어의 서면 동의를 받아야합니다.

책값은 뒤표지에 있습니다.
잘못 만들어진 책은 구입하신 서점에서 교환해드립니다.